PETER OF SPAIN
ON COMPOSITION AND NEGATION

Vol. 1: L. M. de Rijk, Anonymi auctoris franciscani Logica „Ad rudium" (edited from the MS Vat. lat. 946), Nijmegen 1981
Vol. 2: Ralph of Beauvais, Glose super Donatum, ed. C. H. Kneepkens, Nijmegen 1982
Vol. 3: L. M. de Rijk, Some 14th Century Tracts on the Probationes terminorum (Martin of Alnwick O.F.M., Richard Billingham, Edward Upton and others), Nijmegen 1982
Vol. 4: Johannes Buridanus, Questiones longe super Librum Perihermeneias, ed. Ria van der Lecq, Nijmegen 1983
Vol. 5: John of Holland, Four Tracts on Logic (Suppositiones, Fallacie, Obligationes, Insolubilia), ed. E. P. Bos, Nijmegen 1985
Vol. 6: Thomas Bricot, Tractatus Insolubilium, ed. E. J. Ashworth, Nijmegen 1986
Vol. 7: L. M. de Rijk, Some Earlier Parisian Tracts on Distinctiones sophismatum, Nijmegen 1988

SUPPLEMENTA to ARTISTARIUM:
Vol. I: English Logic and Semantics, from the End of the Twelfth Century to the Time of Ockham and Burleigh, Nijmegen 1981
Vol. II: Mediaeval Semantics and Metaphysics. Studies dedicated to L. M. de Rijk, Nijmegen 1985
Vol. III: Logos and Pragma. Essays on the Philosophy of Language in Honour of Professor Gabriel Nuchelmans, Nijmegen 1987
Vol. IV: Ockham and Ockhamists, Nijmegen 1987
Vol. V: Peter of Spain on Composition and Negation, by Joke Spruyt, Nijmegen 1989

ARTISTARIUM
SUPPLEMENTA
V

PETER OF SPAIN

ON COMPOSITION AND NEGATION

TEXT TRANSLATION COMMENTARY

by

JOKE SPRUYT

Nijmegen
Ingenium Publishers
1989

ISBN 90 70419 28 9

PRINTED by KRIPS REPRO MEPPEL, THE NETHERLANDS.

TABLE OF CONTENTS

PART I

TEXT AND TRANSLATION

TEXTUS

Petri Hispani *Syncategoremata*

ARGUMENTUM

SIGLA

T = codex Taraconensis (Bibl. Archiep., cod. 2, sec. XIII^2)

R = codex Reginensis (*Vat. Reg. lat.* 1731, c. 1300)

H = codex Ambrosianus (*H 64 Inf.*, sec. XIII *ad fin.*)

Codices minus adhibiti

E = codex Eporedianus (Ivrea, *Capit.* 79, sec. XIII)

C = codex Cordubensis (Cordoba, *Capit.* 158, sec. XIII *ad fin.*)

P = codex Pragensis (*Capit. Metrop.* 1380, M 27, sec. XIII^2)

T^c, R^c, *etc.* = manus quae correxit *T*, R, *etc.*

T^m, R^m, *etc.* = in margine *T*, *R*, *etc.*

codd. = ceteri codices

] = scripsi<t>, scripserunt

< > = supplevi

. . . = usque ad

? = fortasse

! = sic

add. = addit, addunt

om. = omittit, omittunt

INTRODUCTIO

De dictionibus sincategorematicis in genere

1 [*T25rb,R29va,H50ra*] Ab eo quod res est vel non est oratio vera vel falsa dicitur. Sed a dictionibus sincategorematicis, ut 'tantum', 'solus'[1], 'nisi', 'preter', et consimilibus[2], causatur veritas et falsitas in oratione. Ergo dictiones sincategorematice [*T25va*] significant res aliquas. Sed non significant res subicibiles vel predicabiles. Ergo significant res que sunt dispositiones subicibilium vel predicabilium[3], quia nichil est in oratione vera vel falsa nisi subiectum et[4] predicatum et eorum dispositiones.

2 'Res' enim dupliciter dicitur. Quia quedam est res subicibilis vel predicabilis, ut[5] 'homo' vel 'equus', 'ambulat'[6] vel 'currit', et[7] alio modo est[8] res que est dispositio subicibilis[9] vel predicabilis. Sed dispositio item[10], sive res que est dispositio, est duplex, quia est quedam dispositio[11] eius quod est subiectum vel eius quod est predicatum, ut 'albus', 'niger', 'bene', 'male', et consimilia. Et talis dispositio[12] subicitur cum subiecto et predicatur cum predicato, ut 'homo albus currit bene'. Subiectum enim et id[13] quod est subiectum differunt sicut pater et id quod est pater, quia sicut pater dicitur ad filium et econverso, ita[14] subiectum ad predicatum et econverso; sunt enim *ad aliquid*, sive relationes, ut pater et filius. Alia est dispositio subiecti inquantum est subiectum, vel[15] predicati[16] inquantum est predicatum, ut 'tantum', 'solus', 'necessarium', 'contingenter', et sic de aliis. Et ille[17] non subiciuntur neque predicantur, quia sunt ipsius subiecti in comparatione ad predicatum vel[18] econverso. Et tales dispositiones significantur per dictiones

---

1 solus nisi]*TRC* solum nichil *H*
2 consimilibus]*TRC* consimilia *H*
3 predicabilium]*TR*^c^*HC* predicatum *R*
4 et]*RC* vel *H*
5 ut . . . equus]*RC* quia est quedam res subicibilis ut homo vel equus *H*
6 ambulat vel currit]*C* currit *TRH*
7 et]*TRC om. H*
8 est]*TH* dicitur *RC*
9 subicibilis vel predicabilis]*TRC* subiecti aut predicati *H*
10 item]*RC* iterum *H*
11 dispositio]*codd.* res *T*
12 dispositio]*TRC om. H*
13 id]*TRH* ad*(!) C*
14 ita . . . econverso]*TRC om. H* subiectum]*RC* dicitur *add. C*
15 vel]*TRH* et alia est dispositio *C*
16 predicati]*TRC* predicatum *H*
17 ille]*RC* ista *H*
18 vel]*RC* et *TH*

sincategorematicas; dicunt[19] enim comparationes[20] sive habitudines subiecti[21] inquantum subicibile et predicati[22] [*H50rb*] inquantum predicabile.

3 Et dicitur[23] sincategorema a 'sin', quod est 'con', et 'categorema', quod est 'predicativum'[24] vel 'significativum', quasi: 'consignificativum'.

De dictionibus sincategorematicis in specie

4 Habito quod dictiones sincategorematice significent dispositiones subiecti inquantum est subiectum et predicati inquantum est predicatum, et[25] sic cognita significatione earum in genere, nunc[26] dicendum est de significatione uniuscuiusque earum in specie; et prius de prioribus, quia ut vult[27] Aristotiles: de prioribus prior est speculatio. Cum ergo in sincategorematicis per se intelligantur 'est' et 'non' et non econverso, ideo 'est' et 'non' sunt priora illis et ideo de hiis prius est [*R29vb*] dicendum.

De 'est' et 'non'

5 Sed ad videndum quomodo 'est' et 'non' per se[28] intelliguntur in istis, sciendum quod 'per se'[29] dicitur quatuor modis.

6 Primo autem modo per se insunt quecumque cadunt in diffinitione alicuius[30] rei, sive predicentur sive non de diffinito[31]. Quedam enim diffinientia predicantur de diffinito, ut animal et rationale et mortale de homine. Quedam vero[32] non predicantur de suo[33] diffinito, ut punctum non predicatur de linea et cadit in diffinitione eius. Linea enim est longitudo sine latitudine cuius extremitates sunt duo puncta. Neque linea predicatur de triangulo et cadit in diffinitione eius; est enim triangulus figura plana tribus rectis[34] lineis contenta.

---

19 dicunt]*TRC* dant *H*
20 comparationes]*TRH* compositiones *C*
21 subiecti inquantum]*RC* subicibilis inquantum est *TH*
22 predicati inquantum]*RC* predicabilis inquantum est *TH*
23 dicitur sincategorema]*TRC* dicuntur sincategoreumata *H*
24 predicativum]*TH* predicatum *R* predicabilis *C*
25 et sic]*THC* sicut *R*
26 nunc]*TR*^{c}*HC* tunc *R*
27 vult]*HC* dicit *R*
28 per se]*RH om. TC*
29 per se]*TR*^{c}*HC* se *R*
30 alicuius]*codd. om. TR*
31 de diffinito]*codd. om. T* et etiam diffinitio *R*
32 vero]*R* autem *codd.*
33 suo]*R*^{c} *om. codd.*
34 rectis]*T*^{c}*H*^{c} *codd. om. TH*

7 Secundo autem modo[35] per se insunt quecumque recipiunt sua subiecta in suis diffinitionibus. Et hoc est quando propria passio sive proprium accidens predicatur de sua[36] diffinitione, ut diffiniendo 'omne[37] privatum lumine[38] a terre obiectu deficit sive eclipsatur'; hic enim *deficere* vel *eclipsari*[39] [*H50va*] est per[40] se accidens sive propria passio et predicatur de sua diffinitione. Similiter si propria passio predicetur[41] de parte sue diffinitionis, ut 'numerus est par vel impar', 'linea est recta vel curva', quia 'par' diffinitur per numerum et 'rectum' per lineam. Est enim par: numerus divisibilis in duo equalia; rectum[42] vero est: linea cuius medium non exit ab extremis.

8 [*T25vb*] Tertius autem modus est quando propria passio predicatur de propria subiecto, ut rectum vel curvum de linea et par[43] vel impar de numero et habere tres angulos equales duobus rectis de triangulo. Subiectum enim et propria passio dupliciter comparantur: uno[44] modo secundum quod subiectum est causa passionis et diffiniens passionem, et sic pertinet ad secundum modum; alio autem modo[45] sumitur subiectum inquantum est subiectum et propria passio inquantum est accidens eius; et sic pertinet ad tertium modum.

9 Quartus autem modus est quando effectus qui est propria[46] passio, concluditur de subiecto per suam causam. Et iste quartus modus semper est in habitudine premissarum[47] ad conclusionem demonstrativam[48], ut:

omne privatum lumine a terre obiectu deficit; sed luna est privatum lumine a terre obiectu; ergo luna deficit.

10 Sciendum ergo[49] quod 'est' et 'non' intelliguntur in dictionibus[50] sincategorematicis secundum primum modum eius quod est 'per se', quia intelliguntur in diffinitionibus sive[51] descriptionibus earum. 'Solus'[52] enim sive[53] 'tantum' est 'non cum alio' et 'desinit' <est> 'quod est

---

35 modo]R^c *codd. om. R*
36 sua diffinitione ut diffiniendo] subiecto diffiniendo ut *HC* sua diffinitione *TR*
37 omne]*TR* esse *codd.*
38 lumine]*codd.* lumine [in luna] H^c
39 eclipsari]*codd.* eclipsari [vel eclipsis] H^c
40 per se . . . passio]*TR* propria passio sive proprium accidens *codd.*
41 predicetur]*TRC* predicatur H^c *om. H*
42 rectum]*codd.* recta *R*
43 par vel impar]*codd. hic incipit codex Eporedianus*
44 uno]*T* quia uno *codd.*
45 modo]R^c *codd. om. R*
46 propria]*T om. codd.*
47 premissarum]R^c *codd.* principiorum *R*
48 demonstrativam]R^c *codd.* determinativam *R* diminutivam*(!) E*
49 ergo]*codd.* est *H*
50 dictionibus]*codd.* diffinitionibus*(!) C*
51 sive]*codd.* sive in *TC*
52 solus]*codd.* solum *TR*
53 sive]*codd.* vel R^c *om. R*

et de cetero non erit vel nunc[54] ultimo est', et sic de aliis. Et ideo 'est'[55] et 'non' sunt priora dictionibus sincategorematicis.

11 Et[56] 'est' prius est quam 'non', quia affirmatio prior[57] est negatione sicut [*H50vb*] habitus privatione. Et etiam <quia> negatio non habet esse[58] nisi per affirmationem; unde affirmatio dat ei esse; ergo prior est. Et[59] etiam quia in negatione intelligitur affirmatio et non econverso. Et etiam quia negatio non cognoscitur nisi per affirmationem. Ergo prius dicendum est de affirmatione quam de negatione. Ergo prius dicendum est de 'est' quam de 'non'.

12 Nota ergo quod hoc verbum 'est' consignificat compositionem et etiam alia verba. Sed hoc verbum 'est' per prius consignificat[60] eam, cum natura sit prius aliis verbis et in eis intelligatur. [*R30ra*] Sed compositio non solum reperitur in verbo, sed etiam[61] in rebus aliis. Et ideo prius est dicendum de compositione in communi et postea de specialibus compositionibus.

---

54 nunc]*codd.* nunc et *R* non*(!) E*
55 est]*codd.* illud *E*
56 et]*codd.* et quia *E*
57 prior]R^c *codd.* prima *R*
58 esse]H^c *codd. om. H* esse prior *R*
59 et . . . in]*codd. om. T*
60 consignificat]*TRC* significat *codd.*
61 etiam]*RC om. TH*

TRACTATUS PRIMUS: DE COMPOSITIONE

De compositione in communi

1 Sciendum ergo quod compositio *ad aliquid* est, quia compositio est compositorum compositio et composita sunt compositione composita; quare compositio in predicamento *relationis* est.

2 Dividitur autem compositio primo per duas partes. Compositionis[1] autem alia est rerum, alia modorum significandi. Compositio[2] vero modorum significandi pertinet ad gramaticum[3] secundum quod in nomine[4] est compositio qualitatis cum substantia et in participio et[5] in verbo actus cum substantia.

De specialibus compositionibus

3 Compositio autem[6] rerum fit quinque modis. Quia quedam est forme cum materia, ut anime cum corpore; alia est accidentis[7] cum subiecto[8], ut coloris cum corpore; alia est potentiarum sive virtutum cum eo cuius sunt, ut intellectus et aliarum virtutum anime cum anima[9]; alia est partium integralium ad seinvicem in suo toto, ut partium linee in linea ad punctum et superficiei in superficie ad lineam; alia est differentiarum cum suo genere ad constitutionem specierum. Harum autem compositionum que sunt rerum, quedam pertinent ad naturalem, quedam vero ad mathematicum[10], alie vero [*H51ra*] ad logicum[11].

4 Item. Compositionis que est modorum significandi, alia est compositio qualitatis cum substantia, et hec[12] significatur per nomen, sicut in hoc nomine 'homo' et in quolibet alio; alia est actus cum substantia, de qua postea dicetur. Sed prius dicemus[13] de qualitate nominis.

---

1 compositionis . . . modorum]*codd.* causa compositionis est alia rerum alia modorum*(!) E*

2 compositio . . . significandi]*codd. om. T*

3 grammaticum]*RC* grammaticos *H*

4 nomine]*codd.* homine*(!) E*

5 et in verbo]*C om. codd.*

6 autem]*TR* vero *codd.*

7 accidentis]*RC* cum accidens *HE*

8 subiecto]*codd.* substantia *T*

9 anima]*codd.* differentia*(!) E*

10 mathematicum]*HC* metaphysicum *E* metaphysicam *T*

11 logicum]*codd.* logicam *T*

12 hec]*codd.* [est] compositio *add.* R^c

13 dicemus]*R* dicetur *C* dicendum *H*

5 Omne ergo nomen significat substantiam cum qualitate. Verbi gratia: homo[14], ut ita dicam, est *res habens humanitatem*. Et res est substantia eius, humanitas autem[15], [*T26ra*] secundum quod significatur per hoc nomen 'homo', est qualitas eius, et non secundum quod significatur per hoc nomen 'humanitas', quia hoc nomen 'humanitas' est nomen aliud et diversum ab hoc nomine 'homo', et unum non est qualitas alterius neque econverso. Sed qualitas uniuscuiusque nominis per ipsum[16] significatur; 'homo' enim significat suam substantiam et suam qualitatem et hec duo sunt unita in eo[17], ita quod unum significatur in altero sive per alterum.

6 Sed obicitur circa[18] qualitatem nominis, quia cum qualitas et substantia sint diversa, et[19] omne nomen significet substantiam cum qualitate[20], ergo omne[21] nomen significat diversa; et est sillogismus[22] in primo prime. Sed omnis dictio significans diversa est equivoca. Ergo omne nomen est equivocum. Quod[23] est inconveniens. Non ergo in nomine[24] est compositio qualitatis cum substantia.

7 Solutio. Quatuor modis contingit[25] significare[26] per dictionem eandem[27]. Primo modo[28] quando diversa[29] equaliter significantur per eam[30], ut in hoc[31] nomine 'canis'. Secundo quando diversa significantur secundum prius et posterius, ut in hoc nomine 'sanum', et proprie non significat diversa, sed rem unam per[32] modos diversos; et[33] similiter 'ens'. Tertio autem modo significantur plura per dictionem unam quando unum significatur ex impositione et reliquum [*H51rb*]

---

14 homo]*codd.* *T*^{c} *om. T*
15 autem]*TRCE* vero *H*^{c} *om. H*
16 ipsum]*codd.* ipsum nomen *TH*
17 eo]*TRCE* ipso *H*
18 circa]*TR* contra *codd.*
19 et]*codd. om. T*
20 qualitate]*codd.* et (ergo *H*) nomen significat substantiam cum qualitate *add. HC*
21 omne]*TRE om. codd.*
22 sillogismus]*codd. om. C*
23 quod]*codd.* et hoc *T*
24 nomine]*H*^{c} *codd.* homine *H*
25 contingit]*H*^{c} *codd. om. H*
26 significare]*codd.* significari *H*
27 eandem]*codd.* unam *C*
28 modo]*R om. codd.*
29 diversa]*codd.* divisa *R*
30 eam]*codd.* dictionem <eandem> *R*^{c}
31 hoc]*TRE om. HC*
32 per]*H* et *RCE* secundum et *T*
33 et similiter]*codd.* sicut *E*

in[34] transsumptione, ut in hoc verbo 'ridet', quod ex impositione significat ridere et florere significat[35] transsumptive[36]. Et isti tres modi faciunt equivocationem.

8 Quarto autem[37] modo significantur diversa[38] per dictionem unam quando unum est ratio intelligendi alterum (sive[39] quando unum est principium intelligendi[40] alterum, quod idem est), ut forma est ratio sive principium intelligendi[41] [*R30rb*] illud[42] cuius est, et cognoscendi ipsum. Ut[43] figura triangularis oblonga sic disposita est ratio sive principium intelligendi cultellum[44] et cognoscendi ipsum.

9 Et hoc modo nomen significat substantiam cum qualitate. Qualitas enim nominis est ratio sive principium intelligendi ipsum nomen et[45] suam substantiam. Et sic qualitas significatur per nomen ut principium intelligendi. Substantia vero[46] significatur per ipsum nomen ut quod intelligitur per ipsam qualitatem. Et quia[47] unum intelligitur per alterum, ideo non sunt ibi diverse significationes sed una.

10 Et propter hoc iste modus significandi[48] plura non facit equivocationem, sicut cum[49] video coloratum et suam magnitudinem, non sunt due visiones, sed una, quia[50] color est ratio[51] sive principium videndi magnitudinem in qua est. Et propter[52] hoc dictum est quod[53] 'ubi unum propter alterum, ibi[54] tantum unum est'.

11 Item. Queritur utrum compositio qualitatis cum substantia sit aliquid vel non. Si non est aliquid[55], ergo in nomine non est compositio qualitatis cum substantia. Si est aliquid et non est substantia neque qualitas, ergo est tertium ab istis. Ergo per nomen significantur tria. Ergo debet[56]

---

34 in transsumptione]*RE* transsumptive *HC*
35 significat]*TR om. codd.*
36 transsumptive]*codd.* transsumptione*(!) E*
37 autem modo]*codd.* modo enim *R* modo *T*
38 diversa]*codd.* plura *E*
39 sive . . . alterum]*codd. T*^{c} *om. T*
40 intelligendi]*codd.* id cuius est et cognoscendi ipsum *add. C*
41 intelligendi]*codd.* inferendi *R*
42 illud]*codd.* illius *H*
43 ut figura triangularis]*codd.* triaregulim*(?) E*
44 cultellum]*codd.* cutelum *E*
45 et suam substantiam]*codd.* cum sua substantia *E*
46 vero]*codd.* non *H*
47 quia unum]*TE* quia nomen *RC* primum *H*
48 significandi]*codd.* generandi*(!) E*
49 cum]*codd.* si *T om. R*
50 quia color]*codd.* quare *E*
51 ratio sive]*R* ratio et *TH*^{c}*C om. H*
52 propter hoc]*codd.* ideo *T*
53 quod]*codd.* quia *R*
54 ibi]*R*^{c}*HC om. TRE*
55 aliquid]*codd.* unde locus *add. E*
56 debet dici]*RE* oportet dicere *HC*

dici quod nomen significat substantiam cum qualitate et[57] compositionem earum. Quod non est verum.

12 Solutio. Compositio qualitatis cum substantia est aliquid. Et in nomine non sunt nisi duo secundum rem[58], scilicet substantia et qualitas, tria[59] vero secundum rationem, scilicet substantia et qualitas et compositio earum, quia qualitas [*H51va*] seipsa[60] componitur cum substantia propter inclinationem quam habet ad substantiam. Omnis enim forma, et omnis qualitas, et[61] etiam omne accidens, naturalem habet inclinationem ad illud[62] in quo est, quia non habent esse actuale sive esse in actu nisi[63] in eo in quo sunt. Unde de accidentibus dicit Boethius [*T26rb*] quod[64] accidentis esse est inesse, hocest: accidentis esse est esse[65] in alio[66]. Similiter esse[67] actuale ipsius forme est[68] esse in materia[69]. Unde qualitas nominis, per inclinationem quam habet ad substantiam nominis, stat in ratione[70] compositionis; ipsa autem qualitas nominis secundum se est unum compositorum.

13 Et ideo dicendum quod cum[71] qualitas secundum se et qualitas inclinata ad substantiam sint[72] idem secundum rem et substantia nominis sit alterum extremorum[73], propter[74] hoc in nomine non sunt nisi duo secundum rem, tria vero secundum rationem, quia alterius[75] rationis est qualitas secundum se et qualitas inclinata, et substantia est tertium. Et ideo dixi[76] quod in nomine erant[77] duo secundum rem et tria secundum rationem. Unde quia gramaticus loquitur[78] de rebus significatis

57 et compositionem]*codd.* cum compositione *C*
58 rem]*codd.* tria vero secundum rationem *add. H*
59 tria . . . qualitas]*codd. om. H*
60 seipsa componitur]*codd.* cum seipsa componit *E*
61 et]*REH*^{c} *om. HC*
62 illud]*R* id *codd.*
63 nisi]*codd.* ibi *R sic saepius*
64 quod accidentis . . . inesse]*TRC* quod accidens esse est inesse *H* quod accidens est inesse *E* quia quod accidit esse est inesse *C*^{c}
65 esse]*codd. H*^{c} *om. H*
66 alio]*codd.* quo *E*
67 esse]*codd.* omne *E*
68 est]*codd. om. H*
69 materia]*codd.* modo *E*
70 ratione]*codd.* oratione*(!) E*
71 cum]*codd.* est *R*
72 sint]*codd. H*^{c} sunt *RH*
73 extremorum]*R* extremum *codd.* ex oppositorum*(!) E* diversa est ab eis *add. H*^{m}
74 propter]*codd. om. E*
75 alterius rationis est]*codd. T*^{c} *om. T* alterius]*codd.* altera *E*
76 dixi]*codd.* diximus *T*
77 erant]*codd.* non sunt nisi *E*
78 loquitur]*codd. H*^{c} *om. H*

per partes orationis, ideo debet dicere quod nomen significat substantiam cum qualitate et non[79] debet[80] dicere quod nomen[81] significat substantiam cum qualitate et compositionem earum.

14 Si autem aliquis querat quid sit[82] illa compositio, dicendum quod iam patet ex predictis, quia est[83] inclinatio qualitatis ad substantiam. Et quia inclinatio unius ad alterum nichil est nisi per illud cuius est et per illud ad quod est, ideo ista compositio quamvis sit aliquid, tamen est nichil nisi per sua extrema. Non enim potest esse res aliqua media inter qualitatem et substantiam que componat unum cum altero, quia sic contingeret abire in infinitum. Oporteret[84] enim quod illa res media aut[85] esset substantia vel[86] qualitas. Et si esset substantia, oporteret[87] ponere[88] compositionem ipsius cum qualitate. Et sic[89] esset ulterius questio[90] de illa[91] compositione, utrum res esset aliqua. Et similiter si esset qualitas.

15 Item. Queritur de compositione [*R30va,H51vb*] qualitatis cum substantia[92] in nomine, quare non est duplex, scilicet[93] unita et ut distans, sicut est quedam compositio actus uniti cum[94] substantia, ut in participio, et alia ut distantis[95], sicut[96] in verbo. Quia[97] videtur quod aliquando sit[98] qualitas ut[99] unita substantie, ut 'homo albus', aliquando ut distans, ut 'homo est albus', quando[100] 'homo' ponitur in subiecto[101] et[102] 'albus' in[103] predicato. Ergo esset duplex compositio qualitatis cum substantia.

16 Et dicendum quod compositio actus cum substantia dicitur[104] dupliciter, et non compositio qualitatis cum substantia, quia 'actus' sumitur duobus modis. Uno enim modo secundum

---

79 non]*codd.* H^c *om. H*
80 debet . . . et]*TRE om. HC*
81 nomen]*E* quando*(!) R*
82 sit illa] est illa *T* sit *codd.*
83 est]*codd.* cum *E*
84 oporteret enim]*TR* oporteret etiam *C* oportet etiam H^c etiam *H*
85 aut]*T om. codd.*
86 vel . . . si]*codd.* cum qualitate et sic *R*
87 oporteret]*TE* oportet *codd.*
88 ponere]*codd.* optimere*(!) E*
89 sic]*T* similiter *codd.*
90 questio]*TE* querendum *RHC*
91 illa]*TR* ipsa *HC* ista *E*
92 substantia in]H^c *om. codd.*
93 scilicet unita]*codd.* ut vita*(!) E*
94 cum substantia]*R om. codd.*
95 distantis]*RHC^cE* distans *CRCc*
96 sicut]*TRC* ut *HE*
97 quia videtur quod]*TR* quod videtur quia *codd.*
98 sit]*T* est *codd.*
99 ut]*T om. codd.*
100 quando]*T* quia *codd.*
101 subiecto]*codd.* substantia *E*
102 et]*TRCE om. H*
103 in predicato]*T* in predicato ponitur *RC* predicatur *H*
104 dicitur dupliciter]*T* debet esse duplex *codd.*

quod habet inclinationem ad[105] substantiam, secundum quam inclinationem dicitur de altero. Verbum enim, ut vult Aristotiles, est nota eorum que[106] de altero predicantur. Alio autem modo sumitur actus privatus ista inclinatione; et sic est in participio.

17 Et quia[107] 'actus' hiis duobus modis sumitur, ideo duplex est compositio actus cum substantia, et una est in participio, alia in verbo, que est compositio actus ut[108] distantis a[109] substantia, eoquod verbum per eam[110] est de altero ut predicatum[111] de subiecto. Sed quia predicta inclinatio non potest esse in qualitate sed tantum in actu, eoquod anima non potest inclinari ad res ut enuntiet unum de altero nisi mediante actu et non mediante qualitate, ideo qualitas non potest significari ut distans, sed semper significatur ut unita. Et ideo non potest esse duplex compositio qualitatis cum substantia, sed tantum una. Que est in quolibet nomine.

18 Ad illud autem[112] quod obicitur de hac oratione imperfecta 'homo albus' et[113] de hac perfecta 'homo est albus' quod[114] in una est qualitas unita et in alia distans, dico[115] quod nulla est obiectio, quia[116] loquimur de qualitate unita que est essentialis[117] et que est ratio intelligendi [*T26va*] illud cuius est, scilicet substantiam. Et sic 'homo' habet in se suam substantiam et suam [*H52ra*] qualitatem et[118] 'albus' similiter suam substantiam et suam qualitatem. Et non loquimur[119] de qualitate accidentali, de qua ipse obicit; 'albus' enim non[120] dicit qualitatem essentialem homini[121] neque[122] est principium intelligendi hominem[123] simpliciter, sed hominem talem. Et ideo de qualitate accidentali unita subiecto suo nichil est ad propositum[124]. In alia[125] vero oratione perfecta que est 'homo est[126] albus': quamvis sit qualitas distans, quia tamen hoc non est per

---

105 ad . . . inclinationem]*TRH om. CE*
106 que . . . predicantur]*HCE* quod . . . predicatur *R*
107 quia]*codd. H^c^ om. H*
108 ut]*codd.* non ut *R*
109 a substantia]*T om. codd.*
110 eam]*codd.* causam *E*
111 predicatum]*codd.* predicantur *E*
112 autem]*codd. om. R*
113 et]*codd. om. R*
114 quod]*codd.* quia *T*
115 dico]*T* dicendum *codd.*
116 quia. . . unita]*codd. om. H*
117 essentialis]*codd.* esse naturalis*(!) R*
118 et . . . qualitatem]*TH^c^E om. RHC*
119 loquimur]*codd.* loquitur *T*
120 non]*H^c^E om. RCH*
121 homini]*TCE* hominis *codd.*
122 neque est]*codd.* inest *E*
123 hominem]*codd.* homo *R*
124 propositum]*codd.* presens propositum *H* oppositum*(!) E*
125 alia]*TH* hac *codd.*
126 est]*codd. H^c^ om. H*

inclinationem qualitatis ut sit de altero, sed per inclinationem verbi ibi positi, similiter de illa nichil est ad propositum[127].

19 Dicto iam[128] de compositione in communi, cuius alia[129] erat compositio rerum et alia compositio modorum, et item compositio modorum subdividebatur, quoniam[130] alia erat compositio qualitatis cum substantia, alia vero compositio actus cum substantia: cum habitum sit de compositione qualitatis cum[131] substantia, consequenter dicendum est de compositione actus cum substantia.

De compositione actus cum substantia

20 Compositionis ergo[132] actus cum[133] substantia alia est actus uniti[134], ut in participio, alia vero[135] est ut distantis[136], ut in verbo. Quod autem in participio sit compositio actus uniti cum[137] substantia patet primo per significationem participii. Quia participium significat actionem vel passionem in substantia sive substantiam[138] sub actione vel passione, et non significat tantum substantiam neque tantum actionem[139] vel passionem, quare[140] significat actum unitum substantie[141]. Ergo in participio est compositio actus uniti cum substantia.

21 Patet hoc etiam inductione. Quia: hoc participium 'legens' significat actionem cum substantia infinita; 'legens' enim est 'qui legit'. Sed 'qui'[142] dicit substantiam infinitam. Quare in eo intelligitur substantia [*R30vb*] infinita et actus determinatus. Et hec duo sunt[143] unita. Ergo 'legens' habet in se compositionem actus uniti cum substantia[144]; et sic de aliis participiis specialibus. Ergo participium simpliciter[145] habet in se predictam compositionem. Quod autem sit in verbo compositio actus ut[146] distantis patet per hoc quod actus significatus per verbum semper[147] significatur ut de

127 propositum]*codd.* oppositum*(!) E*
128 iam]*R om. codd.*
129 alia]*codd.* una *H*
130 quoniam]*T* quia *codd.*
131 cum] *codd.* *H*^c *om. H*
132 ergo]*codd.* vero *T*
133 cum . . . actus]*codd. om. R*
134 uniti]*codd.* unita *E*
135 vero]*codd.* est *TH*
136 distantis]*codd.* distans *TE*
137 cum substantia]*HC om. RE*
138 substantiam]*codd.* *R*^c *om. R*
139 actionem vel]*codd. om. T*
140 quare]*codd.* quia *E*
141 substantie]*codd.* in substantia *T*
142 qui . . . quare]*codd.* quid substantia infinita que est*(!) E*
143 sunt]*codd.* in eo *add. R*
144 substantia] *codd.* infinita *add. H*^c
145 simpliciter]*codd.* specialiter sive simpliciter *H*
146 ut . . .quod]*codd. om. H* distantis a substantia patet per hoc quod *H*^c

altero. Cum enim dico 'currit', oportet intelligere subiectum determinatum vel indeterminatum de quo [*H52rb*] dicatur 'currit' ut predicatum[148] determinatum[149] de suo[150] subiecto.

22 Sed queritur, cum sit inclinatio qualitatis ad substantiam et sit inclinatio actus ad substantiam tam uniti quam distantis, qualiter differunt ab invicem[151] ille inclinationes.

23 Et dicendum quod inclinatio qualitatis nominis ad suam substantiam est inclinatio perfectivi (sive perfectionis[152]) ad perfectibile quod per ipsam perfectionem perficitur. Quare[153] substantialis qualitas nominis complet[154] et perficit substantiam nominis. Unde inclinatio qualitatis ad substantiam est inclinatio per quam perfectio[155] unitur perfectibili[156] ut sit[157] ex eis unum, quod est nomen. Inclinatio vero ipsius actus[158] participii ad substantiam est inclinatio per quam actus unitur substantie infinite ut sit in illa sicut in subiecto[159] infinito. Inclinatio[160] actus distantis sive verbi est inclinatio per quam actus sive verbum est[161] de altero ut predicatum[162] de subiecto. Et[163] sic ille tres inclinationes sunt specie differentes.

24 Si quis[164] querat qualiter differat compositio verbi a compositione nominis et a compositione que est in participio, dicendum quod differunt iste tres compositiones [*T26vb*] sicut differunt inclinationes supradicte. Et per se loquendo non[165] differunt iste tres compositiones[166] per hoc quod compositio[167] verbi est subiectum veritatis et falsitatis, alie vero non, quia illa differentia est sumpta a posteriori; preterea, compositio verbi non est simpliciter[168] subiectum veritatis et falsitatis, quia hoc est tantum in indicativo modo et non in aliis modis in quibus est compositio.

---

147 semper]*codd. om. C*
148 predicatum]*codd.* predicatur *R*
149 determinatum]*T om. codd.*
150 suo]*codd. om. H*
151 ab invicem]*R* a se invicem *T* adinvicem *HCE*
152 perfectionis ad]*RC* perfectiones ad suum *TH* perficiens et ad *E*
153 quare]*T* quia *codd.* quod *H*
154 complet . . . nominis]*codd.* R^c *om. R*
155 perfectio unitur]*codd.* perficiuntur*(!) E*
156 perfectibili]*T*R^c*CE* perfectibile *RH*
157 sit]*codd.* fit *C*
158 actus]*T*R^c*C om. HRE*
159 subiecto]*codd.* verbo *E*
160 inclinatio]*codd.* vero *add. THE*
161 est]*codd.* dicitur *T*
162 predicatum]*TRH* predicatur *CE*
163 et sic]*codd.* sic *TH*
164 quis]*codd.* autem aliquis *T*
165 non]*codd. om. E*
166 compositiones]*codd.* sed differunt *add. T*
167 compositio]*codd.* est positis*(!) E*
168 simpliciter]*codd.* in quolibet modo *T*

25 Item. Queritur de compositione verbi, cum habeat componere subiectum cum predicato quantum[169] ad indicativum modum et suppositum cum apposito quoad alios modos[170] tres, quare potius importatur[171] compositio per alterum extremorum quam per utrumque, quia cum[172] compositio equaliter se habeat[173] ad extrema, ergo compositio debet significari cum utroque extremorum.

26 Item. A[174] simili videtur idem. Quia: compositio qualitatis cum substantia significatur cum utroque extremorum in nomine. Et in participio compositio actus uniti cum substantia similiter[175] significatur cum utroque suorum[176] extremorum. Ergo in verbo debet esse similiter.

27 [*H52va*] Item. Habito quod ista compositio significetur[177] cum altero extremorum, queritur quare potius per[178] verbum significatur (sive cum verbo) quam per nomen, cum equaliter se habeat ad utrumque extremorum[179].

28 Et dicendum quod compositio duplicem habet comparationem. Unam enim habet ad subiectum[180] et aliam ad obiectum[181], sicut visio[182] comparatur ad subiectum in quo est, scilicet[183] ad ipsum videns, et comparatur ad obiectum suum, quod est res[184] visa (sive coloratum). Similiter compositio[185] comparatur ad subiectum suum, quod est componens[186], et comparatur ad obiectum suum[187] (sive ad obiecta), quod est compositum (vel que sunt ipsa composita), quia composita recipiunt[188] supra se compositionem, sicut visibile visionem.

29 Dico ergo quod compositio secundum comparationem[189] quam habet ad obiec-[*R31ra*]-tum (sive ad[190] obiecta), equaliter se habet ad utrumque extremorum. Sed secundum comparationem quam habet ad subiectum, quod est ipsum componens, magis se habet ad unum quam ad alterum, quia

---

169 quantum . . . modum]*codd.* quoniam est in indicativo *T*
170 modos tres]*codd.* omnes *H*
171 importatur]*codd.* interpretatur*(!) E*
172 cum]*codd. om. T*
173 habeat]*HC* habet *TR* habebat *E*
174 a . . . idem]*codd.* idem videtur similiter *T*
175 similiter]*codd. om. T*
176 suorum]*R*^c *om. codd. R*
177 significetur]*RCE* significatur *H*
178 per]*codd.* alterum quod est *add. H*
179 extremorum]*RE om. THC*
180 subiectum]*RHE* substantiam *TCP*
181 obiectum]*codd.* obiecta *T*
182 visio]*TR* visus *codd.*
183 scilicet]*codd.* sicut *T*
184 res]*codd. R*^c *om. R*
185 compositio]*codd. T*^c *om. T* inclinatio*(!) E*
186 componens]*codd. R*^c compositiones *R*
187 suum . . . composita] sive ad obiecta que sunt ipsa composita vel opposita*(!) T* suum sive ad obiecta quod est*(!)* ipsa composita *E* sive ad obiecta quod est*(!)* ipsa composita *RH* suum quod est*(!)* ipsa composita *C*
188 recipiunt]*codd.* accipiunt *H*
189 comparationem]*codd.* compositionem *R*
190 ad]*codd. om. R*

cum[191] ipsum componens sit anima et anima non possit componere nisi mediante actu, ideo magis se habet compositio ad actum quam[192] ad reliquum extremorum. Et cum actus significetur per verbum et non per nomen, ideo magis debet compositio significari per verbum quam per nomen. Et sic patet solutio prime et tertie questionis.

30 Ad secundum dicendum quod non est simile de nomine et[193] participio ad verbum, quia in verbo est compositio distantium, ut prius dictum est; et ideo compositio verbi non potuit significari cum[194] utroque extremorum. Sed in participio et in nomine est compositio unitorum; et ideo in illis significatur compositio cum utroque extremorum. In verbo autem compositio[195] non potuit significari cum utroque extremorum, quia compositio actus distantis est compositio per quam actus est de altero ut predicatum de subiecto.

31 Item. Queritur, cum in verbo sit compositio per[196] quam actus est de altero ut predicatum de subiecto, et inclinatio ipsius[197] ad substantiam, utrum compositio precedat natura inclinationem vel econverso. Et[198] videtur quod inclinatio precedat compositionem[199]. Quia: cum actus non habeat esse nisi in[200] subiecto, vel[201] a subiecto, eoquod est proprium accidentis[202] substantie inesse, ergo actus naturalem habet inclinationem ad substantiam; etsi[203] non uniatur ei, tamen[204] habet naturalem inclinationem ad substantiam. Sed compositio actus cum substantia [*H52vb*] non est nisi cum[205] unitur actus substantie. Ergo inclinatio actus ad substantiam natura[206] precedit compositionem actus cum substantia.

32 Et dicendum quod actus duplicem habet inclinationem ad substantiam. Et una earum natura prior est[207] compositione, altera vero natura[208] posterior, quia cum omnis [*T27ra*] actus sit accidens[209] et non econverso, ipsi[210] actui debetur quedam inclinatio inquantum est accidens,

---

191 cum]*codd.* T^c *om. T*
192 quam]*codd.* R^c *om. R*
193 et]*codd.* et de *H*
194 cum]*codd.* R^c *om. R*
195 compositio]*codd. om. R*
196 per quam . . . subiecto]$R^c C$ *om. THE*
197 ipsius]*RCE om. T* actus *add.* HC^c
198 et . . . compositionem]*P* inclinatio compositionem *codd.*
199 compositionem]*codd.* compositioni *H*
200 in]*codd.* R^c *om. R*
201 vel a subiecto]*codd. om. R*
202 accidentis substantie inesse]*P* accidens substantie *codd.*
203 etsi]*codd.* etiamsi *C* una earum natura prior est compositione alia vero natura posterior est quia cum actus sit accidentalis et non econverso ipsi actui debetur quedam inclinatio *perperam add. E* [*vide* 44]
204 tamen . . . substantiam]*P om. codd.*
205 cum unitur]*codd.* si uniatur *C*
206 natura]*codd.* non *E*
207 est]*codd.* R^c *om. R*
208 natura]*T om. codd.*
209 accidens et non]*codd.* accidentalis et non est *E*

cum[211] omne accidens naturaliter inclinetur ad suum subiectum; et hec inclinatio natura precedit[212] compositionem. Alia autem inclinatio debetur actui inquantum[213] est non ut in subiecto sed de subiecto prout inclinat[214] se anima ad enuntiandum[215] unum de altero; et hec inclinatio natura posterior est compositione. Et sic patet quod una inclinatio antecedit compositionem[216] et[217] quod altera sequitur eam per naturam[218].

33 Hoc etiam patet per operationes anime. Quia: cum anima apprehendit rerum similitudines[219], prius cognoscit res sibi invicem convenire, postea consentit et deinde componit eas apud se et postea enuntiat unum de altero. Cum ergo anima[220] prius consentiat quam componat et prius convenientiam videat quam consentiat[221] et convenientia unius rei ad aliam[222] causetur per naturalem inclinationem unius rei ad aliam[223], ideo oportet quod naturalis inclinatio actus, inquantum est accidens, precedat compositionem actus cum substantia. Et item cum anima apud se prius natura componat quam inclinet se ad enuntiandum unum de altero mediante actu, ideo compositio actus cum substantia natura precedit inclinationem actus[224] per quam anima inclinatur ut actus sit de substantia. Et per istam secundam inclinationem reperitur modus in verbo.

34 Et ut hoc planius pateat, nota quod cum verbum debebat[225] imponi ad significandum, tunc anima prius apprehenderat[226] actum de substantia et[227] postea afficiebatur[228] ad enuntiandum eundem actum de substantia. Et per istum affectum inclinabatur[229] ad enuntiandum ipsum[230] de substantia et per hanc inclinationem enuntiabat[231] *[H53ra]* iam ipsum actum de substantia. Unde post apprehensionem actus de substantia prius natura est affectus ipsius[232] anime respectu ipsius actus, ut sit de substantia, quam inclinatio. Et per istum affectum causatur inclinatio ipsius anime

---

210 ipsi]*codd. H* ideo ipsi *H*ᶜ
211 cum omne accidens]*codd. R*ᶜ *om. R*
212 precedit compositionem]*codd.* procedit compositioni *H*
213 inquantum]*codd.* actus *add. TC*
214 inclinat se]*codd.* inclinatur *C*
215 nuntiandum]*codd.* determinandum *E*
216 compositionem]*codd.* compositioni *H*
217 et]*codd. H*ᶜ *om. H*
218 naturam]*codd.* vel natura *add. C*ᵐ
219 similitudines]*codd.* similitudinem *H*
220 anima]*codd. om. H* natura*(?) H*ᶜ omnia *E*
221 consentiat]*codd.* sentiat *C*
222 aliam]*codd.* alteram vel aliam *H*
223 aliam]*codd.* alteram *H*
224 actus]*codd.* cum substantia *add. P*ᶜ
225 debebat] debeat *codd.*
226 apprehenderat] apprehendiderat*(!) H* apprehendebat *TR* apprehendit *CP*
227 et postea]*codd. R*ᶜ *om. R*
228 afficiebatur]*H* efficiebatur *RCEP*
229 inclinabatur]*codd.* inclinatur *C*
230 ipsum]*TRC om. H*
231 enuntiabat]*TRHE* enuntiabit *C*
232 ipsius]*R om. codd.*

ad enuntiandum[233]. Et per istam inclinationem indicat anima, vel imperat et sic de aliis. Ipsa autem indicatio vel imperatio vel optatio est modus.

35 Unde quamvis ista tria, scilicet affectus, inclinatio et indicatio[234], causaliter ordinentur: quia tamen[235] posteriora sunt[236], accidunt ipsi actui qui est vel esse debet de substantia. Et causa huius est quia tam affectus quam inclinatio quam indicatio non possunt esse nisi in respectu ad actum et ipse actus bene potest esse sine ipsis. Ideo signum quod[237] imponebatur ad significandum ipsum actum, principaliter dat intelligere ipsum actum et predicta tria dat[238] intelligere[239] quasi accidentia[240] eidem actui.

36 Et ideo dicimus quod verbum significat agere vel pati et consignificat affectus[241], [*T27rb*] inclinationes et modos. Et sic patet quod modus causatur ab inclinatione sicut a causa proxima[242] efficiente, et inclinatio ab affectu. Et omnia ista tria causantur a compositione actus cum substantia sicut a causa remota finali. Et causantur etiam eadem tria ab anima sicut ab efficiente remota vel[243] initiali.

37 Nota etiam quod hec[244] diffinitio modorum, scilicet 'modi sunt[245] inclinationes animi varios affectus demonstrantes' est causalis, sicut patet ex predictis. Unde inclinatio non predicatur de modis sicut genus, sed causaliter. Unde inclinatio significat affectum sicut effectus suam causam et modus inclinationem et affectum tamquam effectus[246] causam.

38 Nota etiam quod generalis compositio in verbo debetur ipsi agere vel pati generaliter sumpto. Specialis autem compositio debetur ipsi agere vel pati specialiter sumpto et[247] contracto.

39 Si quis obiciat quod cum anima afficiatur [*H53rb*] et inclinetur respectu significati[248] cuiuslibet partis, ut[249] ipsum significet et representet per suum signum, ergo quelibet pars orationis erit alicuius modi, cum propter hoc modus accidat verbo, dicendum[250] quod hec[251] obiectio fit

---

233 enuntiandum]*codd.* ipsum de substantia *add.* H^{m}
234 indicatio]*codd.* sive modus *add. H*
235 tamen]$TR^{c}E$ non *R* cum *H*
236 sunt]*codd.* non*(?) add.* R^{m} et *add. TEP*
237 quod]*codd.* $T^{c}H^{c}$ *om. TH*
238 dat]*codd.* dant *EP*
239 intelligere]*codd.* ipsum signum *add. H*
240 accidentia]*codd.* accidentalia *TP*
241 affectus]*codd.* et *add. T* actus et *E*
242 proxima]*codd.* immediata *add. H*
243 vel initiali]*codd.* in universali*(!) E* et universali *P*
244 hec]*codd.* H^{c} *om. H*
245 sunt]*codd* varie *add. H*
246 effectus]*codd.* affectus*R* suam *add. H*
247 et contracto]*T* seu contracto *codd.* et econverso*(!) E*
248 significati]*codd.* signi et *E*
249 ut]*codd.* ubi *E*
250 dicendum]*codd.* sciendum *H*
251 hec]*codd.* H^{c} *om. H*

propter predicta male[252] intellecta. Quia non dixi quod predictus affectus et inclinatio et modus essent[253] in anima respectu ipsius actus tantum, sed respectu ipsius actus ut est de substantia[254] (sive respectu ipsius actus inquantum componitur cum substantia). Nulla autem pars orationis est de substantia nisi verbum, quia in nulla intelligitur compositio ipsius actus[255] cum substantia exteriori nisi in verbo. Et ideo modus solummodo accidit verbo et nulli alii parti orationis[256].

40 Item. Queritur qualiter intelligatur illa[257] compositio, quia dicit Aristotiles quod illam compositionem sine[258] compositis non est intelligere. Et dicendum quod compositio actus cum substantia intelligitur per extrema, quia actus seipso inheret subiecto suo, sicut quodlibet aliud accidens seipso inheret subiecto in quo est et[259] propter quod est, et non aliquo alio[260] mediante, quia sic contingeret abire in infinitum, ut prius dictum est de qualitate nominis.

41 Unde compositio actus cum substantia fit per inclinationem ipsius actus ad ipsam[261] substantiam ut ad subiectum suum. Et quia inclinatio unius ad alterum non potest in-[*R31va*]-telligi nisi per illud quod inclinatur et per[262] illud ad quod inclinatur, ideo compositio actus ad substantiam[263] suam, que[264] consignificatur[265] per verbum, non potest intelligi sine extremis.

42 Ideo dicit Aristotiles quod 'est' consignificat[266] quandam compositionem quam sine compositis non est[267] intelligere, cum solum habeat intelligi per illud quod inclinatur et per illud cui inclinatur. Quia inclinatio verbi, que est ipsius actus ad substantiam, remotis quod inclinatur et[268] cui inclinatur, nichil est. Et ideo compositio sine extremis nichil est. Et quia unumquodque intelligitur per illud quod dat ei esse: cum extrema dent esse compositioni, ideo habet intelligi[269] per extrema, ut dictum est.

43 Nota etiam[270] quod illa [*H53va*] compositio secundum veritatem est in re et est

---

252 male intellecta]*T* non intellecta *codd.* sive eoquod predicta non intelliguntur *add. HC* sive eoquod non intelligit ea que predicta sunt *add. TRP* sive et quod non intelligat ea que predicta sunt *add. E*
253 essent]*codd.* erant *R*
254 substantia]*codd.* subiecto *H*
255 actus]*P om. codd.*
256 orationis]*codd.* et per istam secundam inclinationem reperitur modus in verbo *add. THCE*
257 illa]*R* ipsa *H*
258 sine]*codd.* suis *add. T*
259 et . . . est]*R om. codd.*
260 alio]*codd. om. TC*
261 ipsam]*T om. codd.*
262 per illud]*R om. codd.*
263 substantiam suam]*H* subiectum suum *codd.*
264 que]*codd.* qui *R*
265 consignificatur]*R* significatur *codd.*
266 consignificat]*RCE* significat *TH*
267 est]*codd.* erit *R*
268 et cui inclinatur]*codd.* R^c *om. R*
269 intelligi]*codd.* H^c *om. H*
270 etiam quod]*codd.* quod etiam *H*

quoddam indivisibile, in verbo autem est illa compositio ut in signo. Sicut[271] sanitas secundum suam veritatem[272] est in animali sicut[273] in suo subiecto, et est in urina sicut in signo.

44 Nota etiam quod ista compositio que est per inclinationem actus ad substantiam, inquantum actus est accidens substantie[274] et[275] precedit alteram inclinationem per quam actus est de aliquo, ut dictum est prius[276].

45 Item. Queritur utrum compositio sit ens simpliciter vel non. Et[277] videtur quod non. Quia: reperitur in rebus existentibus, ut 'homo est animal', et in rebus non-existentibus, ut 'chimera est non-ens'. Ergo reperitur in eis per aliquod commune repertum in ipsis, quia, ut vult Aristotiles in fine *Priorum*[278]: si aliqua passio consequitur[279] aliqua[280] diversa[281], oportet quod consequatur[282] ea per aliquod commune repertum in ipsis. Sed nichil est commune enti et non-enti nisi ens quodammodo. Ergo[283] compositio primo[284] sequitur ens quodammodo. Ergo et ipsa est ens quodammodo. Ergo non est simpliciter ens.

46 Et dicendum quod compositio importata per[285] verbum communiter se habet ad[286] compositionem entium et ad[287] compositionem non-entium. Unde primo[288] sequitur ens quodammodo, ut obiectum est. Et ipsa in communi est ens quodammodo et non simpliciter.

47 Item. Queritur utrum compositio verbalis in [*T27va*] communi equaliter se habeat ad[289] compositionem entium[290], ut 'homo est animal', et ad compositionem non-entium, ut 'chimera est non-ens', vel ipsa per prius dicatur de una et per posterius de alia.

48 Et dicendum quod compositio in communi per prius convenit compositioni entium et per posterius compositioni[291] non-entium.

---

271 sicut]*codd.* sequitur*(!) C*
272 veritatem]*codd. R*^{c} virtutem *R*
273 sicut . . . signo]*T* ut in subiecto in urina autem ut in signo *codd.*
274 substantie]*T om. codd.*
275 et precedit]*TRCE* procedit *H*
276 prius]*codd. om. T*
277 et . . . non]*codd. R*^{c} *om. R*
278 priorum]*TRH* primorum*(!) C* secundi priorum *H*^{c}
279 consequitur]*codd.* assequitur *R*
280 aliqua]*TRH* alia *CE*
281 diversa]*codd.* divisa *R*
282 consequatur]*TCE* sequitur *R* consequitur *H*
283 ergo . . . sequitur ens quodammodo]*TRCE om. H*
284 primo]*RCE om. T*
285 per verbum]*codd. H*^{c} *om. H*
286 ad . . . et]*codd. R*^{c} *om. R*
287 ad compositionem]*RC om. THE*
288 primo]*C* prius *TRE* per prius *H*
289 ad]*codd. H*^{c} *om. H*
290 entium . . . compositionem]*codd.* entium et *H*^{c} *om. H*
291 compositioni]*codd. om. T*

49 Item. Videtur[292] quod compositio[293] in communi sit ens simpliciter et non quodammodo, et sic non conveniat[294] compositioni non-entium, quia videtur quod extrema ponantur[295] secundum exigentiam compositionis, ut si compositio est ens simpliciter, et extrema. Unde videtur sequi: 'homo est animal'; ergo 'homo est' et 'animal est'. Et si compositio est[296] ens quodammodo, ergo[297] et extrema. Unde non sequitur[298]: 'chimera est non-ens'; ergo[299] 'chimera est' vel 'non-ens est'. Ergo si compositio in communi est ens[300] quodammodo, oportet quod extrema sua sint[301] entia quodammodo[302]. Ergo hec est vera: 'Antichristus est homo', cum ibi ponatur [*H53vb*] 'homo' quodammodo et hec sit[303] vera: 'Antichristus est homo quodammodo'. Et ita iste due convertuntur: 'Antichristus est homo' et[304] 'Antichristus est homo quodammodo'. Quod[305] falsum est. Ergo et illud ex quo sequitur est falsum, scilicet quod compositio in communi sit ens quodammodo et non simpliciter.

50 Et dicendum quod compositio in communi est ens quodammodo, ut dictum est prius, et extrema eius similiter in[306] communi sunt entia quodammodo. Sed compositio contracta ad illam partem eius[307] que est compositio entium[308], est ens simpliciter. Unde in hac: 'Antichristus est homo' contracta [*R31vb*] est ad compositionem entium. Unde non ponitur ibi 'homo' quodammodo, sed[309] simpliciter. Et ideo hec: 'Antichristus est homo', non equipollet huic: 'Antichristus est homo quodammodo'.

51 Ad illud[310] autem quod obicit quod extrema ponantur secundum exigentiam compositionis, dicimus[311] quod falsum est, quia cum extrema sint, non propter hoc sequitur quod compositio sit. Ut[312] cum dico: 'homo est asinus', extrema sunt[313], non tamen compositio est. Et si

---

292 videtur quod]*codd.* R^c quod videtur *R*
293 compositio]*codd.* verbalis *add. R*
294 conveniat]*R* convenit *HCE*
295 ponantur]*codd.* inesse *add.* Hc
296 est ens]*codd.* H^c *om. H*
297 ergo]*codd. Hc om. TH*
298 sequitur]*codd. om. H*
299 ergo chimera est]*codd. om. H*
300 ens]*codd.* R^c *om. R*
301 sint entia]*codd.* sicut causa sua*(!) E*
302 quodammodo]*codd.* et non simpliciter *add.* H^m
303 sit]*codd.* similiter *E* est *T*
304 et . . . homo]*codd.* R^c *om. R*
305 quod falsum est]*TRC* sed hoc est falsum *H*
306 in communi]*RC om. HE*
307 eius que]*TRCE* entium eius quod *H*
308 entium]*codd. om. H*
309 sed simpliciter]*THCE om. R*
310 illud]*codd.* aliud *sic saepiusTH*
311 dicimus]*E* dicendum *codd.*
312 ut]*TRCE* unde *H*
313 sunt]*codd.* est *R*

compositio est, non propter[314] hoc sequitur quod extrema sint[315], ut <cum dico> 'chimera est non-ens', illa compositio est, non[316] tamen extrema sunt. Sed hoc sequitur: 'extrema sunt sibi invicem convenientia; ergo compositio eorum est[317]'; et est locus a causa. Et[318] econverso sequitur: 'compositio est; ergo extrema sunt sibi invicem convenientia'; et est locus ab effectu, quia convenientia extremorum est causa compositionis et compositio est effectus convenientie extremorum.

52 Item. Videtur quod compositio in communi equaliter se[319] habeat ad compositionem entium et ad compositionem non-entium. Quia: iste due sunt simpliciter vere: 'homo est animal' et[320] 'chimera est[321] non-ens'. Ergo veritas earum simpliciter est ens. Ergo subiectum veritatis in utraque simpliciter est ens. Sed subiectum veritatis est compositio. Ergo compositio utriusque simpliciter est ens. Sed in una est compositio entium, in altera[322] vero non-entium. Ergo compositio non-entium simpliciter est ens. Ergo compositio in communi non magis se habet ad unam partem[323] quam ad alteram.

53 Et dicendum quod compositio in communi dicitur secundum prius et posterius de utraque [*H54ra*] illarum compositionum, ut dictum est prius, quia per prius dicitur de compositione entium et per posterius de compositione non-entium.

54 Ad illud[324] autem quod obicit quod[325] utraque earum sit simpliciter vera, ergo veritas earum simpliciter est ens, dicendum quod non sequitur, quia veritas entium est ens simpliciter, veritas autem non-entium [*T27vb*] non est ens simpliciter sed quodammodo. Quod patet: quia veritas entium est per convenientiam extremorum, que est causa compositionis in affirmativa <vera> (ut 'homo est animal'), vel per repugnantiam extremorum, que est causa divisionis in negativa vera[326] (ut[327] 'homo non est asinus').

55 Unde veritas entium erit[328] per convenientiam extremorum[329] ad compositionem vel[330]

---

314 propter hoc]*T* tamen *codd.*
315 sint]*codd.* sibi invicem convenientia *T quae verba delevit* T^c
316 non tamen]*HC* neque *R*
317 est]*codd.* H^c om. *H*
318 et]*codd. om. R*
319 se . . . non entium]*T* predicetur de compositione entium et de compositione non entium *CE* predicatur de compositione entium et [R^c *om. R*] non entium *RH*
320 et]*TC om. codd.*
321 est non]*R* non est *codd.*
322 altera vero]*TRCE* alia vero compositio *H*
323 partem]*codd.* R^c *om. TR*
324 illud autem]*RE* illud *C* aliud *TH*
325 quod]*codd.* cum *add. H*
326 vera]*codd.* T^cH^c *om. TH*
327 ut]*codd.* hic *add. T*
328 erit]*T* est *codd.*
329 extremorum]*codd.* R^cH^c *om. TRH*
330 vel . . . ad]H^c vel ad *HC* vel *TR*

per repugnantiam ad divisionem; et etiam propter[331] hoc quod extrema sunt[332] simpliciter entia. Sed veritas non-entium non habet nisi alteram partem[333] istarum causarum, scilicet convenientiam extremorum[334] ad compositionem vel divisionem, et non habet entitatem eorundem, quia extrema non sunt entia, immo sunt[335] non-entia.

56 Et ideo veritas non-entium est ens quodammodo, veritas autem entium est ens simpliciter. Et ita compositio entium est ens simpliciter, compositio autem non-entium est ens quodammodo[336].

---

331 propter]*T* per *codd.*
332 sunt]*codd.* R^c *om.* *R*
333 partem]*C*R^c *om.* *HRE*
334 extremorum]*codd.* R^c *om.* *R*
335 sunt non entia]*TC*R^c non entia H^c *om.* *H* immo non sunt entia *RE*
336 quodammodo]*codd.* sequitur de negatione *add.* *R*

TRACTATUS SECUNDUS: DE NEGATIONE

1 Cum[1] secundum diversitatem compositionum diversificetur negatio, ideo post compositionem dicendum est de negatione.

De negatione in genere

2 Primo autem sciendum est quod 'negatio' dicitur equivoce. Quia uno modo negatio dicitur oratio negativa. Et est species enuntiationis: enuntiationis alia[2] est affirmativa[3] (ut 'homo currit'); alia est negativa[4] (ut 'homo non currit'); et diffinitur sic: 'negatio est oratio negativa alicuius ab[5] aliquo'.

3 Alio autem modo dicitur negatio signum vel instrumentum negandi. Et hoc modo dicitur [*H54rb*] tripliciter[6]. Quia negatio, ut est instrumentum negandi, sumitur uno modo ut substantia, ut in hoc nomine 'negatio'; alio autem modo sumitur ut actus, in[7] verbo et in participio, ut *nego*, *negas*, vel *negans* et *negatus*. Et hiis duobus modis [*R32ra*] sumitur negatio ut concepta sive per modum conceptus. Alio autem modo sumitur negatio que est instrumentum negandi, ut exercita; et sic significatur per hanc particulam 'non'.

4 Et nota quod conceptus et affectus[8] differunt in hoc quod conceptus[9] dicitur esse illud quod est in anima per similitudinem aliquam exteriorem; cum enim cogito de coloribus et de hominibus, similitudines eorum recipio in anima, et non res ipsas. Affectus autem[10] sive exercitio[11] dicitur esse illud quod secundum veritatem est[12] in anima vel in corpore. Ut cum laboro in egritudine, dolor est in anima mea secundum veritatem afficiens[13] eam, et quando curro, cursus est in corpore[14] secundum veritatem exercitus[15] et[16] afficiens ipsum corpus.

---

1 cum]*codd.* autem *add. C*
2 alia]*CE* alia autem *TR* autem alia *H*
3 affirmativa]*THE* affirmatio *RC*
4 negativa]*THE* negatio *RC*
5 ab]*TC* de *RHE*
6 tripliciter]*TRCE* dupliciter *H*
7 in verbo et in participio]*R* ut in verbo vel in participio *T* ut in participio vel in verbo *C* ut in verbo et participio *H*
8 affectus]*codd.* sive exercitus *add. C*
9 conceptus]*codd.* conceptio *E*
10 autem]*codd.* enim *C*
11 exercitio]*E* exercito*(!) R* exercitium *T* exercitus *codd.*
12 est]*RC* dicitur esse *codd.*
13 afficiens]*TR*^{c}*CH* efficiens *RE*
14 corpore]*codd.* meo *add. H*
15 exercitus]*THP om. E* exercens *CR*^{c} exercito*(!) R*
16 et]*P om. codd.*

5 Item. Negatio isto ultimo modo sumpta est duplex. Quia est quedam negatio que est termini, ut in nomine infinito vel[17] in verbo infinito; et est alia que est orationis. Et prima additur per compositionem, secunda vero per appositionem.

6 Item. Negatio termini est duplex. Quia est quedam que facit nomen infinitum sive privativum[18], ut 'non-homo', 'non-lapis'; et est alia que facit verbum infinitum sive privativum[19], ut 'non-currit', 'non-laborat'.

7 Sed videtur quod neque qualitas accidentalis[20] neque actus possunt[21] predicari de substantia, quia sunt diversa et diversa inquantum huiusmodi[22] sunt[23] repugnantia. Ergo unnum non vere predicatur de altero. Ergo sicut hec est[24] falsa: 'Sortes est albedo', similiter et hec: 'Sortes est albus'; et similiter hec: 'Sortes currit', sicut et hec: 'Sortes est *[H54va]* cursus'.

8 Et dicendum quod dupliciter contingit significare[25] diversa. Quia uno modo inquantum unum[26] est oppositum alteri vel est[27] diversum ab eo, ut 'Sortes' et[28] 'albedo' (vel 'cursus'); et sic unum non potest vere predicari[29] de altero. Alio autem modo *[T28ra]* contingit significare[30] diversa[31] prout unum est[32] de altero, ut 'albus', 'niger', 'currit', 'legit', et universaliter quecumque significantur in concretione ad substantiam, sive dicantur denominative[33], ut 'albus', 'currit', sive non[34], ut 'studiosus', 'cursor', et 'pugillator', et consimilia, prout dicuntur[35] a naturalibus potentiis. Et hoc modo unum diversum predicatur de altero.

9 Item. Cum triplex sit compositio, scilicet qualitatis ad substantiam, et actus distantis a substantia cum[36] substantia, et actus uniti substantie[37] cum substantia, et cuilibet harum trium

---

17 vel . . . infinito]*codd.* T^c *om. T*
18 privativum]*RC* privatum *HE*
19 privativum]*TR* privatum *HE om. C*
20 accidentalis]*codd. om. H*
21 possunt]*RC* possit *TH*
22 huiusmodi]*codd.* diversa *T*
23 sunt]*codd.* sibi invicem *add.* H^c
24 est]*TRE* sunt *HC*
25 significare]*codd.* significari *T*
26 unum]*codd.* nomen *R*
27 est]R^c*C om. TRH*
28 et]*codd.* est *RCE*
29 predicari]*codd.* impediri*(!) E*
30 significare]*codd.* significari *T*
31 diversa]*codd.* R^c *om. R*
32 est]*codd.* R^c *om. R*
33 denominative]*codd.* denominate*(!) C*
34 non]*codd.* denominative *add. RCHE*
35 dicuntur]*codd.* dicitur *R* cursor et pugillator et consimilia *add. RC*
36 cum substantia]*codd.* H^c *om. H*
37 substantie cum]*codd.* cum *T* sit de T^c

compositionum sua opponatur[38] negatio, ergo sic[39] erit triplex negatio. Ergo[40] male ponuntur due tantum.

10 Et dicendum, sicut dictum est prius, quod[41] negatio, ut est exercita sive ut[42] afficiens, est duplex, sicut compositio duplex est in genere, quia est quedam termini et[43] alia orationis, ut dictum est. Sed[44] negatio illa[45] in specie sumpta est quadruplex, eoquod negatio termini[46] subdividitur: quedam[47] enim est que removet qualitatem a substantia, faciens nomen infinitum, ut 'non-homo', 'non-equus'[48]; et est alia que actum unitum[49] substantie removet a substantia, faciens participium infinitum, ut 'non-currens', 'non-legens'; tertia vero actum distantem a substantia exteriori removet sive privat a substantia intra[50], faciens verbum infinitum, ut 'non-currit', 'non-laborat'[51] (quarta vero est orationis, ut dictum est, faciens orationem negativam). Et sic negatio termini dividitur per tres partes.

11 Ad illud autem quod obicit [*H54vb*] quod triplex est compositio actus[52] cum substantia, ergo ex opposito erit triplex negatio, dicendum[53] quod insufficienter dividit, quia relinquit compositionem actus distantis a substantia exteriori cum substantia intra[54]. Et sic sunt quatuor compositiones. Unde ex opposito erunt quatuor negationes.

12 Quod autem sint[55] quatuor compositiones patet. Quia quedam[56] est qualitatis[57] cum substantia, ut in quolibet nomine; et negatio ei opposita facit nomen infinitum, ut 'non-homo'. Et alia est actus uniti substantie cum substantia, ut in participio; et negatio ei opposita facit participium infinitum[58], ut 'non-legens'. Tertia vero[59] est actus distantis a substantia exteriori cum

---

38 opponatur]*codd.* apponatur *R*
39 sic erit]*R* sic est *C* erit *H*
40 ergo]*codd.* quare *T*
41 quod . . . ut est]*codd.* quia ut est negatio *R*
42 ut]*T om. codd.*
43 et alia]*codd.* alia vero *T*
44 sed]*codd.* quia *add. T*
45 illa . . . sumpta]*R* sumpta in specie *C* illa in specie *H*
46 termini]*codd.* tripliciter *add. H*
47 quedam . . . que]*T* quia est quedam negatio termini *codd.*
48 equus]*codd.* asinus *T*
49 unitum]*codd.* R^{c} *om. R*
50 intra]*codd.* R^{c} unita *R*
51 laborat]*codd.* legit *H*
52 actus]*R om. codd.*
53 dicendum]*codd.* T^{c} *om. T*
54 intra]*codd.* unita *H*
55 sint]*TH* sunt *codd.*
56 quedam]*codd.* compositio *add. H*
57 qualitatis]*codd.* qualitas*(!) R*
58 infinitum]*RE* esse infinitum *HC*
59 vero]*codd.* compositio *add. RCHE*

eadem[60] substantia exteriori, ut 'Sortes currit'; et negatio ei opposita facit orationem negativam, ut 'Sortes non currit'. Quarta vero est actus distantis a substantia exteriori cum substantia intra[61]; et negatio ei opposita facit verbum infinitum, ut 'non-currit', 'non-laborat'. Et sic insufficienter dividebat compositiones istas in specie et negationes eis oppositas.

13 Et nota quod verbum duplici substantie comparatur, scilicet substantie[62] exteriori, que reddit ei suppositum[63], ut 'Sortes currit', et substantie interiori, que infinite[64] intelligitur in ipso, quia 'currit' idem est quod 'res currens'[65]. Et 'currens' est ipse actus, res vero[66] est substantia interius[67] intellecta.

De negatione in specie

14 Dicto de negatione in genere consequenter dicendum est de unaquaque predictarum negationum in specie. Et primo de negatione nominis infiniti, cum hec sit prior aliis.

De negatione infinitante nomen

15 Circa quam primo queritur utrum nomen infinitum predicetur de quolibet quod est et quod non est. Et videtur quod non. Quia, ut est in *Secundo Perihermeneias*, ad affirmationem in qua predicatur[68] nomen infinitum, se-[*H55ra*]-quitur negatio in qua predicatur[69] nomen finitum, et non[70] econverso, ut 'omnis homo est non-iustus; ergo nullus homo est iustus', et non econverso. Ergo affirmatio in qua predicatur[71] nomen infinitum ponit aliquid[72] semper, quia si [*T28rb*] nichil poneret, tunc[73] converteretur cum negatione. Ergo nomen infinitum solum predicatur de ente. Ergo non de quolibet quod est et quod non est.

16 Ad idem. Cum dicitur 'homo est non-iustus', hic ponitur ens, quia affirmatur esse

60 eadem]*RE om. HC*
61 intra]*codd. R*ᶜ unita *R*
62 substantie]*codd. om. C*
63 suppositum]*THCE*ᶜ oppositum *E* subiectum *R*
64 infinite]*codd.* indefinite *C*
65 currens]*codd. R*ᶜ *om. R*
66 vero]*TR*ᶜ*C om. HRE*
67 interius]*TRH* intus *E* ulterius*(!) C*
68 predicatur]*codd.* ponitur *TR*
69 predicatur]*RCH* ponitur *TE*
70 non]*codd. H*ᶜ *om. H*
71 predicatur]*HC* ponitur *TRE*
72 aliquid semper] aliud semper *R* aliquid *HE*
73 tunc]*codd.* hinc *H*

neque[74] negatur compositio per negationem ipsius termini infiniti sequentem. Ergo nomen infinitum predicatur solum de ente. Ergo non de quolibet quod[75] est et quod non est.

17 Sed contra. 'Homini' opponitur aliquid secundum privationem et aliquid secundum negationem, ut 'mortuum' opponitur 'homini' privative et 'non-homo' negative. Sed privatio plus participat de ente quam negatio. Ergo 'mortuum' plus participat de ente quam[76] 'non-homo'. Sed 'mortuum' predicatur de non-ente. Quare multo fortius 'non-homo'. Ergo terminus infinitus non solum predicatur de ente sed etiam[77] de non-ente.

18 Item ad idem. Boethius docet convertere universalem affirmativam infinitando terminos, ut 'omnis homo[78] est ens; ergo omne non-ens est non-homo'. Ergo 'non-homo' predicatur de quolibet non-ente. Ergo[79] non solum de ente.

19 Item. Ut est in *Secundo Topicorum*: si ad 'hominem' sequitur 'animal', ergo per consequentiam econtrario ad 'non-animal' sequitur 'non-homo'. Sed bene[80] sequitur 'si est homo, est ens'. Ergo sequitur per consequentiam econtrario: 'si est non-ens, est non-homo'. Ergo nomen infinitum non solum predicatur de ente, sed etiam de non-ente.

20 Item. In homine est duplex compositio. Quia est in eo quedam[81] compositio forme cum materia; homo enim *[R32va]* et unumquodque aliud a Primo constat ex materia et forma, vel vere[82] vel proportionaliter[83]. Et est[84] alia compositio in homine que est differentiarum cum suo *[H55rb]* genere vel cum suo[85] superiori, sive sint differentie specifice, ut in speciebus omnibus et generibus subalternis, sive sint differentie non-specifice, sicut sunt[86] differentie que secundum rationem finis vel cause alicuius adiciuntur enti, per quas genera[87] generalissima differunt a se.

21 Cum enim[88] genera generalissima communicent in ente[89], licet secundum prius et[90]

---

[74] neque]*REC* et non *H*ᶜ non *H*
[75] quod . . . non est]*T* etc. *codd.*
[76] quam]*TE* quam negatio ergo mortuum plus participat de ente quam *R* quam negatio *H* quam negatio scilicet *H*ᶜ
[77] etiam de]*RE* de *TH*ᶜ *om. H*
[78] homo]*codd. om. R*
[79] ergo . . . ente]*codd. H*ᶜ *om. H*
[80] bene]*codd. om. R*
[81] quedam]*RE om. H*
[82] vere]*codd.* ut in hiis que sunt nature *add. R*
[83] proportionaliter]*codd.* ut in hiis que sunt rationis *add. R*
[84] est]*codd. H*ᶜ *om. H*
[85] suo]*RH*ᶜ*CE om. TH*
[86] sunt . . . per quas]*codd.* differentie que [sunt *T*ᶜ] secundum rationem finis vel cause alicuius per quas differentias addicuntur*(!)* enti *T*
[87] genera]*R om. codd.*
[88] enim]*codd. H*ᶜ *om. H*
[89] ente]*codd. R*ᶜ esse *R*
[90] et posterius]*codd. R*ᶜ *om. R*

posterius, oportet quod[91] per aliquid differant, ut patet. Quia substantia est ens per se, quantitas vero est ens mensurativum substantie, qualitas vero est ens informativum (vel[92] qualitativum) substantie, relatio vero[93] est ens[94] comparativum substantie, actio vero est ens medium per quod, sive secundum quod, unum agit in aliud; et sic de aliis. Unde hec differentia 'per se' est differentia substantie et 'mensurativum substantie' est differentia quantitatis, et sic de aliis. Et sic per istas differentias, que non sunt specifice, differunt genera[95] generalissima inter se.

22 Formetur[96] autem argumentum sic: In homine est duplex compositio, scilicet forme cum materia et differentiarum cum primo predicabili, ut cum ente. Sed cuilibet compositioni sua opponitur[97] negatio. Ergo duplici compositioni existenti[98] in homini duplex opponitur negatio. Ergo negatio in hoc termino 'non-homo' est duplex. Quia vel removebit compositionem que[99] est differentiarum cum ente. Et sic relinquitur ens, quia cum dicitur 'ens per se[100] corporeum animatum sensibile rationale mortale': si aggregatio istarum differentiarum removeatur pro[101] una vel pro pluribus, non dico quod unaqueque[102] earum removeatur, sed aggregatio earum que potest removeri pro una vel pro pluribus sive pro omnibus[103], tunc relinquitur ens, quia si una sola removeatur, iam[104] non sunt ibi omnes; vel si plures vel si omnes, semper earum aggregatio removebitur. [*T28va*] Et sic 'non-homo' ponit ens et predicatur solum de ente. Et sic 'non-homo'[105] dicitur terminus privativus.

23 Si autem negatio ista removeat compositionem forme cum materia, tunc nichil ponit actu, sed tantum ponit ens in potentia vel in opinione. Et sic 'non-homo' est terminus negativus[106]. Et sic 'non-homo' ponit potentiale vel opinabile vel imaginabile. Et sic 'non-homo' predicatur de ente et de non-ente. Et[107] sic nomen infinitum est duplex.

24 Quod concedimus. Dicendum ergo quod nomen dupliciter potest infinitari, ut ostensum est. Quia uno modo secundum privationem; et sic 'non-homo' ponit ens, removendo aggregationem differentiarum a primo predicabili. Et sic 'homo' et 'non-homo' opponuntur ut privatio et habitus et

---

91 quod]*codd. H^c om. H*
92 vel]*TR* substantie vel *CHE*
93 vero]*TRE om. H*
94 ens]*codd. R^c om. R*
95 genera generalissima]*R^c* genera *R* generalissima *THE*
96 formetur]*TE* formatur *codd.*
97 opponitur]*TR* oppositio *E* respondet *E*
98 existenti]*codd.* existente *R*
99 que est]*TR om. codd.*
100 se]*codd. H^c om. H*
101 pro . . . pluribus]*codd. H^c om. H*
102 unaqueque earum]*T^cR* unaqueque *TE* unumquodque *H*
103 omnibus]*codd.* animabus*(!) E*
104 iam]*TRH^c* inde *E om. H*
105 non homo]*codd. H^c om. H*
106 negativus]*codd.* negationis *T*
107 et . . . duplex]*codd. R^c om. T*

predicantur solum de ente. Alio autem modo potest infinitari nomen[108], scilicet secundum negationem; et sic 'non-homo' nichil ponit et est terminus negativus. Et sic 'non-homo' predicatur de quolibet ente alio ab homine et de non-ente. Et sic 'homo' et 'non-homo' opponuntur ut affirmatio et negatio et[109] predicantur de quolibet quod est et quod non est, ita quod hoc vel illud sit[110], sicut et quelibet contradictio.

25 Et nota quod ille duplex modus infinitandi terminum[111] est solum[112] in terminis specialibus, quia[113] termini generales, ut 'ens' et 'aliquid', uno solo modo infinitantur, scilicet secundum negationem, quia in eis non est duplex compositio sicut in specialibus. Unde 'non-ens' <et> 'non-aliquid' solum predicantur de eo[114] quod non est. Nullus enim terminus communis[115] infinitus potest predicari de eo cuius forma removetur per ipsum. Unde [*R32vb*] 'non-homo' non potest predicari de homine neque 'non-ens' de ente; nullum enim oppositorum predicari potest de sibi opposito.

26 Ad illud autem quod obicit, quod ad affirmationem in qua predicatur nomen infinitum, sequitur negatio[116] in qua predicatur nomen finitum, et non econverso, et[117] sic nomen infinitum ponit ens, dicendum, sicut [*H55vb*] dictum est prius, quod[118] potest nomen infinitari dupliciter propter hoc quod vel est infinitum secundum[119] negationem et sic nichil ponit, vel eoquod[120] est infinitum secundum privationem et sic ponit ens, sive sit substantiale, ut homo, animal, sive accidentale, ut album, iustum, rectum, curvum[121], par vel impar.

27 Unde si predicetur terminus accidentalis infinitus secundum privationem, sic relinquit subiectum accidentis in esse. Et sic ista; 'homo est non-iustus' et consimiles ponunt ens. Et sic ad ipsas sequitur negativa de predicato finito, et non econverso, ut 'homo est[122] non-iustus; ergo homo non est iustus', et non econverso. Et hoc[123] determinat Aristotiles in principio *Secundi Peryermenias* dicendo quod sic consequuntur se[124] invicem sicut dictum est in *Prioribus*. Hoc etiam

---

108 nomen]*codd.* non homo *H*
109 et]*TRH*^{c} *om. RE*
110 sit]*C om. codd.*
111 terminum*codd. H*^{c} *om. H*
112 solum]*codd.* tantum *H*
113 quia]*codd.* quod *R*
114 eo quod non est]*codd.* non ente *T*
115 communis]*T om. codd.*
116 negatio]*codd.* negativa *T*
117 et sic]*T*^{c}*R* unde *TH*
118 quod . . . dupliciter]*R* quia nomen infinitus duplex est *H* quod nomen infinitum duplex est *T* nomen infinitum dupliciter*(!) E*
119 secundum . . . infinitum]*H*^{c} *om. H*
120 eoquod]*R* quod *E om. H*^{c}
121 curvum]*T om. codd.*
122 est non]*THE* non est *R*
123 hoc]*codd. H*^{c} *om. H*
124 se]*codd.* sibi *T*

dicit[125] in fine *Primi Priorum* quod ad privativam affirmativam sequitur negativa finita, et non econverso, ut 'hoc est inequale; ergo non est equale', et non econverso; vel 'hoc est non-album; ergo non est album', et non econverso.

28 Si autem predicetur[126] terminus accidentalis infinitus secundum negationem, tunc nichil ponit, ut dictum est. Et sic convertitur cum negativa finita, ut 'omnis homo est non-iustus; ergo nullus homo[127] est iustus', et econverso. Et similiter dicit in principio[128] *Secundi Peryermenias* paulo post, quod ad negativam finitam sequitur affirmativa infinita, ut 'nullus homo est iustus; ergo omnis homo est non-iustus'. Quod non posset esse nisi converterentur isto[129] modo, [*T28vb*] scilicet secundum quod est nomen infinitum secundum negationem. Et similiter intellige de termino infinito substantiali, ut 'non-homo', sicut de[130] accidentali, ut 'non-iustus'[131].

29 Ad illud autem quod postea obicit, quod in ista: 'homo est non-iustus' ponitur[132] ens, cum affirmetur esse et remaneat[133] compositio affirmata et non negatur per negationem sequentem, dicendum quod hoc argumentum tripliciter peccat. Quia[134] uno modo[135] secundum equivocationem huius nominis 'non-iustus'[136] quod uno modo ponit [*H56ra*] ens et alio modo non, ut dictum est prius.

30 Et[137] alio modo peccat secundum consequens, sive secundum quid et simpliciter, quia non sequitur 'affirmatur esse sive[138] ipsa compositio; ergo est', quia affirmatio est tam de ente quam de non-ente. Ergo in plus est affirmatio quam esse secundum rem[139]. Ergo est *consequens*. Unde[140] secundum quod 'non-iustus' est nomen infinitum secundum negationem, non sequitur 'homo est non-iustus; ergo homo est'.

31 Preterea est ibi fallacia secundum quid et simpliciter, quia quamvis sit ibi compositio affirmata[141], non tamen[142] ponitur ibi ens simpliciter, sed diminutum per determinationem

---

125 dicit]*codd.* dicitur *T*
126 predicetur]*TRE* predicatur *HC*
127 homo]*codd.* R^c *om. R*
128 principio secundi]*R* principio *T* secundo T^c*HCE*
129 isto modo]*codd.* ista materia*(!) E*
130 de accidentali]*RE* de termino accidentali infinito *H*
131 non iustus]*RP* non iustum *TH* non rectum *E*
132 ponitur]*HCE* predicatur *R*
133 remaneat] remanet *codd.* removeat*(!) E*
134 quia]*codd.* quod *R*
135 modo]*codd.* peccat *add. HE*
136 non iustus]*T* non iustum *RH* non rectum *E*
137 et]*codd.* quod *R*
138 sive]*R* aut *codd.*
139 rem]*P* rationem *codd.*
140 unde]*codd.* verum *R*
141 affirmata]*TR* affirmativa *HE*
142 tamen]*TRE om. H*

sequentem. Unde sicut non sequitur: 'est opinabile; ergo est', quamvis sit ibi[143] compositio affirmata[144], ita non sequitur 'est non-iustus; ergo est', cum[145] diminuatur esse per determinationem nichil ponentem, secundum quod 'non-iustus' est terminus negativus.

32 Sciendum autem[146] quod nullus terminus potest infinitari nisi subicibile[147] vel predicabile. Et ideo signa universalia vel particularia non possunt infinitari, quia sunt dispositiones subiecti inquantum subiectum[148], et ita respiciunt predicatum. Et ideo dicit Aristotiles quod hec negatio 'non' non est addenda huic signo 'omnis', quia non significat universale, sed quoniam universaliter.

33 Dicto de negatione speciali nominis faciente nomen infinitum consequenter dicendum est de speciali[149] negatione verbi [*R33ra*] infinitante[150] verbum, quia sicut nomen natura prius est verbo, ita nomen infinitum prius est[151] natura verbo infinito.

De negatione infinitante verbum

34 Primo ergo queritur de verbo infinito utrum predicetur de omni[152] eo quod est et quod non est. Et videtur quod sic. Quia, ut vult Aristotiles, verbum infinitum similiter[153] est in quolibet quod est et quod non est. Ergo predicatur de omni eo quod est et quod non est.

35 Sed contra. Negatio que est in verbo infinito relinquit compositionem affirmatam[154], removendo actum a substantia de qua predicatur actus. Unde sensus huius: 'Cesar non currit', secundum[155] quod 'non-currit' est verbum infinitum, est iste: *Cesar est non-currens*. Sed compositio affirmata[156] ponit ens, quia ponit subiectum in esse. Ergo verbum infinitum ponit ens. Ergo solum predicatur [*H56rb*] de ente.

36 Et dicendum secundum quosdam quod verbum infinitum[157] extra orationem manet

---

143 ibi]*TR*ᶜ *om. codd.*
144 affirmata]*TR* affirmativa *HE*
145 cum diminuatur]*TR* diminutum *H* quia est ibi diminutum *H*ᶜ
146 autem]*codd.* tertio *H*
147 subicibile vel predicabile]*T* sit subicibile vel predicabile *RH* sit subicibilis vel predicabilis *C*
148 subiectum]*codd.* est *add. TH*
149 speciali]*TRC om. H*
150 infinitante verbum]*codd.* infinitatem verbum*(!) H* faciente verbum infinitum *T*
151 est natura]*TR om. codd.*
152 omni eo]*T* eo *R* quolibet *HCE*
153 similiter]*R* simpliciter *H*
154 affirmatam]*TR* affirmativam *codd.*
155 secundum quod non currit]*codd. om. R*
156 affirmata]*TC* affirmativa *RHE*
157 infinitum]*P om. codd.*

infinitum, sed in oratione non manet infinitum, sed sit semper oratio quando ponitur in oratione, quia[158] negatio est una pars et verbum alia.

37 Sed hoc nichil est, quia moventur eoquod nesciunt distinguere in hac oratione: 'Cesar non currit' et in consimilibus, secundum quod sunt propositiones negative et secundum quod sunt de verbo infinito.

38 Unde dicendum quod verbum infinitum predicatur[159] de quolibet quod est et quod non est, et manet infinitum extra orationem et in oratione. Et hec propositio: 'Cesar non currit' et consimiles, secundum quod sunt orationes negative[160], nichil ponunt; et compositio negatur in[161] eis, nichil reliquendo, per eos[162]. Secundum autem quod in eis ponitur verbum infinitum, compositio remanet affirmata[163]. Unde isto modo secundum quod in eis est verbum infinitum, adhuc sunt duplices, quia verbum infinitum potest infinitari secundum [*T29ra*] negationem et sic nichil ponit; vel potest infinitari secundum privationem, et sic ponitur subiectum in esse; et sic ponit ens.

39 Ad illud autem quod obicit quod compositio affirmata[164] ponit ens, quia ponit subiectum in esse, dicendum quod utrumque est falsum, quia compositio equaliter se habet ad compositionem entium et ad[165] compositionem non-entium. Unde neque[166] ponit ens ipsa compositio neque ponit suum subiectum in esse. Et ita virtute compositionis affirmate[167], inquantum est[168] affirmata, nichil ponit[169]. Sed virtute predicati[170] aliquando ponitur subiectum in esse, ut quando predicatum est[171] ens simpliciter[172], et[173] aliquando non ponitur[174] subiectum in esse, ut quando predicatum[175] est ens diminutum vel ens[176] quodammodo.

40 Et ideo[177] sequitur: 'lapis est homo; ergo lapis est' et non sequitur 'lapis est opinabile;

---

158 quia . . . alia]*T* quoniam . . . alia *R*[c] est una . . . alia *R* quia verbum pars una est orationis et negatio alia *H*
159 predicatur]*codd. R*[c] *om. R*
160 negative]*TR* negate *C*
161 in eis]*codd. om. T*
162 eos] eas *codd.*
163 affirmata]*TC* affirmativa *RH*
164 affirmata]*TRC* affirmativa *HE*
165 ad compositionem]*TRE om. H*
166 neque . . . et ita]*TRE om. H*
167 affirmate]*TR* affirmative *HCE*
168 est affirmata]*TR* affirmatur *H* affirmata *C* est affirmativa *E*
169 ponitur]*PC* ponit *codd.*
170 predicati]*codd.* compositionis *H*
171 est ens]*codd. om. R*
172 simpliciter . . . est ens]*codd. T*[c] *om. T* simpliciter ponit ens . . . est ens *R*
173 et . . . est ens]*codd. T*[c] *om. T*
174 ponitur]*codd.* ponit *H*
175 predicatum est]*codd.* predicatur *R*
176 ens]*R om. codd.*
177 ideo]*codd. om. H*

ergo lapis est'. Unde sensus huius: 'Cesar non currit', secundum quod 'non-currit' est verbum infinitum, est iste: *Cesar est non-currens*.

41 Et similiter intellige de participio sicut de verbo. Unde ille due: 'Cesar non currit', 'Cesar est non-currens' nichil ponunt secundum quod[178] verbum et participium sunt termini negativi. Sed secundum quod sunt termini privativi ponunt ens, quia ponunt subiectum in[179] esse. Et[180] hoc virtute predicati et non compositionis, ut dictum est.

42 De negatione[181] infinitante participium satis patet ex predictis; et ideo relinquatur[182].

De negatione orationis

43 Determinatis negationibus terminorum dicendum est de negatione[183] orationis. Simplex enim natura precedit[184] compositum. Unde[185] nomen et verbum natura sunt priora oratione. Unde negatio nominis vel[186] verbi natura precedit negationem orationis.

44 Primo ergo queritur utrum negatio[187] orationis faciat contradictionem[188]. Et videtur quod non. Quia: ad hoc quod[189] negatio contradicat, oportet quod removeat compositionem. Sed non potest removere eam[190], quia compositio est subiectum negationis et nullum accidens removet suum subiectum. Ergo non potest facere contradictionem. Ergo non contingit contradicere.

45 Item ad idem. Quicquid est causatum aut est substantia, aut accidens. Ergo negatio, cum sit causata, aut est substantia, aut accidens. Sed non est substantia. Ergo est accidens. Ergo est in subiecto aliquo. Sed nonnisi[191] in compositione. Ergo non removet eam. Ergo non contingit contradicere.

46 Cum contingat contradicere, quia hoc est primum[192] principium in scientiis, ergo negatio removet compositionem. Sed compositio est causa modi. Ergo removet modum. Ergo nulla oratio

---

178 quod]*codd. R*^{c} *om. R*
179 in]*codd. R*^{c} *om. R*
180 et hoc]*RCE* hoc etiam *H* et *T*
181 negatione]*codd.* autem *add. H*
182 relinquatur]*T* relinquitur *codd.*
183 negatione orationis]*codd.* negationibus (*pro* negativis*(?)*) orationibus *H*
184 precedit]*codd.* suum *add. C*
185 unde]*codd. R*^{c} *om. R* ut *E*
186 vel . . . precedit]*codd.* et . . . procedunt *H*
187 negatio orationis]*codd.* oratio negationis*(!) E*
188 contradictionem]*codd. T*^{c} *om. T*
189 quod]*codd.* ut *H*
190 eam]*R* compositionem *codd.*
191 nonnisi]*T* non est nisi *codd.*
192 primum principium]*H* principium *codd.*

negativa est alicuius modi. Ergo neque[193] indicativi (locus[194] a genere). Ergo nulla oratio negativa est vera vel falsa; sola enim indicativa est in[195] qua est verum vel falsum.

47 Solutio. Sicut hoc nomen 'homo' duplicem habet significationem, scilicet generalem, ut[196] significare substantiam cum qualitate, et specialem, ut significare hanc substantiam que est homo, et sicut[197] in verbo duplex est significatio, scilicet generalis et specialis: generalis est significare agere vel pati, specialis vero significare istum actum vel istam passionem, ut legere vel legi, percutere vel percuti,--- similiter duplex[198] est compositio, scilicet generalis et specialis. Generalis[199] autem compositio communiter se habet, quantum est de se, ad omnia componibilia. Cum enim dicimus quod verbum consignificat[200] compositionem, non dicimus hanc compositionem vel[201] illam, sed compositionem in genere. Et hec compositio est generalis[202]. Specialis autem compositio est per extrema *[H56vb]* compositionis. Et negatio removet specialem compositionem, et hoc sufficit ad contradictionem. Et relinquit generalem, ratione cuius accidit modus. Unde adhuc[203] contingit contradicere.

48 Item. Solet[204] dici *[T29rb]* quod due negationes equipollent affirmationi[205]. Et queritur quare econverso due affirmationes non equipollent negationi[206]. Quod videtur, quia sicut negatio removet affirmationem, sic econverso affirmatio negationem.

49 Et dicendum quod negatio apta nata est destruere[207] quicquid repperit[208], quia negatio est actus[209] destruens suum obiectum. Unde obiectum negationis, quodcumque fuerit, removetur per negationem. Et quia aliquando[210] negatio est obiectum negationis, aliquando[211] negatur, ut 'non:

---

193 neque]*T* neque modi *codd.*
194 locus]*codd.* et est locus *R*
195 in . . . falsum]*codd.* illa <que> ^{c} verum vel falsum significat *H*
196 ut . . . hanc substantiam]*TR* et specialem generalis [universalis *C*] significatio est significare substantiam cum qualitate, specialis vero significare [ut *C*] hanc substantiam *HC*
197 sicut]*RE* sic *THC*
198 duplex . . . specialis]*codd.* dicendum est quod est compositio generalis vel specialis *H*
199 generalis autem]*codd.* unde genera vel*(!) C*
200 consignificat]*codd.* significat *RH*
201 vel illam sed]*codd. om. H* vel illam sed dicimus H^c
202 generalis]*codd.* et debetur ipsi agere vel pati in communi communiter sumpto, sicut dictum est prius *add. VC*
203 adhuc]*codd.* et huic*(?) H*
204 solet dici]*codd.* dicitur *T*
205 affirmationi]*codd.* uni *add.* H^c
206 negationi]*codd.* uni negationi *H*
207 destruere]*codd.* removere *H*
208 repperit]*codd.* deperit*(!) E*
209 actus]*codd. H* accidens actus et H^c
210 aliquando negatio]*H* negatio aliquando *codd.*
211 aliquando negatur]*TE* et ideo aliquando negatio negatur H^c aliquando negatio negatur T^cH aliquando negatur negatio *R*

Sortes non currit'. Et[212] ideo ex[213] consequenti ponitur affirmatio, quia[214] remota negatione ponitur affirmatio, eoquod necesse est semper esse affirmationem vel[215] negationem. Et ideo due negationes equipollent affirmationi. Affirmatio autem[216] non est apta nata destruere suum obiectum, sed ponit ipsum[217] potius et conservat. Et ideo cum res affirmata, que est obiectum affirmationis, non[218] removeatur per affirmationem, ob[219] hoc due affirmationes non possunt equipollere negationi.

50 Ad illud autem quod obicit quod affirmatio removet negationem, sicut et[220] econverso, dicendum quod due comparationes[221] sunt in affirmatione et due in negatione, diversimode[222] comparate. Una enim comparatio affirmationis est ad illud quod affirmat, aliam[223] vero habet ad illud cui opponitur. Et iste due comparationes affirmationis non sunt respectu eiusdem, sed respectu diversorum. Verbi gratia: hec affirmatio: 'Sortes currit' affirmat Sortem currere et compositio[224] eius opponitur ei[225] que[226] est Sortem non currere. Et ideo ratione compositionis[227] non potest destruere suum obiectum. Sed due comparationes negationis sunt semper[228] respectu eiusdem, quia negatio semper negat aliquid, sicut affirmatio affirmat, et semper negatio opponitur alicui, sed nonnisi ei quod negat. Et ideo negatio ratione suae oppositionis[229] *[H57ra]* semper destruit suum obiectum quod negabat[230]. Sed affirmatio non opponitur ei quod affirmat, ut dictum est. Et ideo affirmatio non destruit quod affirmat. Et sic non est simile de affirmatione ad[231] negationem et de negatione ad affirmationem, ut iam patet per[232] hoc quod negatio opponitur affirmationi et negat eam, affirmatio opponitur negationi et non affirmat eam, sed aliud, ut dictum est.

51 Item. Dicit[233] Aristotiles in *Secundo Topicorum* quod[234] si aliquid non est susceptivum

---

212 et]*codd. om. R*
213 ex]*codd. R*^{c} *om. R*
214 quia . . . affirmatio]*codd. H*^{c} *om. H*
215 vel negationem]*codd. R*^{c} *om. R*
216 autem]*codd. om. R*
217 ipsum potius]*T* potius *R* ipsum *codd.*
218 non removeatur]*codd.* notetur*(!) R*
219 ob]*codd.* et ob *R*
220 et]*R om. codd.*
221 comparationes]*TCHE* compositiones *T*^{c}*R*
222 diversimode]*codd.* diversis modis *R*
223 aliam vero habet]*TE* alio vero est *codd.*
224 compositio eius]*R*^{c} *om. R*
225 ei]*codd. H*^{c} *om. H*
226 que]*codd.* quod *E*
227 compositionis]*codd.* oppositionis *H*
228 semper]*R om. codd.*
229 oppositionis]*RH* compositionis *TE*
230 negabat]*codd.* negat *R*
231 ad . . . affirmationem]*TRE* et negatione *H*
232 per]*TH* propter *RE*
233 dicit . . . topicorum]*RHET*^{c} *om. T*

unius contrariorum, nec alterius. Ergo quod non potest affirmari[235], non poterit[236] negari[237]. Sed ista: 'Sortes non currit' non potest affirmari, cum sit negativa. Ergo non potest ei addi altera negatio ut per eam negetur. Ergo due negationes non equipollent affirmationi.

52 Ad hoc dicunt quidam quod negatio quodammodo est affirmatio, quia negatio[238] habet in se aliquid[239] de ente, scilicet[240] de affirmatione, unde participat[241] naturam affirmationis. Et ideo potest negari per negationem. Et ita huic propositioni: 'Sortes non currit' potest addi altera negatio sic: 'non: Sortes non currit'. Et ita due negationes equipollent affirmationi.

53 Sed ego credo quod melius dicitur quod quamvis[242] accidentia nature non possint reflecti supra se agendo in se, sicut[243] caliditas non agit in se sed in suum obiectum, tamen accidentia causata a[244] ratione possunt reflecti supra se agendo in[245] se, sicut ratio supra se cognoscendo[246] se et iudicando[247] de se. Unde negatio, que[248] est accidens causatum a ratione, potest reflecti[249] supra negationem sive supra rem negatam[250]. Et ideo negatio potest negari, quamvis non possit affirmari. Et consideratio Aristotilis[251] debet intelligi de accidentibus nature sive de contrariis nature, ut 'album-nigrum', 'calidum-frigidum' et consimilia.

54 Item. Iste due: 'Sortes currit' et 'non: Sortes non currit' equipollent sibi adinvicem et contradicunt huic: 'Sortes non currit'. Sed contra[252]. Dicit Aristotiles quod unum uni opponitur. Ergo due propositiones non contradicunt uni.

55 Et dicendum quod dupliciter[253] fit contradictio, scilicet primo et ex consequenti. Unde in hiis est primo contradictio: 'Sortes currit', 'Sortes[254] non currit'. *[H57rb]* Sed[255] hec: 'non:

---

234 quod]*codd. RT*^c *om. T*
235 affirmari]*R* negari *codd.*
236 poterit]*H* potest *codd.*
237 negari]*R* affirmari *codd.*
238 negatio]*codd. om. H*
239 aliquid]*codd. om. H*
240 scilicet de] sive de *TRE* sive *H*
241 participat]*codd.* aliquo modo *add. R*
242 quamvis]*codd.* quam *H*
243 sicut . . . agendo in se]*codd. T*^c *om. T*
244 a]*codd. R*^c *om. R*
245 in]*codd. om. R*
246 cognoscendo]*codd.* cogitando *T*
247 iudicando de]*HE* videndo *C* videndo de*(!) RT* udicando*(!) T*^c
248 que]*codd. R*^c quia *R*
249 reflecti . . . negationem]*codd.* fieri . . . negationem sive reflecti *R*
250 negatam]*codd.* agendo in ipsam (eam) *RH*
251 aristotilis]*codd.* in secundo topicorum *add. H*
252 sed . . . aristotiles]*codd.* sed aristotiles dicit contrarium *T*^c sed aristotiles *T*
253 dupliciter fit]*codd.* duplex est *H*
254 sortes non currit]*codd. R*^c *om. R* et hec illi affirmative primo opponitur *add. H*
255 sed]*codd.* et *H*

Sortes non currit' contradicit[256] ex consequenti huic: 'Sortes non currit', quia inquantum equipollet et convertitur cum ista: 'Sortes currit'. Unde intellige quod in contradictione primo[257] semper altera[258] est affirmativa et altera negativa. Unde dicit Aristotiles quod contradictio est affirmatio et negatio opposite. Sed in contradictione que est ex consequenti, negatio potest contradicere negationi.

56 Item. Nota quod negatio preposita sive[259] postposita[260] termino singulari idem significat, ut 'Sortes[261] non currit' et 'non: Sortes currit'. Sed non similiter est in terminis communibus, quia hec est indefinita[262]: 'homo non currit', hec autem est[263] universalis negativa: 'non homo currit'. Nec est in[264] contrarium quod[265] dicit Aristotiles: 'transposita nomina et verba idem significant'. Et[266] idem intelligit de aliis dictionibus, quia intelligit[267] de dictione[268] que est subicibilis vel predicabilis, ut[269] 'homo est animal', vel[270] que est dispositio ipsius subicibilis vel predicabilis absolute. Et non intelligit de dictione que est dispositio unius ad[271] alterum, ut sunt negationes et signa universalia. Negatio enim negat unum de altero et signum universale disponit subiectum in respectu[272] ad predicatum.

Sophisma

57 Item. Queritur de hoc sophismate: NULLO HOMINE CURRENTE TU ES ASINUS. Probatio. Hec est falsa: 'aliquo homine currente tu es asinus'. Ergo eius contradictoria erit[273] vera, hec scilicet: 'non aliquo homine currente tu es asinus'. Sed 'non aliquo' et 'nullo' equipollent, sicut 'non aliquis' [*R33vb*] et 'nullus'. Ergo hec est vera: 'nullo homine currente tu es asinus'.

58 Sed contra. Nullo homine currente tu es asinus. Ergo dum nullus homo currit, vel si nullus homo currit, vel quia nullus homo currit, tu es asinus. Quod falsum est.

---

256 contradicit . . . currit]*TRE om. HC* ex consequenti *H*^{c}
257 primo]*C* prima *codd.*
258 altera . . . negativa]*codd.* alia est negatio et altera affirmatio *R*
259 sive]*codd.* et *H*
260 postposita]*codd.* *R*^{c} apposita *R*
261 sortes . . . sortes currit]*codd,* non sortes currit et sortes non currit *H*
262 indefinita]*codd.* de infinita*(!) C*
263 est . . . currit]*codd. om. H* non homo currit universalis negativa *H*^{c}
264 in]*T om. H* ei *R*
265 quod]*codd.* quia *R*
266 et idem intelligit]*R* et intelligit *T* quia intelligit *C* quia intelligit hoc *H*
267 intelligit]*codd. om. H*
268 dictione . . . predicabilis]*codd.* dictionibus subicibilibus et predicabilibus *H*
269 ut . . . animal]*codd. T*^{c} *om. T* animal est homo *add. C*
270 vel . . . predicabilis]*RCT*^{c} *om. T* vel illis que sunt dispositiones subiecti et predicati *H*
271 ad]*codd. H* per comparationem ad *H*^{c}
272 respectu]*codd.* comparatione *H*
273 erit]*R* est *sic saepius codd.*

59 Solutio. Prima[274] falsa, hec scilicet: 'nullo homine currente tu es asinus'. Quia illa[275] per quam probat eam, peccat secundum divisionem, hec scilicet: 'non aliquo homine currente tu es asinus'. Et[276] est duplex, eoquod negatio potest negare tantum participium, et sic est divisa et falsa; vel potest negare participium in comparatione ad verbum sequens, et sic est composita et vera.

60 Et primo[277] modo equipollet prime, [*H57va*] scilicet huic: 'nullo homine currente tu es asinus'. Sed hec est falsa: 'nullo homine *etc.*', quia negatio que est in compositione[278] huius signi 'nullo'[279], non potest ferri ultra participium, per hanc regulam:

quotienscumque negatio et distributio includuntur in eodem termino, ad nichil potest ferri unum sine reliquo.

Sed distributio non fertur[280] ultra participium. Ergo neque[281] negatio. Et ita hec est falsa: 'nullo homine currente tu es asinus'. Quare et sua equipollens illo modo quo ei[282] equipollet. Et utraque est affirmativa, hec scilicet: 'non[283] aliquo homine currente *etc.*' et 'nullo homine currente *etc.*', secundum quod equipollent. Et per hoc etiam patet quod neutra earum contradicit huic: 'aliquo homine[284] currente *etc.*', quia affirmativa non contradicit affirmative.

Sophisma

61 Item. Queritur de hoc sophismate: NICHIL NICHIL EST. Probatio. Eius contradictoria est falsa, hec scilicet: 'aliquid nichil est'. Ergo prima vera.

62 Contra. Nichil nichil est. Ergo nichil nulla substantia est. Et videtur locus a genere sive a toto in quantitate, ut: 'nichil est; ergo[285] nulla substantia est'. Sed conclusio est falsa, hec scilicet: 'nichil nulla substantia est', quia equipollet huic: [*T29vb*] 'quidlibet est aliqua substantia', quod falsum est. Ergo et prima ex qua sequitur est falsa.

63 Solutio. Prima vera, hec scilicet: 'nichil nichil est', quia equipollet huic: 'quidlibet est aliquid', per illam regulam[286]:

---

274 prima]*TR* est *add. HCR*^{c}
275 illa]*codd.* probatio *add. H*
276 et est duplex]*R om. codd.*
277 primo modo equipollet]*TR*^{c} primo equipollet modo *R* prima equipollet *H*
278 compositione]*codd.* comparatione *R*
279 nullo]*R* nullus *codd.*
280 fertur]*TR* potest ferri *H*
281 neque]*codd. R*^{c} *om. R*
282 ei]*codd. H*^{c} *om. H*
283 non]*codd. T*^{c} *om. T*
284 homine]*codd. R*^{c} *om. R*
285 ergo]*codd.* nichil *add. R*
286 regulam]*codd.* equipollentarium *add. R*

quotienscumque duo signa universalia negativa ponuntur in eadem[287] *locutione, ita quod unum in subiecto et*[288] *alterum in predicato, primum equipollet suo contrario, reliquum suo contradictorio.*

64 Item. Improbatio peccat secundum consequens communiter loquendo, quia sicut hic est[289] *consequens* secundum communiter loquentes: 'quidlibet est aliquid; ergo quidlibet est aliqua substantia', similiter hic[290] est *consequens*: 'nichil nichil est; ergo nichil nulla substantia est'.

65 Ad illud autem quod obicit quod videtur ibi locus a genere sive a toto in quantitate, dicendum[291] quod non est verum, immo est ibi fallacia[292] secundum consequens, sicut hic: 'nullus homo est nullum animal; ergo nullus homo est nullum risibile'. Quia in ista: 'omnis homo est nullum animal' 'animal' removetur a subiecto. Et cum apponitur alia *[H57vb]* negatio per hoc signum 'nullus', removetur predicatum negatum a subiecto sic: 'nullus homo est nullum animal'. Sed removere predicatum a subiecto[293] negatum est ex consequenti ponere in[294] eodem affirmatum. Ergo ista: 'nullus homo est nullum animal' equipollet huic: 'quilibet homo est aliquod animal'; et similiter ista: 'nullus homo est nullum risibile' equipollet huic: 'omnis homo est aliquod risibile'.

66 Hic autem ponunt *consequens*: 'animal est; ergo risibile est', sicut hic: 'animal currit; ergo homo currit'. Ergo et hic: 'omnis homo est animal; ergo omnis homo est risibile'. Et similiter in suis equipollentibus: 'nullus homo est nullum animal; ergo nullum animal est nullum risibile'. Et similiter est in proposito: 'nichil nichil est; ergo nichil nulla substantia est'.

67 Et videtur quod conclusio improbationis *[R34ra]* sit vera, quia hec est vera: 'nulla substantia est nichil'. Quod patet dupliciter, scilicet per predictam regulam, quia equipollet huic: 'omnis substantia est aliquid' et etiam quia sua contradictoria est falsa, hec scilicet: 'aliqua substantia est nichil'. Ergo[295] hec est vera: 'nulla substantia est nichil'. Ergo sua conversa erit vera, hec scilicet: 'nichil[296] est nulla substantia'.

68 Et dicendum quod non recte convertit hanc: 'nulla substantia est nichil', quia debet ponere signum subiecti supra totum predicati et reducere[297] ad subiectum, ut 'nulla substantia est nichil: nullum ens nichil est substantia'. Sed utraque istarum[298] est vera. Et sic non probat conclusionem improbationis.

---

287 eadem]*codd.* aliqua *H*
288 et alterum]*codd.* reliquum *H*
289 est]*codd.* R^c *om. R*
290 hi est]*codd.* est hoc *H*
291 dicendum]*codd.* sciendum *H*
292 fallacia secundum consequens] locus secundum consequens *codd.* locus consequens secundum*(!) H*
293 a subiecto]*P om. codd.*
294 in eodem affirmatum]*T* affirmatum in eodem *EP* predicatum affirmatum in eodem genere *R* affirmativum*(!)* in eodem *H*
295 ergo . . . nichil]*codd. om. R*
296 nichil]*codd.* R^c *om. R*
297 reducere]*codd.* totum *add. H*
298 istarum]*codd.* R^c regularum *R*

69 Item. Quod conclusio improbationis sit falsa probatur dupliciter. Quia uno modo per predictam regulam, et alio modo quia eius[299]v contradictoria est vera, hec scilicet: 'aliquid est nulla substantia', ut albedo et quodlibet aliud[300] accidens.

---

299 eius]*codd.* eiusdem *r*
300 aliud]*REH*^{c} *om. TH*

INDEX RERUM NOTABILIUM

Legendum: 0,1 = Introductio, 1
1,1 = Tractatus I, 1
2,1 = Tractatus II, 1

[The words marked with an asterisk are explained in a glossary below, our Ch. I, 1.5.]

INTRODUCTION

On the signification of syncategorematic words in general

1 It is because a thing <involved> is or is not that a proposition* is said to be true or false.[1] Now the truth or falsity in a proposition is caused by syncategorematic words, such as 'only' (*tantum*), 'alone' (*solus*), 'except' (*nisi*), 'but' (*preter*), and the like. Therefore syncategorematic words signify something or other. Now they do not signify things that are capable of functioning as subjects or predicates. Therefore they signify things that are dispositions of things capable of functioning as subjects or as predicates; for there is nothing in a true or false proposition except the subject, the predicate and their dispositions.

2 'Thing' is in fact said in two ways. For in the first place, a thing is something that is capable of functioning as a subject or as a predicate, *e.g.* 'man' or 'horse', 'walks' or 'runs'. Secondly, a thing is a disposition of something that is capable of functioning as a subject or as a predicate. Now a disposition, furthermore, or the things that is a disposition, is twofold. In the first place, there are dispositions of that which is a subject or that which is a predicate, *e.g.* 'white', 'black', 'well', 'badly', and the like. And a disposition of this kind is made subject together with the subject and is made predicate together with the predicate, as in 'A white man runs well'. For the subject and the thing the subject is differ from each other as a father and the thing the father is. For just as a father is said in relation to a son and the other way round, likewise a subject is said in relation to a predicate and the other way round. Now these disposition are relatives (*ad aliquid*), or relations, as father and son. Secondly, there are dispositions witch are of a subject insofar as it is a subject or of a predicate insofar as it is a predicate, *e.g.* 'only' (*tantum*), 'alone' (*solus*), 'necessary' (*necessarium*), 'contingently' (*contingenter*), and so on. And these are not made subjects or predicates, since they are part of the subject as such in comparison with the predicate or the other way round. And the dispositions of this kind are the ones signified by syncategorematic words. For these words indicate relations, or the conditions of a subject insofar as it can function as a subject and a of predicate insofar as it can function as a predicate.

3 And 'syncategorematic' derives from '*syn*', that is 'with', and '*categorema*', that is 'predicative' or 'significative'; thus it amounts to 'consignificative'.

---

1 Cf. Aristotle, *Categ.* 5, 4b8-10; 12, 14b21-23.

On the signification of the different kinds of syncategorematic Words

4 Now that we have discussed that syncategorematic words signify dispositions of a subject insofar as is a subject and dispositions of a predicate insofar as it is a predicate, and thus have knowledge of their signification in general, we must now discuss the signification of each kind of them specifically. First of all, we must discuss the primary ones, because, according to Aristotle,[2] the exploration of primary things comes first. Therefore, since 'is' (*est*) and 'not' (*non*) are understood 'per se' in syncategorematic words and not the other way round, 'is' and 'not' are prior to them and so must be discussed first.

On 'is' and 'not'

5 Now in order to see in which way 'is' and 'not' are understood 'per se' in these words, note that 'per se' is said in four ways.

6 First, all those things which fall within the definition of something, whether or not they are said of the definitum, inhere in it 'per se'; for some definientia are said of the definitum, *e.g.* animal, rational and mortal are said of a man. Other definientia, however, are not said of the definitum, *e.g.* point is not said of a line even though it falls within its definition. For a line is a longitude without latitude whose extremes are two points. Similarly, line is not said of a triangle even though it falls within its definition; for a triangle is a plane figure enclosed by three lines.

7 Secondly, all those things which receive their subjects in their definitions inhere 'per se' in them. And this happens when a proper quality or a proper accident is said of its definition, *e.g.* by defining 'Everything deprived of light by the earth's screening wanes or is eclipsed'. For in this case, 'to wane' or 'to be eclipsed' is an accident 'per se' or a proper quality and is said of its own definition. The same thing would happen if a proper quality were said of a part of its definition, *e.g.* in 'A number is an even one or an odd one' or 'A line is a straight one or a curved one'. For 'even' is defined by 'number' and 'straight' is defined by 'line': 'an even <thing>' is in fact a *number* divisible into two equal parts and 'a straight <thing>' is a *line* of which the middle does not depart from the extremes.

8 Thirdly, 'per se' is said when a proper quality is said of its proper subject, as 'straight' or 'curved' is said of a line, and 'even' or 'odd' is said of a number and 'to have three angles equal to two right ones' is said of a triangle. For a subject and a quality are related in two ways: a. according as the subject is the cause of the quality and its definiens, and then we are dealing with the second way; b. the subject is considered insofar as it is a subject and the proper quality insofar as it is its accident, and then we are dealing with the third way.

---

2 *Ubi?*

9 Fourthly, 'per se' is said when an effect which is a proper quality is concluded of the subject via its own cause. And this fourth way <of saying 'per se'> is always present in the relation the premisses have to a demonstrative conclusion, as in: 'Everything which is deprived of light by the earth's screening is eclipsed; the moon is deprived of light by the earth's screening; therefore the moon is eclipsed.

10 Note therefore that 'is' and 'not' are understood in syncategorematic words in accordance with the first use of 'per se',[3] because they are understood in the definitions or descriptions of syncategorematic words. For 'alone' or 'only' is 'not with something else' and 'it ceases' is that which is and afterwards will not be' or 'that which is for the last time', and so on. And so 'is' and 'not' are prior to syncategorematic words.

11 Now 'is' comes before 'not', because an affirmation precedes a negation *qua* the quality its privation. And also because a negation only has being via an affirmation (that is why an affirmation gives being to a negation and therefore precedes it). Furthermore, because an affirmation is understood in a negation and not the other way round. Moreover, because a negation can only be known by means of an affirmation. Therefore we must discuss affirmation before negation, so we must discuss 'is' before 'not'.

12 Note therefore that the verb 'is' consignifies a composition* and that other verbs do so as well. But the verb 'is' consignifies it primarily because it naturally precedes other verbs as it is understood in them. However, a composition is not only found in a verb but also in other things. And so we must first discuss composition in general and special compositions later.

---

3 Cf. above, 0.6.

CHAPTER I: ON COMPOSITION

1 Note that composition is a relative: a composition is of things that are composed and the things that are composed are composed by composition. Therefore composition belongs in the category 'relation'.

2 Composition is first of all divided into two parts: one type of composition concerns things and the other modes of signifying. Now the composition of modes of signifying is the domain of the grammarian in that in a noun there is a composition of a quality with a substance and in a participle and in a verb there is a composition of an act with a substance.

3 A composition of things occurs in five ways:

a. One is < a composition > of form with matter, as that of a soul with body,

b. another is < a composition > of an accident with a subject, as that of a colour with a body,

c. a third one is of powers or faculties with what they belong to, as that of the intellect or other faculties of the soul with the soul,

d. a fourth one is the mutual composition of integral parts in their whole, as that of parts of a line in a line in relation to a point and that of the parts of a surface in a surface in relation to a line,

e. the fifth one is < the composition > of differences with their own genus as to the constitution of the species. Some of these compositions of things concern the philosopher of nature, some concern the mathematician and some the logician.

4 Of the composition that is a mode of signifying one type is of a quality with a substance; and such a composition is signified by a noun, as in the noun 'man' and in every other one. The other type is the composition of an act with a substance. The latter will be discussed later, but first the quality of a noun must be discussed.

On the composition of a substance with a quality

5 Every noun then signifies a substance with a quality. For instance, *man* is, so to speak, *a thing which has humanity*. And the thing is its substance, and humanity, insofar as it is signified by the noun 'man', is its quality. However, humanity is not its quality insofar as it is signified by the noun 'humanity'; for the latter is another noun and different from the noun 'man', and the one is not a quality of the other nor the other way round. On the contrary, the quality of each individual noun is signified by <the noun> itself: 'man' signifies its own substance and its own quality and these two are united in the noun in such a way that one is signified *in* the other or *via* the other.

6 However, as to the quality of the noun it is argued: a quality and a substance are different things; and every noun signifies a substance with a quality; therefore every noun

signifies different things. And this is a syllogism in the first figure. Now every word that signifies different things is equivocal. Therefore every noun is equivocal. And this is absurd. Therefore in a noun there is not a composition of a quality with a substance.

7 Solution: one and the same word can signify different things in four ways:

1. when a word signifies different things equally, like the noun 'dog' (*canis*),

2. when a word signifies different things, one primarily and the other secondarily, like the noun 'healthy', and it does not really signify different things but one thing in different modes of signifying. The same goes for 'being' (*ens*),

3. one word signifies more than one thing when it signifies one thing on account of its imposition and the other metaphorically, like the verb 'laughs', which means 'to laugh' by imposition and 'to flower' metaphorically. And these three ways produce equivocation.

8 In a fourth way, however, different things are signified by the same word when one thing is the rationale (*ratio**)of understanding the other thing (or when one thing is the principle of understanding the other thing, which amounts to the same); for example, a form is the rationale or principle of understanding and knowing the thing it belongs to, *e.g.* a triangular and oblong figure as arranged in this particular way is the rationale or principle of understanding and knowing a lancehead.

9 Now in this last way a noun signifies a substance with a quality. For the quality of a noun is the rationale or principle of understanding the noun itself and its substance. And so the quality is signified by the noun as a principle of understanding. The substance, then, is signified by the noun as that which is understood via its quality. And because the one is understood via the other, therefore there are not different significations in this case, but just one.

10 Hence this mode of signifying more than one thing does not produce equivocation, just as when I see something coloured and its magnitude, there are not two acts of seeing, but just one, for colour is the principle of seeing the magnitude in which the colour resides. That is why there is a saying: 'Where there is one because of the other, there is only one'.

11 Furthermore, there is a problem whether the composition of a quality with a substance is something or not. If it is not something, then in a noun there is no composition of a quality with a substance. If it is something and it is neither a substance nor a quality, then it is a third thing apart from those. Hence a noun signifies three things. Therefore one ought to say that a noun signifies a substance with a quality and their composition. And this is not true.

12 Solution: the composition of a quality with a substance is something. And in a noun there are only two things in reality, *viz.* a substance and a quality, but there are three things formally, *viz.* a substance, a quality and their composition. For a quality unites itself with a substance on account of the inclination* it has towards a substance. For every form and every quality, and even every accident, has a natural inclination towards the thing it resides in, because

they only have actual being, or being in actuality, in the thing they reside in. Therefore Boethius says[1] the following about accidents: the being of an accident is to inhere, which means that the being of an accident is to reside in something else. Similarly, the actual being of the form is to inhere in matter. Hence the quality of a noun, through the inclination it has towards the substance of the noun, is part of the formal element of composition; the quality of a noun in itself is one of the things that are united.

13 And so the answer should be that since a quality in itself and a quality as inclined towards a substance are the same thing in reality and the substance of the noun is the other extreme, therefore there are only two things in reality but three things formally. For the quality in itself and the quality as having an inclination are formally different, and substance is the third. And thus I have said that in a noun there are two things in reality and three things formally. And therefore, since a grammarian speaks of things that are signified by parts of speech, therefore he must say that a noun signifies a substance with a quality and he must not say that a noun signifies a substance with a quality *and* their composition.

14 However, if someone raises a problem about the nature of this composition,[2] the answer should be that this is already clear from what has been said; for it is the inclination of a quality towards a substance. And since the inclination of the one towards the other exists only on account of the thing it belongs to and the thing it is <inclined> towards, therefore this composition, much as it may be something, is only something on account of its extremes. For there cannot be an intermediate thing between a quality and a substance which is to unite the one with the other, because in that case there would be an infinite regress. For then it would be necessary that this intermediate thing would be either a substance or a quality. And if it were a substance one would have to assume its composition with a quality. And thus one would have to raise the problem about this composition, whether it would be something or other. And likewise if it were a quality.

15 There is also another problem concerning the composition of a quality with a substance in a noun, namely why it is not twofold, *viz.* 'united' and 'as <taken> apart', just as there is one type of composition of an act <taken> as united with a substance, *viz.* in the participle, and another of an act as <taken> apart, *viz.* in the verb. For it may be argued that sometimes a quality is <taken> as united with a substance, *e.g.* in 'white man', and sometimes it is <taken> as apart, *e.g.* in 'A man is white', when 'man' is in subject-position and 'white' in predicate-position. Hence the composition of a quality with a substance would be twofold.

16 The answer should be that the composition of an act with a substance is said in a twofold way, but not the composition of a quality with a substance. For an act can be understood in two ways:

---

1 Cf. *In Categ. Arist.*, 170D-171A.

2 Cf. above, 1,12.

1. first according as it has an inclination towards a substance, after which inclination it is said of something else. For, according to Aristotle,[3] a verb is the sign of things which are said of something else;

2. secondly, the act is taken as deprived of this inclination, *viz.* in the participle.

17 Now since an act is understood in these two ways, therefore the composition of an act with a substance is twofold. One composition is in a participle and the other in a verb; the latter is a composition of an act as <taken> apart from a substance, because, through that composition, the verb is <said of> something else as a predicate of a subject. However, since the above-mentioned inclination cannot be in a quality but only in an act (for the soul can only have an inclination towards things so as to say the one of the other by means of an act and not by means of a quality) therefore a quality cannot be signified as <taken> apart, but it is always signified as united. And therefore the composition of a quality with a substance cannot be twofold but only single, and this is found in every noun.

18 Now as to the argument to the contrary which has to do with the incomplete expression 'white man' and the complete expression 'A man is white',[4] to the extent that in the first the quality is united and in the second <it is taken> apart, I say that this is no argument to the contrary because we are speaking here of an essential united quality which is the rationale of understanding what it belongs to, *viz.* the substance. So 'man' contains in itself its own substance and its own quality (and similarly 'white' contains its own substance and its own quality). And we are not speaking of an accidental quality, what the opponent was on about. For 'white' does not indicate an essential quality of a man nor is it a principle of understanding a man *simpliciter* but <rather of understanding> such-and-such a man. And therefore speaking about an accidental quality united with its subject, that has no bearing on what has been brought forward. As for the complete expression, 'A man is white', although there is a quality as <taken> apart, it nevertheless has no bearing on what has been brought forward either, for that it be said of something else is not on account of the inclination of the quality, but rather on account of the inclination of the verb used in this case.

19 We have already spoken of the composition in general of which one was the composition of things[5] and the other of modes of signifying.[6] Furthermore, the composition of modes was subdivided into compositions of a quality with a substance and compositions of an act with a substance. And now that we have discussed the composition of a quality with a substance, we must next discuss the composition of an act with a substance.

---

3 *De interpr.* 3, 16b7.

4 Cf. above, 1,16.

5 Cf. above, 1,3.

6 Cf. above, 1,4ff.

On the composition of an act with a substance

20 Now of the composition of an act with a substance one type is of a united act, namely in the participle, and another is of an act as <taken> apart, namely in the verb. That in a participle there is a composition of an act united with a substance appears first from the signification of the participle. For a participle signifies acting or being acted upon in a substance, or a substance as involved in acting or being acted upon, and it does not signify a substance on its own nor acting or being acted upon on its own. So a participle signifies an act united with a substance. Therefore in a participle there is a composition of an act united with a substance.

21 Now the above is also clear by induction. The participle 'reading' (*legens*) signifies an act with an indefinite substance; for 'reading' equals 'he who reads' (*qui legit*). Now 'he who' (*qui*) indicates an indefinite substance. Hence in it an indefinite substance and a definite act are understood. And these two are united. Therefore 'reading' contains in itself a composition of an act united with a substance, and the same goes for other special participles. Thus the participle *simpliciter* contains in itself the above-mentioned composition. However, that in a verb there is a composition of an act as <taken> apart from the substance appears from the fact that the act signified by a verb is always signified as <said> of something else. For when I say 'runs' one must comprehend a subject, whether definite or indefinite, of whom 'runs' can be said as a definite predicate of its subject.

22 There is a problem, however, in which way the inclinations discussed above differ from one another. For there is the inclination of the quality both united and as <taken> apart towards the substance.

23 The answer should be that the inclination of the quality of a noun towards its substance is the inclination of something perfective (or of a perfection) towards its perfectible which is made perfect by this perfection. Therefore the substantial quality of a noun completes and perfects the substance of a noun. Hence the inclination the quality has towards the substance is an inclination which unites the perfection with the perfectible, so that out of the two one thing arises, *i.e.* the noun. On the other hand, the inclination of the act of the participle towards the substance is the inclination which unites an act with an indefinite substance, so that <the act> is in <the substance> as <its> indefinite subject. Finally, the inclination of an act as <taken> apart (or of the verb) is the inclination by which an act (or a verb) is <said> of something else, as a predicate of a subject. So these three inclinations are specifically different.

24 If someone raises the problem in what way the composition of a verb, the composition of a noun and the composition of a participle differ from each other,[7] the answer should be that they differ in the same way as the inclinations mentioned above. And speaking *'per se'* these three compositions do not differ from each other in that the composition of a verb is the subject of truth and falsity while the others are not. For this difference is conceived of *a posteriori*. Furthermore, the composition of the verb is not *simpliciter* the subject of truth and falsity, because this is only the case in the indicative mood and not in the other moods in which there is a composition.

25 Now there is a problem about the composition of a verb, for this composition must unite a subject with a predicate as regards the indicative mood and it must unite a *suppositum* with an *appositum* as regards the three other moods: why does one extreme convey the composition rather than both? For a composition relates equally to the extremes and so it should be signified together with both extremes.

26 Furthermore there is an argument from analogy: the composition of a quality with a substance is signified with both extremes in the noun and in the participle. The composition of an act united with a substance is likewise signified with both extremes. Therefore it should be the same in the verb.

27 Finally, there is a problem why this composition, granted that it is signified by one of the two extremes, is signified rather by the verb (or with it) than by the noun. For the composition relates equally to both extremes.

28 The answer should be that a composition has a twofold relation. For it has one relation to the subject and another to the object, just as sight is related to the subject it resides in, *viz.* the subject that sees, and it is also related to its object, *viz.* the thing that it sees (or the coloured thing). Similarly the composition is related to its subject, *viz.* the thing that unites, and it is also related to its object (or objects), *viz.* the united thing itself (or the united things themselves). For the things united receive the composition as something additional, as a visible thing receives sight as something additional.

29 I therefore say that a composition relates equally to both extremes insofar as it is related to the object (or objects). However, insofar as it is related to the subject, which is the uniting thing itself, <the composition> relates to the one rather than to the other. For since the uniting thing itself is the soul and the soul can only unite things by means of an act, therefore the composition relates to the act rather than to the other extreme; and since the act is signified by the verb and not by the noun, therefore the verb signifies a composition rather than a noun does. And in this way the solution to the first and third problem[8] is evident.

---

7 Cf. above, 1,22.

8 Cf. above, 1,25 and 1,27.

30 The answer to the second problem[9] should be that the relation between a noun and a verb and the one between a participle and a verb do not admit of an argument from analogy. For in the verb there is a composition of things as <taken> apart, as has been said before. Hence the composition of a verb cannot be signified with both extremes. In a participle and in a noun, however, there is a composition of united things; so in those two the composition is signified with both extremes. In a verb, however, the composition cannot be signified with both extremes, for the composition of an act <as taken> apart is a composition by which an act is <said> of something else as a predicate of a subject.

31 Furthermore, since in the verb there is a composition by which an act is <said> of something else as a predicate of a subject, and an inclination of this act towards the substance, there is a problem whether the composition naturally precedes the inclination, or conversely the inclination the composition. For since the act does not have being except in a subject, or viewed from[10] a subject, in that it is characteristic of an accident to inhere in a substance, therefore the act has a natural inclination towards a substance; even though it is not united with that substance, it nevertheless has a natural inclination towards a substance. Now there is only a composition of an act with a substance when an act is united with a substance. Therefore the inclination of an act towards a substance naturally precedes the composition of an act with a substance.

32 The answer should be that an act has a twofold inclination towards a substance. One of these is naturally prior to the composition while the other naturally comes later. For since every act is an accident and not the other way round, therefore some inclination pertains to the act insofar as it is an accident; for every accident has a natural inclination towards its subject. And this inclination naturally precedes the composition. The other inclination, however, pertains to an act insofar as it is an act not taken as in the subject but concerning the subject insofar as the soul is inclined to assert one thing of another. And this inclination is naturally subsequent to the composition. Thus it is evident that one inclination precedes the composition and that the other naturally follows it.

33 This is also evident from the operations of the soul. For when the soul apprehends the similarity of things it first of all knows that these things are in agreement with each other, then it assents to this argeement, whereupon it unites these things for itself, and finally asserts one thing of the other. Now the soul assents before it unites and it sees the agreement before it assents, and the agreement of one thing with another is caused by the natural inclination of the one thing towards the other. Therefore it is necessary that the natural inclination of an act, insofar as it is an accident, precedes the composition of the act with a substance. Furthermore, the

---

[9] Cf. above, 1,26.

[10] *viz.* when the composition does not actually take place; cf. below.

soul naturally unites for itself before it tends to assert one thing of another by means of an act; hence the composition of an act with a substance naturally precedes the inclination of the act (by which the soul is inclined) in order that the act be of a substance. Now it is on account of this second inclination that the mood is found in a verb.

34 And in order that this may be more evident, note that when a verb is to be imposed to signify, then long before <that>, the soul had grasped the act in relation to the substance and was later moved to assert this act of the substance. And it is on account of this affect that the soul was inclined to assert the act of the substance, and by this inclination it finally asserted the act of the substance. Therefore, after the apprehension of the act concerning the substance, the affect of the soul in respect of this very act, such that it concernes the substance, is naturally prior to the inclination; and it is indeed by this affect that the soul's inclination to assert the act of the substance is caused, and it is by this inclination that the soul asserts, or orders and so on. Now it is this very asserting, ordering or wishing that constitutes the mood <of the verb>.

35 Therefore, although these three, *viz.* the affect, the inclination and the assertion, are ordered in a causal manner, they are nevertheless subsequent accidents of the act as such which concerns or should concern the substance, because they are subsequent <to the act>. And this is caused by the fact that an affect, an inclination and an assertion as well can only be in respect of an act, whereas the act can well be without them. Hence the sign which is imposed to signify this act primarily gives to understand the act itself and it gives to understand the afore-mentioned three as accidents of the act.

36 And therefore we say that a verb signifies acting or being acted upon and it consignifies affects, inclinations and moods. And thus it is evident that, (a) the mood is caused by the inclination as the proximate efficient cause as it is the case with the inclination caused by the affect, (b) these three are caused by the composition of the act with the substance as the remote final cause and (c) these three are also caused by the soul as the efficient remote or initial cause.

37 Note also that this definition of moods, 'Moods are various inclinations of the soul indicating its different affects' is a causal one, as is evident from what has been said above. Therefore an inclination is not said of moods as their genus, but in terms of causality. Hence the inclination signifies an affect as an effect signifies its cause, and the mood signifies the inclination and the affect as an effect signifies its cause.

38 Note again that a general composition in a verb pertains to the acting or being acted upon taken in general. A specific composition, however, pertains to this acting or being acted upon taken specifically and confined ('contracted').

39 Now someone may argue to the contrary that since the soul is affected and has an inclination in respect of the significate of every part <of speech> to signify and represent it by means of the appropriate sign, hence every part of speech will have some sort of mood because in this way the mood is an accident of the verb. The answer should be that this argument to the contrary arises from the fact that the above-mentioned things have been misunderstood. For I have not said that the above-mentioned affect, inclination and mood were in the soul with respect to the act itself *simpliciter*. Rather I have said that they are in the soul with respect to the act insofar as it is <said> of a substance (or with respect to the act insofar as it is united with a substance). Now the verb is the only part of speech which is <said> of a substance, for only in the verb one understands the composition of the act with an exterior substance. And thus the mood is only an accident of the verb and of no other part of speech.

40 There is also a problem in which way that composition should be understood. Aristotle says[11] that this composition cannot be understood without the things that are united. And the answer should be that the composition of the act with the substance is understood through the extremes. For the act by itself inheres in its subject just as any other accident by itself inheres in the subject it resides in and for the sake of which it is, and not though some other intermediate. For in that case we would have an infinite regress, as has been said before regarding the quality of the noun.

41 Therefore the composition of an act with a substance occurs by means of the inclination of this act towards the substance itself as towards it subject. And since the inclination of the one towards the other can only be understood via that which is inclined and via that towards which it is inclined, hence the composition of an act towards its substance, which is consignified by the verb, cannot be understood without the extremes.

42 Therefore Aristotle says[12] that 'is' (*est*) consignifies a certain composition that cannot be understood without the united things, since it can only be understood through that which is inclined and through that towards which it is inclined. Indeed, when that which is inclined and that towards which it is inclined has been taken away, the inclination of a verb, which is in fact that of its act towards the substance, is nothing. And so a composition taken apart from its extremes is nothing. And since everything is understood in virtue of that which renders being to it, therefore because the extremes render its being to the composition, the composition should be understood through the extremes, as has been said.

43 Note also that this composition as regards its true being is in a thing and cannot be separated from it; in a verb, however, this composition is as in a sign, just as health as regards its true being is in an animal as its subject, but in urine as its sign.

44 Note again that the composition that exists through the inclination the act has towards the substance, insofar as it is an act, is an accident and precedes the other inclination through which the act is <said> of something else, as has been said before.

---

11 *De interpr.* 3, 16b24-25.

12 *Ibid.*.

45 Furthermore, there is a problem whether or not a composition is a being *simpliciter*. And it may be argued that it is not. For it is found in existing things, *e.g.* in the sentence 'A man is an animal', and in non-existing things, *e.g.* in the sentence 'A chimaera is a non-being'; it is thus found in those things in virtue of something they have in common. For, as Aristotle says at the end of *Prior Analytics*,[13] if some quality is subsequent to things that are mutually diverse, it is necessary that it is subsequent to them in virtue of something they have in common. Now being and non-being only have being-in-a-certain-sense (*ens quodammodo*) in common. Therefore the composition is subsequent to being-in-a-certain-sense, so it is itself a being-in-a-certain-sense and not a being *simpliciter*.

46 The answer should be that the composition conveyed by a verb is commonly related to the composition of beings and non-beings. Therefore it is primarily subsequent to being-in-a-certain-sense, as was argued to the contrary. And it is in general a being-in-a-certain-sense and not a being *simpliciter*.

47 Furthermore, there is a problem whether a verbal composition in general is equally related to a composition of beings, *e.g.* in 'A man is an animal', as it is to a composition of non-beings, *e.g.* in 'A chimaera is a non-being'; or is it said primarily of the former and secondarily of the latter?

48 The answer should be that a composition in general primarily belongs to a composition of beings and secondarily to a composition of non-beings.

49 Furthermore, it may be argued that a composition in general is a being *simpliciter* and not a being-in-a-certain-sense, and thus does not belong to the composition of non-beings. For it may be argued that the extremes should be posited as is required for a composition, to the extent that if a composition is a being *simpliciter*, the extremes would be so as well. And so it may be argued that from 'A man is an animal' follows 'A man is' and 'An animal is'. Again, if a composition is a being-in-a-certain-sense, the extremes would be so as well. Therefore, from 'A chimaera is a non-being' it does not follow 'Therefore a chimaera is', or 'A non-being is'. Hence if a composition in general is a being-in-a-certain-sense it is necessary that its extremes would also be beings-in-a-certain-sense. Hence the following is true, 'The Antichrist is a man', because in this case 'man' is used in a certain sense, and the following is true, 'The Antichrist is a man-in-a-certain-sense'. And so the following two are convertible, 'The Antichrist is a man' and 'The Antichrist is a man-in-a-certain-sense', which is false. Therefore what it follows from is also false, namely that a composition in general is a being-in-a-certain-sense and not a being *simpliciter*.

50 The answer should be that a composition in general is a being-in-a-certain-sense, as

13 Cf. *Anal. Priora* II 27, 70b6-32.

was said before,[14] and its extremes in general are likewise beings-in-a-certain-sense. The composition confined to that part of it which is the composition of beings, however, is a being *simpliciter*. Thus in 'The Antichrist is a man' the composition is confined to one of beings. Therefore 'man' in this case is not used in a certain sense but *simpliciter*. And so 'The Antichrist is a man' is not equivalent to 'The Antichrist is a man-in-a-certain-sense'.

51 As to the argument to the contrary that the extremes are posited as is required for a composition,[15] my answer is that this is false. For from the fact that the extremes *are* it does not follow that there *be* a composition. For example, when I say 'A man is an ass', the extremes *are* and yet the composition *is not*. Also, if the composition *is* it does not follow that the extremes be. For example, when I say 'A chimaera is a non-being', the composition involved *is* and yet the extremes *are not*. The following, however, does follow: 'The extremes mutually agree with each other; therefore their composition *is*'; and the argument is from the *locus** *a causa*. The converse follows as well: 'The composition *is*; therefore the extremes mutually agree with each other'; and the argument is from the *locus ab effectu*. For the agreement of the extremes is the cause of the composition and the composition is the effect of the agreement of extremes.

52 Furthermore, it may be argued that a composition in general is equally related to a composition of beings and to one of non-beings. For the following two are true *simpliciter*: 'A man is an animal' and 'A chimaera is a non-being'. Therefore the truth in both of them is *simpliciter* a being. Hence the subject of the truth in both of them is a being *simpliciter*. Now the subject of truth is the composition. Therefore the composition of both of them is *simpliciter* a being. Now in the first <proposition> there is a composition of beings and in the other one a composition of non-beings. Therefore the composition of non-beings is *simpliciter* a being. Therefore composition in general does not have a relation with the one part rather than it has with the other.

53 The answer should be that composition in general is said of the two kinds of composition, primarily and secondarily respectively, as was said before.[16] For it is said primarily of the composition of beings and secondarily of the composition of non-beings.

54 As to that argument to the contrary that since each one of them is true *simpliciter*, therefore their truth is also a being *simpliciter*,[17] the answer should be that this does not follow. For the truth of beings is indeed a being *simpliciter*, whereas the truth of non-beings is not a being *simpliciter* but a being-in-a-certain-sense. And this is evident because the truth of beings *is* in virtue of the agreement of the extremes, which is the cause of the composition in a <true> affirmative proposition (*e.g.* 'A man is an animal') or in virtue of the incompatibility of the

---

14 Cf. above, 1,46.
15 Cf. above, 1,49.
16 Cf. above, 1,48.
17 Cf. above, 1,52.

extremes, which is the cause of the separation in a true negative proposition (*e.g.* 'A man is not an ass').

55 Therefore the truth of beings will *be* in virtue of the agreement of the extremes leading to the composition, or in virtue of the incompatibility of the extremes leading to the separation, and also in virtue of the fact that the extremes are *simpliciter* beings. The truth of non-beings, however, only has one part of these causes, *viz.* the agreement of the extremes leading to the composition or separation, and it does not have the same being as they have, because the extremes are not beings, rather they are non-beings.

56 And so the truth of non-beings is a being-in-a-certain-sense; the truth of beings, however, is a being *simpliciter*. And so a composition of beings is a being *simpliciter*, whereas the composition of non-beings is a being-in-a-certain-sense.

CHAPTER II: ON NEGATION

1 Now since negation is diversified in accordance with the diversity of compositions, we must discuss negation after composition.

On negation in general

2 Note first of all that 'negation' is said equivocally. In one way a negation is called a negative proposition; and <thus> it is a species of 'enuntiation'. As for an enuntiation, some are affirmative (*e.g.* 'A man is running' (*homo currit*) and others are negative (*e.g.* 'A man is not running' (*homo non currit*)); and <the latter> is defined thus: 'A negation is a proposition denying something of something else'.

3 In another way a negation is a sign or an instrument for denying. And as such it is said in three ways:

a. in one way the negation as an instrument for denying is taken as a substance, as in the noun 'negation' (*negatio*);

b. in another way the negation is taken as an act, <*viz.*> in the verb and in the participle, as in 'to deny' (*nego*, *negas*, *negat*) or 'denying' (*negans*) and 'denied' (*negatus*).

And in these two ways [*i.e.* a. and b.] the negation is taken as conceived of (*ut concepta*) or in the manner of a concept (*per modum conceptus*).

c. In yet another way the negation that is an instrument for denying is taken as carried out (*ut exercita*) and as such it is signified by the particle 'not' (*non*).

4 Note that a concept and an affect are different in that a concept is that which is in the soul in the form of some kind of exterior resemblance; for when I think of colours and of men, I receive their resemblances in the soul and not the things themselves. An affect or 'carrying out' (*exercitio*), however, is called that which is really in the soul or in the body. For example, when I suffer from a disease, the pain is in my soul really affecting it, and when I am running, the running is in my body really carried out and affecting the body itself.

5 The negation taken in this last way is twofold: one type of negation is the negation of a single word, as in an indefinite noun or an indefinite verb, and the other is the negation of a complex expression. And the first is added to a word through composition whereas the other <is added to the word> through apposition.

6 The negation of a single word is twofold: there is one which makes a noun indefinite or privative, *e.g.* 'not-man' (*non-homo*) and 'not-stone' (*non-lapis*); and there is another which makes a verb indefinite or privative, *e.g.* 'does-not-run' (*non-currit*) and 'does-not-suffer' (*non-laborat*).

7 Now it may be argued that neither an accidental quality nor an act can be said of a substance, for they are diverse insofar as such things are incompatible. Hence the one is not truly

said of the other. Therefore, just as the following is false 'Socrates is whiteness', in the same way 'Socrates is white' <is false> as well; and in the same way 'Socrates is running' <is false> no less than 'Socrates is the act of running'.

8 The answer should be that different things can be signified in two ways: one way is insofar as the one is opposite to the other or is different from it, as in Socrates and whiteness (or the running); and in this way the one cannot be truly said of the other. In the other way, however, different things can be signified insofar as the one is <said> of the other, like 'white, 'black', 'runs' <and> 'reads', and, in general, whatever is signified in concreteness with a substance, whether said denominatively (such as 'white', 'runs') or not (such as 'scholar', 'runner', 'fighter', and the like), insofar as they are named after natural faculties. And in this way one different thing is said of another.

9 As the composition is threefold, *viz.* of a quality with a substance, of an act as <taken> apart from a substance with the substance and of an act united with a substance with the substance, and to each of these three compositions its appropriate negation is opposed, therefore in that way the negation will be threefold. Therefore one can hardly propose only two.

10 The answer should be that, as has been said before, the negation, as it is carried out or affecting, is twofold, just as the composition is twofold in general, in that one type is the one of a word and the other type is the one of a complex expression, as has been said. However, the negation considered as a species is fourfold; for the negation of a word is subdivided <as follows>:

a. one type is the negation of a word which removes a quality from a substance, thus producing an indefinite noun, *e.g.* 'non-man' (*non-homo*), 'non-horse' (*non-equus*);

b. another type is the one that removes an act united with a substance, thus producing an indefinite participle, *e.g.* 'not-running' (*non-currens*), 'not-reading' (*non-legens*);

c. the third type removes or releases the act <as taken> apart from the external substance (*substantia extra*) from the internal substance (*substantia intra*), thus producing an indefinite verb, *e.g.* 'does-not-run' (*non-currit*), 'does-not-read' (*non-legit*);

(the fourth type of negation, however, is of a complex expression, thus producing an indefinite complex expression). And so the negation of a word is divided into three types.

11 As to the argument to the contrary that the composition together with a substance is threefold and therefore, contrariwise, the negation will be threefold:[1] the answer should be that <the opponent> is making an insufficient division, for he is leaving out the composition of an act as <taken> apart from an external substance with the internal substance. And in this way there are four compositions. Hence contrariwise there will be four negations.

---

1 Cf. above, 2,9.

12 Now the fact that there are four types of composition is evident. For one type of composition is of a quality with a substance, as <is found> in every noun; and the nagation opposed to it produces an indefinite noun, *e.g.* 'not-man'. Another type is the one of an act united with a substance with the substance, as in the participle; and the negation opposed to it makes a participle indefinite, as in 'not-reading'. The third type is the one of an act as <taken> apart from an external substance with the same external substance, as in 'Socrates is running'; and the negation opposed to it produces a negative complex expression, as in 'Socrates is not running'. The fourth type is the one of an act as <taken> apart from an external substance with the internal substance; and the negation opposed to it produces an indefinite verb, as 'does-not-run' and 'does-not-suffer'. And so <the opponent> insufficiently divided these compositions and the negations opposed to them into types..

13 Note also that a verb is related to a twofold substance. It is related to an external substance which gives it its *suppositum*, as in 'Socrates runs' (*Sortes currit*). It is also related to an internal substance which is indefinitely understood in it, for 'runs' (*currit*) is the same as 'a running thing' (*res currens*). And 'running' (*currens*) is the act itself, whereas the thing is the substance understood in it.

On the different kinds of negation

14 Now that negation in general has been discussed, we must next say something about each one of the previously mentioned negations specifically. First the negation of an indefinite noun must be discussed because this is prior to the others.

On the negation that makes a noun indefinite

15 In the first place, there is a problem whether an indefinite noun is said of whatever *is* and whatever *is not*. And it may be argued that it is not. For as it says in the second book of *Perihermeneias*,[2] from an affirmation in which an indefinite noun is in predicate-position follows a negation in which a definite noun is in predicate-position, and not the other way round, *e.g.* in 'Every man is not-just; therefore no man is just', and not the other way round. Therefore an affirmation in which an indefinite noun is in predicate-position always posits something, for if it were to posit nothing, then it would be convertible with a negation. Therefore an indefinite noun is only said of being. Hence it is not said of whatever *is* and whatever *is not*.

16 An argument that yields the same <conclusion> is the following. When one says 'A man is non-just', in that case one posits a being, for an act of being is affirmed (*esse affirmatur*) and

[2] Cf. *De interpr.* 10, 20a11ff..

the composition is not denied by the subsequent negation found in the indefinite term. Therefore an indefinite noun is only said of being. Hence <it is> not <said> of whatever *is* and whatever *is not*.

17 An argument to the contrary is that to 'man' something is opposed by way of a privation and something by way of a negation, as 'dead <thing>' (*mortuum*) is opposed to 'man' privatively and 'non-man' <is opposed to it> negatively. Now a privation shares more in being than a negation does. Therefore 'dead thing' shares more in being than 'non-man'. Now 'dead thing' is said of a non-being. So *a fortiori* 'non-man' is said of it. Therefore an indefinite term is not only said of being but of non-being as well.

18 Another argument to the contrary: Boethius teaches[3] <us> to convert a universal affirmative by making its terms indefinite, *e.g.* in 'Every man is a being; therefore every non-being is a non-man'. Therefore 'non-man' is said of every non-being and so not only of being.

19 As it says in the second book of the *Topica*,[4] if from 'man' follows 'animal' therefore by contraposition 'non-man' follows from 'non-animal'. Now the following inference is sound: 'If it is a man, it is a being'. Therefore by contraposition it follows: 'If it is a non-being, it is a non-man'. Therefore an indefinite noun is not only said of being, but of non-being as well.

20 In *man* there is a double composition, for a. there is a composition of form with matter in it, for a man and everything other than the First Being consists of matter and form either really or by analogy of proportion, and b. there is another composition in *man* which is of the differences with their proximate or higher genus, whether they are specific differences (like in all subaltern species and genera) or non-specific differences, as are the differences which are added to being as a final or other <type of> cause, through which the highest genera differ from one another.

21 For since the highest genera share in being, albeit in an order of prior and posterior, it is necessary that there is something through which they differ, as is evident. For a substance is a being *per se*; a quantity is a being that measures substance; a quality is a being that informs (or qualifies) a substance; a relation is a being that relates a substance; 'acting' is an intermediary being by means of which, or according to which, one thing acts upon another thing, and so on. And so the difference *'per se'* is the difference of substance, and 'what measures a substance' (*mensurativum substantie*) is the difference of quantity, and so on. And in this way the highest genera differ from one another through these differences that are not specific.

22 Let us form the following argument: In *man* there is a double composition: one of form with matter and one of differences with the first predicable, *viz.* with being. Now to every composition its own negation is opposite. Therefore to the double composition that exists in *man*, a double negation is opposite. Therefore the negation in the term 'non-man' is double. For either it

3 *De categ. syll.*, 807B-C, ed. Migne.

4 *Topica* II 8, 113b17-18.

will remove the composition of the differences with *being*, and so *being* will remain. For suppose one says 'being *per se*, corporeal, animate, sensible, rational, mortal'. If the collection of these differences is removed, <by removing> one difference or many (I do not say that each one of them is removed, but rather their collection, which can be removed <by removing> one or more or all of them), --- then a being <still> remains. For if only one is removed then all do not remain, or if more or all <are removed>, their collection will always be removed. And so 'non-man' posits a being and is said only of a being and thus is called a privative term.

23 However, if this negation removes the composition of form with matter, then it does not posit an actual being, but only a potential being or a being in the mind. And so 'non-man' is a negative term and in that way 'non-man' posits something potential, conceivable or imaginable. Thus 'non-man' is said of being and non-being. And in this way an indefinite noun is twofold.

24 We agree with this. It should be said therefore that a noun can be made indefinite in two ways, as has been shown,[5] for a. in one way by way of a privation; in this way 'non-man' posits a being by removing the collection of differences from the first predicable, and so 'man' and 'non-man' are mutually opposed as a privation and a state, and they are only said of a being; b. in another way, then, one can make a noun indefinite by way of a negation; in this way 'non-man' does not posit anything and it is a negative term. And thus 'non-man' is said of every being different from *man* as well as of non-being. And in this way, 'man' and 'non-man' are mutually opposed as an affirmation and a negation and are said of whatever *is* and *is not*, so that it would be either this or that as is the case with every contradiction.

25 And note that there is this twofold way of making a term indefinite only in the case of specific terms. For general terms, such as 'being' and 'something', are made indefinite in one way only, *viz.* by way of a negation, for there is not a double composition in them as in the specific ones. Therefore 'non-being' and 'non-something' are only said of that which *is not*. For no indefinite general term can be said of that of which the form is removed by that term. Hence 'non-man' cannot be said of a man nor can 'non-being' be said of a being. For no opposite can be said of its opposite.

26 As to the argument the opponent gives, that from an affirmation in which an indefinite noun is in predicate-position a negation follows in which a definite noun is in predicate-position, and not the other way round, and so an indefinite noun posits a being,[6] --- the answer should be the following, as we have said before:[7] A noun can be made indefinite in two ways in that it is either indefinite by way of negation, and thus it does not posit anything, or it is indefinite by way

5 Cf. above, 2,22.
6 Cf. above, 2,15.
7 Cf. above, 2,24.

of privation, and thus it posits a being, whether it be a substantial being (as *man*, *animal*) or an accidental being (as *white*, *just*, *straight*, *curved*, *even*, or *odd*).

27 Hence if in predicate-position there is an accidental term indefinite by way of privation, then it leaves the subject of the accident in <the domain of> being. Therefore 'A man is non-just' and the like posit a being. And so from these <types of statements> a negative proposition with a definite predicate follows, and not the other way round; for example, 'A man is non-just; therefore a man is not just', and not the other way round. And this is what Aristotle formulates at the beginning of the second book of *Perihermeneias*,[8] by saying that in this way they follow from each other, as was said in the *Prior Analytics*. He in fact says at the end of the first book of the *Prior Analytics*,[9] that from a privative affirmative proposition follows a negative definite proposition, and not the other way round; for example, 'This is unequal; therefore it is not equal', and not the other way round, or 'This is non-white; therefore it is not white', and not the other way round.

28 However, if in predicate-position there is an accidental term indefinite by way of negation, then it does not posit anything, as has been said before. And in this way <the proposition> is convertible with a definite negative proposition; for example, 'Every man is non-just; therefore no man is just', and conversely. Similarly he says in the second book of *Perihermeneias*, a little further along,[10] that from a definite negative proposition follows an indefinite affirmative one, for example, 'No man is just; therefore every man is non-just'. And that could only be if they were converted in this way, *viz.* in the sense that it is a noun indefinite by way of negation. And likewise you must understand an indefinite substantial term, as 'non-man', in the same way as an accidental one, as 'non-just'.

29 As to the argument the opponent presents further down, namely that in this case, 'A man is non-just' a being is posited because *being* is affirmed and the affirmed composition remains and is not denied by the subsequent negation,[11] the answer should be that this argument goes astray in three ways. In one way it is mistaken due to the equivocation of the noun 'non-just', which in one way posits a being, and in another does not, as has been said before.

30 In another way it commits the fallacy* *secundum consequens* or *secundum quid et simpliciter*, for this does not follow: '*Being* or this composition is affirmed; therefore it is.' For an affirmation concerns being and non-being equally, hence *affirmation* is of a wider range than really *being*. Therefore there is a fallacy *secundum consequens*. Hence insofar as 'non-just' is a noun indefinite by way of negation, it does not follow: 'A man is non-just; therefore a man *is*'.

---

8 *De interpr.* 10, 19b30-31.
9 *Anal. Priora* I, 46.
10 *De interpr.* 10, 19b33-34.
11 Cf. above, 2,16.

31 Moreover, in this case there is an occurrence of the fallacy *secundum quid et simpliciter*; for although a composition is affirmed here, nevertheless no being *simpliciter* is posited, but a being diminished (*diminutum*) by the subsequent qualification. Therefore, in the same way as it does not follow: 'It is conceivable; therefore it *is*', even though a composition is affirmed here, likewise it does not follow: 'He is non-just; therefore he *is*'. For <in these examples> the being is diminished by the qualification which posits nothing, insofar as 'non-just' is a negative term.

32 Note, thirdly, that a term can be made indefinite only if it can function as a subject or predicate. And therefore universal or particular signs cannot be made indefinite; for they are dispositions of a subject insofar as it is a subject, and so they relate to the predicate. And therefore Aristotle says[12] that the negation 'not' should not be added to the sign 'every', because it does not signify a *universal* but that <something should be taken> *universally* (*quoniam universaliter*).

33 Now that we have discussed the specific negation of a noun that makes the noun indefinite, we must next discuss the specific negation of a verb that makes the verb indefinite. For just as the noun naturally precedes the verb, so the indefinite noun naturally precedes the indefinite verb.

On the negation that makes a verb indefinite

34 Now first there is a problem concerning the indefinite verb, <*i.e.*> whether it can be said of everything that *is* and everything that *is not*. And it may be argued that it can. For according to Aristotle[13] an indefinite verb is equally in whatever *is* and what *is not*. And therefore it is said of everything that *is* and <everything> that *is not*.

35 An argument to the contrary is the following. The negation in an indefinite verb leaves the composition affirmed while removing the act from the substance of which the act is said. Therefore insofar as the verb 'does-not-run' is an indefinite verb', the meaning of 'Caesar does-not-run' is: 'Caesar is something not-running'. Now an affirmed composition posits a being because it posits the subject <of the composition> in being. Therefore an indefinite verb posits a being. Therefore it is only said of being.

36 Some answer that an indefinite verb outside a proposition remains indefinite whereas in a proposition it does not, and that when the indefinite verb is placed in a proposition there is always question of a proposition [namely a negative proposition] because one part of it is the negation and the verb the other one.

---

12 *De interpr.* 7, 17b11-12.

13 *Ibid.* 3, 16b14-15.

37 However, this is nonsense, for their reasoning is brought about by the fact that they are not capable of making the proper distinction in the proposition 'Caesar is not running' ['Caesar does-not-run'] and the like insofar as they are negative propositions and <propositions> containing an indefinite verb.

38 Hence it should be said that an indefinite verb is said of whatever *is* and what *is not* and it remains indefinite outside as well as inside a proposition. And insofar as the proposition 'Caesar does not run' and similar ones are negative propositions they do not posit anything, and the composition is denied in them, whereby they leave nothing, according to them.[14] However, in the sense that these propositions contain an indefinite verb, the composition remains affirmed. Thus in the latter way, <*i.e.*> insofar as these propositions contain an indefinite verb, they are still twofold. For the verb can be made indefinite by way of negation, and in that way it does not posit anything, or it can be made indefinite by way of privation, and in that way the subject is posited in being; and thus it [*viz.* the verb] posits a being.

39 As to the argument to the contrary, that an affirmed composition posits a being because it posits the subject in being, the answer should be that both <claims> are false. For *composition* is equally related to the composition of beings and <the composition> of non-beings. Therefore the composition itself neither posits a being nor does it posit its subject in being. And so in virtue of the affirmed composition insofar as it is affirmed it posits nothing. It is in virtue of the predicate, however, that the subject is sometimes posited in being, as when the predicate is a being *simpliciter*, whereas sometimes the subject is not posited in being, as when the predicate is a diminished being or a being-in-a-certain-sense.

40 And thus it follows 'A stone is a man; therefore a stone *is*', and it does not follow 'A stone is conceivable; therefore a stone *is*'. So the meaning of <the sentence> 'Caesar does-not-run' insofar as 'does-not-run' is an indefinite verb is the following: 'Caesar is something not-running'.

41 And the same goes for the participle, no less than for the verb. Therefore these two <sentences> 'Caesar does-not-run' and 'Caesar is not-running' do not posit anything insofar as the verb and the participle are negative terms, whereas in the sense of privative terms they do posit a being, because they posit the subject in being. This <positing of being> is in virtue of the predicate, not the composition, as has been said.

42 As to the negation that makes a participle indefinite, enough is clear from what has been said; and so let us leave it.

---

[14] *i.e.* the opponents mentioned in 2,36 above.

43 Now that the negation of terms has been dealt with, we must next discuss the negation of the complex expression. For the simple naturally precedes the complex.[15] Hence the noun and verb naturally precede the complex expression (*oratio*). Therefore the negation of a noun and verb naturally precedes the negation of a complex expression.

44 First of all there is a problem whether the negation found in a complex expression can produce a contradiction. And it may be argued that it cannot, for: in order to produce a contradiction it is necessary that the negation remove the composition. Now it cannot do so, for the negation is the substrate of the negation and no accident removes its own substrate. Therefore it [*i.e.* the negation as found in the complex expression] cannot produce a contradiction. Therefore one cannot have a contradiction at all.

45 An argument that yields the same <conclusion> is: whatever is caused is either a substance or an accident. Therefore in virtue of the fact that it is caused the negation is either a substance or an accident. Now it is not a substance. Therefore it is an accident. Therefore it *is* in some sort of substrate. Now it only *is* in a composition. Therefore it does not remove the composition. Therefore one cannot have a contradiction at all.

46 As it is possible to have a contradiction, since that is the first principle of the sciences, therefore the negation removes the composition. Now the composition is the cause of the mood. Therefore it [*i.e.* the negation] removes the mood. Therefore no negative proposition is of a definite mood. Therefore it is not of the indicative mood either (*locus a genere*). Therefore no negative proposition is true or false; for only in <propositions of the> indicative mood there is <something> true or false.

47 Just as the noun 'man' has a double signification, namely a general one *viz.* to signify a substance with a quality and a specific one, *viz.* to signify *this* substance, which is a man, and just as the verb also has a double signification, namely a general and a specific one <of which> the general one is to signify acting or being acted upon and the specific one is to signify *this* acting or *this* being acted upon (*e.g.* to read or to be read, to hit or to be hit), --- in the same way a composition is twofold, namely general and specific. The general composition in itself relates equally to all things that can be united. So when we say that a verb consignifies a composition, we do not mean *this* or *that* composition, but a composition in general. And this is the general composition. A specific composition, on the other hand, occurs via the <actual> extremes of the composition. Now the negation removes the specific composition, and this suffices for a contradiction. And the general one is left, which accounts for the mood. Hence it is still possible to have a contradiction.

---

[15] Cf. Arist., *De caelo* II 4, 286b16-17.

48 Furthermore, one usually says that two negations are equivalent to an affirmation. And there is a problem why conversely two affirmations are not equivalent to one negation. This would seem to be the case, because just as a negation removes an affirmation, so, conversely, an affirmation removes a negation.

49 The answer should be that a negation is by nature apt to destroy whatever it has found. For a negation is an act which destroys its own object. So the object of the negation, whatever it may be, will be removed by the negation. And since sometimes a negation is the object of a negation, the former is sometimes denied, as in 'Not: Socrates is not running' (*non Sortes non currit*). And thus consequently an affirmation is posited (because when a negation is removed an affirmation is posited), since it is necessary that there always be an affirmation or negation. And therefore two negations are equivalent to one affirmation. An affirmation, however, is not by nature apt to destroy its object, but rather it posits and conserves it. And so since an affirmed 'thing' (*res*), the object of an affirmation, is not removed by an affirmation, for that reason two affirmations cannot be equivalent to one negation.

50 As to the other argument to the contrary, that an affirmation removes a negation, just like the other way round as well,[16] the answer should be that an affirmation and a negation contain two types of relations which are differently related. For one relation the affirmation has is towards what it affirms, whereas the other relates to what it is opposed to. And these two relations do not concern the same thing, but different things. For example, the affirmation 'Socrates runs' affirms that Socrates is running and its composition is opposed to the <composition> which concerns that-Socrates-is-not-running. And therefore in virtue of the composition <the affirmation> cannot destroy its object. The two relations found in the negation, however, do concern the same thing, because a negation always denies something, in the same way as the affirmation always affirms something, and a negation is always opposed to something, but only to what it denies. And therefore in virtue of its being opposed, a negation always destroys the very object it denies. Now an affirmation is not opposed to what it affirms, as was said before. And so a negation does not destroy what it affirms. And so there is no analogy as regards <the way in which> an affirmation <is related to> a negation and a negation to an affirmation, as is already evident from the fact that a negation is opposed to an affirmation and denies it, whereas an affirmation is opposed to a negation but does not affirm it [*i.e.* the negation] but something else, as has been said.

51 Again, Aristotle says[17] in the second book of the *Topica* that if something cannot be the substrate of one of the contraries, it cannot be the substrate of the other either. Therefore what cannot be denied cannot be affirmed. Now 'Socrates does not run' cannot be affirmed because

---

16 Cf. above, 2,48.

17 Cf. *Topica* II 7, 113a33-35.

it is a negative proposition. Therefore another negation cannot be added to it so as to deny it. Therefore two negations are not equivalent to an affirmation.

52 In reply to this <argument> some say that a negation is an affirmation in a certain sense, because a negation in itself contains <some feature> of being, *viz.* an affirmation, on account of which it shares in the nature of an affirmation. And so it can be denied by means of a negation. And so to the proposition 'Socrates is not running' another negation can be added as follows: 'Not: Socrates is not running'. And so two negations are equivalent to an affirmation.

53 However, I think it is better to say that although natural accidents cannot return upon themselves by acting upon themselves, just as warmth does not act upon itself but upon its object, nevertheless accidents that stem from reason can return upon themselves by acting upon themselves, just as the intellect can do so by knowing itself and judging itself. Therefore the negation, which is an accident that stems from reason, can return upon a negation or the denied 'thing' (*res*). And therefore a negation can be denied, although it cannot be affirmed. And Aristotle's consideration must be regarded as concerning natural accidents or natural contraries, such as the white-the black, the warm-the cold and the like.

54 The two <propositions> 'Socrates is running' and 'Not: Socrates is not running' are mutually equivalent and contradictory to 'Socrates is not running'. An argument to contrary, however, is that Aristotle says[18] that to one thing one thing is the opposite. Therefore two propositions are not the contradictory of one.

55 The answer should be that a contradiction occurs in two ways, *viz.* primarily and by consequence. So in the following there is a primary contradiction: 'Socrates is running', 'Socrates is not running'. Now 'Not: Socrates is not running' is by consequence the contradictory opposite of 'Socrates is not running', that is, insofar as it is equivalent to and convertible with 'Socrates is running'. So understand that in a primary contradiction the one is always an affirmative proposition and the other a negative one. Therefore Aristotle says[19] that a contradiction is an affirmation and a negation opposed to one another. However, in a contradiction by consequence a negation can contradict another negation.

56 Note that a negation placed before or after a singular term signifies the same, as in 'Socrates is not running' and 'Not: Socrates is running'. However, the same does not hold for common terms, for 'A man is not running' is an indefinite proposition, whereas 'Not: a man is running' is a universal negative one. And this is not contrary to what Aristotle says,[20] <namely> that transposed nouns and verbs signify the same. And he understands this same <rule> as concerning other words, for he understands it as concerning a word capable of functioning as a

---

18 *De interpr.* 7, 17b37.
19 *Ibid.* 6, 17a33-34.
20 *Ibid.* 10, 20b1-2.

subject or predicate, such as 'Man is an animal', or a word that is a disposition of the subject or predicate itself in an absolute sense. And he does not understand it as concerning a word that is a disposition of one in relation to another, as are negations and universal signs. For a negation denies one thing of the other and a universal sign modifies the subject in relation to the predicate.

Sophisma

57 There is a problem concerning the sophism: NO MAN RUNNING YOU ARE AN ASS. Proof: the following is false, 'Some man running you are an ass'; therefore its contradictory opposite will be true, *viz.* 'Not: some man running you are an ass' (*non aliquo homine currente tu es asinus*). Now 'not some' and 'no' are equivalent, just as 'not someone' and 'no-one'. Therefore the following is true, 'No man running you are an ass'.

58 An argument to the contrary runs: 'No man running you are an ass; therefore while no man is running, or if no man is running, or because no man is running, you are an ass'. And this is false.

59 Solution: the first proposition is false, *viz.* 'No man running you are an ass'. For the proposition by which the opponent proves it to be true, namely <the proposition> 'Not: some man running you are an ass', is erroneous due to the fallacy of division. And <this proposition> is twofold because the negation can deny <either> the participle only, and in this way it is divided and false; or it can deny the participle in relation to the subsequent verb, and in that way it is compounded and true.

60 And in the first way it is equivalent to the original one, *viz.* 'No man running you are an ass'. However, the following is false, 'No man . . . etc', for the negation that is part of the sign 'no' cannot carry farther than the participle, and this is the case by the following rule:

Whenever a negation and a distribution are included in the same term, the one can carry no farther than the other.

Now the distribution cannot carry farther than the participle; therefore the negation cannot either. Hence the following is false, 'No man running you are an ass', and therefore its equivalent according as it is equivalent to the former <is false> as well. And each one, *viz.* 'Not: some man running . . . etc.' and 'No man running . . . etc' is affirmative insofar as the two are equivalent. And thus it is evident that neither of them is contradictory to 'Some man running . . . etc', because an affirmative proposition does not contradict an affirmative one.

61 There is a problem about the sophism: NOTHING IS NOTHING. Proof: its contradictory, 'Something is nothing', is false; therefore the original proposition is true.

62 An argument to the contrary: Nothing is nothing; therefore nothing is no substance. And this appears to a be case of the *locus a genere* or the <*locus*> *a toto in quantitate*, as in 'Nothing is; therefore no substance is'. Now the conclusion, 'Nothing is no substance' is false, because it is equivalent to 'Everything is some substance', which is false. Therefore the original proposition from which it follows is false as well.

63 Solution: the first, 'Nothing is nothing', is true, because it is equivalent to 'Everything is something'. And this is the case in virtue of the following rule:

Whenever two universal negative signs are placed in one and the same locution such that one is in the subject and the other in the predicate, the first is equivalent to its contrary and the other to its contradictory.

64 The disproof[21] is erroneous due to the fallacy *secundum consequens* according to general usage. For just as the following is a fallacy of consequence according to people following general usage, 'Everything is something; therefore everything is some substance', in the same way this is a fallacy of consequence, Nothing is nothing; therefore nothing is no substance'.

65 In reply to the argument to the contrary, that there appears to be a case of the *locus a genere* or *locus a toto in quantitate*, it should be remarked that this is not true; rather we have here the fallacy *secundum consequens*, as in 'No man is no animal; therefore no man is nothing that can laugh'; for in 'Every man is no animal', 'animal' is removed from the subject, and when another negation is added to it by the sign 'no', the denied predicate is removed from the subject as follows, 'No man is no animal'. Now to remove a denied predicate from the subject is consequently to posit the affirmed predicate in the subject. Therefore 'No man is no animal' is equivalent to 'Every man is some animal'. And similarly 'No man is nothing that can laugh' is equivalent to 'Every man is something that can laugh'.

66 However, in the following <argument> they posit the fallacy of consequence, 'An animal *is*; therefore something that can laugh *is*', in the same way as in 'An animal is running; therefore a man is running'. Therefore <this also happens> in 'Every man is an animal; therefore every man is something that can laugh'. And the same applies to their equivalent propositions: 'No man is no animal; therefore no animal is nothing that can laugh'. And it is similar in our topic: 'Nothing is nothing; therefore nothing is no substance'.

67 And it seems that the conclusion of the disproof is true, because 'No substance is

---

21 Cf. above, 2,62.

nothing' is true. This is evident in two ways, *viz.* via the rule mentioned above,[22] for it is equivalent to 'Every substance is something', and also because its contradictory, 'Some substance is nothing', is false. Therefore 'No substance is nothing' is true; therefore its converse will be true, *viz.* 'Nothing is no substance'.

68 The answer should be that <the opponent> does not correctly convert 'No substance is nothing', for he should place the sign of the subject as ranging over the whole predicate and bring it to the subject, as in 'No substance is nothing; therefore no being-nothing is a substance'. Now each one of these is true and so he does not prove the conclusion of the disproof.

69 The fact that the conclusion of the disproof is false is proved in two ways, namely: in one way via the rule mentioned above,[23] and in the other way because its contradictory opposite, 'Something (whiteness, for example, or any other accident) is no substance', is true.

---

22 Cf. above, 2,63.
23 Cf. above, 2,63.

PART II

COMMENTARY

CHAPTER I INTRODUCTION

As is well known by now, throughout the thirteenth century a new subject of interest appeared in the works on logic which was dealt with in separate treatises, the *Syncategoreumata*, or treatises on syncategorematic words. Present-day study of these treatises is very important, because it will enable us to understand not only more about the development of logic within the thirteenth century itself, but also it will provide us with a more solid basis in order to grasp these developments in periods after the thirteenth century. Moreover, these treatises are of a more broadly philosophical interest, because like other works on logic in the Middle Ages, the thirteenth-century works on *syncategoreumata* deal with topics that do not exclusively concern logic. These treatises often reveal valuable information concerning an author's metaphysical points of view, matters that acquire attention in virtue of the fact that discussions of linguistic subjects inevitably transcend the domain of pure logico-semantics.

As has been shown by Nuchelmans,[1] the use of the term *'syncategoreuma'* as a technical term, derives from a passage in Priscian's *Institutiones grammaticae*:

> "According to the dialecticians there are two parts <of speech>, the noun and the verb, because these two alone united by themselves make up a full complex expression; the other parts, however, they called *'syncategoreumata'*, *i.e.* consignifying."[2]

Priscian himself, however, has a distinction between eight parts of speech, of which the noun and verb can be considered as the most important ones. Prepositions and conjunctions do not convey a meaning by themselves (*signigicant aliquid*), but they only acquire a perfect meaning in combination with other words, that is to say, they 'consignify'.[3]

Another important source for the Mediaeval treatises on *syncategoreumata* is to be found in Boethius' commentary on *De interpretatione*. Contrary to Priscian, Boethius emphatically declares that only nouns and verbs (including participles, adverbs, pronouns, and interjections) are parts of speech, whereas prepositions and conjunctions do not fall under that category. They do not have any meaning by themselves, but only in combination with the ones that do signify by themselves.[4] During the Middle Ages the term *'syncategorema'* came to stand for those words that 'consignify', a category of terms that usually included all words that cannot serve as a subject nor as a predicate.

---

1 See Nuchelmans [1973], p. 124 and Braakhuis [1979], Vol. I, p. 2.

2 *Inst. gram.* II, p. 54(5-7):
"Partes igitur orationis sunt secundum dialecticos duae, nomen et verbum, quia hae solae per se coniunctae plenam faciunt orationem, alias autem partes 'syncategoremata', hocest 'consignificantia', appellabant."

3 Braakhuis [1979], pp. 3-5.

4 Boethius, *In Periherm.* II, pp. 14(9)-15(7).

During the first half of the twelfth century, several logicians had somehow dealt with words that do not have a meaning in their own right, but merely in combination with other words. For example, Peter Abelard (1079-1142) has specifically raised problems in connection with the meaning and function of conjunctions and prepositions. Abelard is not very consistent in his definition of 'consignificative'. In the *Logica ingredientibus* he maintains that these words have an (albeit indefinite) meaning when used by themselves, whereas in the *Dialectica* he tells us that they do not have a meaning of their own.[5] Another author, Adam of Petit Pont, uses the term '*consignificare*' in the *Ars disserendi* (*ca.* 1132). His use of the term in question is such that words that consignify do not have a meaning by themselves, but only in combination with other words.[6]

Not only logicians, but also grammarians of the beginning of the twelfth century displayed an interest in the meaning and functions of prepositions and conjunctions, for example William of Conches (1080 - *ca.* 1154) and Peter Helias (at Paris around 1140). Source for the grammarians' interest in syncategorematic words was the passage from Priscian's *Institutiones grammaticae* (quoted above).[7]

Apart from the sources just mentioned in which authors developed an interest in the meanings and/or functions of words that were later to be grouped under the label '*syncategoreumata*', there was also another discipline that inspired the development of theories on syncategorematic words, namely logic. During the second half of the twelfth century philosophers displayed great interest in fallacies. A major factor leading to this interest in fallacies was the circumstance that during this period Aristotle's *De sophisticis elenchis* became known. A number of treatises that were written during this period dealt with syncategorematic words for the reason that these words are often considered the ones that cause errors of reasoning.[8]

What became a subject of deep interest was to study the ways in which syncategorematic words signify within a framework of ways in which all other words signify (the *modi significandi* of syncategorematic words) and also attention was paid to specific logical problems that come up on account of syncategorematic words used in puzzling sentences (*sophismata*). The *Syncategoreumata*-treatises discussed in the present study almost all display these two domains of interest. Again, these treatises were not the only works in which the two topics were dealt with. Braakhuis has drawn our attention to two other genres of logic developed at the beginning of the thirteenth century, *viz.:*

---

5 Cf. Nuchelmans [1973], pp. 140-2.

6 *Ars disserendi*, p. 46(25-7):
"Est autem varia consignificatio cum quod per se nichil diversorum adiunctioni dissimiliter consignificat . . .."

7 For details see Braakhuis [1979], Vol. I, pp. 16-21.

8 *Ibid.*, pp. 21-6.

1. *sophismata*-collections; a sophisma is a problematical sentence, a logical puzzle, so to speak. All kinds of *sophismata* are discussed in these treatises and attention is paid to the ways in which they can be solved;

2. *distinctiones*-treatises or *Sophistariae*; these works dealt with all sorts of distinctions concerning the different occurrences of terms also discussed in the *Syncategoreumata*.[9]

Apart from these genres that dealt with syncategorematic words in some way or another, there were the *syncategoreumata*-treatises themselves which took the syncategorematic words as their starting point.

As to the development of logic within the thirteenth century, we already see a divergence between different authors as regards their positions on logical rules concerning certain syncategorematic words. One strongly debated rule, for example, was the famous *'ex impossibili sequitur quidlibet'* ('from the impossible anything follows'), a rule analysed in the context of an account on the *syncategoreuma* 'if' (*si*).[10] Another subject that will require careful examination concerns the discussions of the *syncategoreumata* 'necessarily' (*necessario*) and 'contingently' (*contingenter*). The different expositions of these words display a divergence in attitude which has to do with the question: what does an author consider as necessary and/or contingent and what does he not regard as such? An answer to this question can often be found in sections that deal with sentences such as 'Every man is necessarily an animal'.[11] Finally, the sections in the *Syncategoreumata*-treatises dealing with the verb 'is' (*est*) and the particle 'not' (*non*) are of great value to us because they indirectly present an author's opinion on the bearers of truth and falsity and *eo ipso* their views on the proposition.[12]

Closely related to the logical matters discussed by the several *Syncategoreumata* authors are their views on ontological questions. When expressing their theories on syncategorematic words the authors quite often introduce us to rules that regulate the uses of these words or present examples by means of which the meanings of such words are clarified. It is within these contexts that the reader can be confronted with arguments that rather than merely explaining the formal features of such words also express more ontology-related views. Thus we can have two different authors completely disagreeing on a supposed rule of logic in connection with a certain syncategorematic word: for example Peter of Spain rejects the rule 'From the impossible anything follows', whereas an earlier author, John le Page, fully adheres to it. As it appears the two camps in the thirteenth

---

9 See Braakhuis [1979], Vol. I, pp. 27-9 and De Rijk's introduction to his edition of the *Some Earlier Parisian Tracts on Distinctiones Sophismatum*, p. x.

10 For an extensive discussion on this topic see Spruyt [forthcoming].

11 See Braakhuis [1979], Vol. I, *passim*.

12 This study aims to contribute to important research on the history of theories of the proposition. For this subject see Nuchelmans' celebrated work (Nuchelmans [1973]).

century, *i.e.* the proponents and opponents of the rule in question can be grouped together according to what is meant by a 'consequence' (*consequentia*). The opponents claim that the impossible is nothing and thus cannot cause anything; in their opinion a conditional expresses a (causal) relationship between beings of some sort, and since an impossible is not a being, nothing can follow from it. The proponents, on the other hand, do not describe consequenses in terms of a relationship between beings (at least not all consequences), but rather discuss them in terms of 'inference' and tend to come closer to what we would call a more formal conception of consequence. This difference in attitude definitely relates to how the author in question conceives of 'being'.[13] The same difference in opinion can also be found as regards their conceptions of what is to be considered necessary and what is not. Such attitudes are especially revealed in the different discussions on sentences such as 'Every man is necessarily an animal' (*omnis homo necessario est animal*) or 'The soul of the Antichrist will necessarily be' (*anima Antichristi necessario erit*).[14]

Apart from the syncategorematic words just mentioned there are two other ones that require our close attention, *viz.* the copula 'is' and the particle 'not'. They are of extreme importance to us in order to discover an author's ontological outlook, because for all authors the expressions 'is' and its counterpart 'is not' are somehow related to *being*. Thus, as we shall see, on discussing the *significatum* of the word 'is' what inevitably comes up is an explanation of what we are to understand by the 'being' associated with it. Another reason for choosing discussions on these two words as the main items for this study is that in this way we are able to develop an outline of the author's views on the proposition.

1.1 Aim of this study

The present work contains both a provisional semi-critical edition and a translation of the first two sections of Peter of Spain's treatise on syncategorematic words. In addition it includes a commentary on these first two chapters as well as a discussion of his contemporaries on subjects presented in this particular part of Peter's work.

The main philosopher featuring in the present work is the famous author of the *Tractatus*, Peter of Spain. Upon reading Peter's text one soon discovers that the way in which the two words 'is' and 'not' are dealt with is not by presenting a systematic account of these words themselves, but what he actually does is to treat them under the headings 'composition' and 'negation' respectively.

---

13 Cf. Spruyt [forthcoming].

14 See Braakhuis [1979], Vol. I, *passim*.

Quite in line with the Terminist-tradition 'composition' is brought forward as the central notion in the semantics of nouns and verbs. Thus what an author like Peter of Spain begins with is not a discussion of the word 'is' itself. Instead he embarks on an analysis of 'composition' as found in the noun, verb and participle. This particular notion of 'composition' originates from the *auctor* Priscian, whose writings played a major role in Mediaeval grammar. When, at long last, the copula enters the scene, we find a completely different notion of 'composition', *viz.* the one that derives from Aristotle's *De interpretatione*. The latter says that 'is' signifies some composition that cannot be understood without the extremes.

The interesting feature of Peter's theory on 'composition' is that the two uses of this notion, despite their completely different origins, are combined in such a way that one notion of 'composition' remains which covers both the semantics of the categorematic items in a sentence as well as the meaning of the copula. Initially the copula is dealt with only indirectly, namely via the *modus significandi* of the verb: a well-known Mediaeval rule of grammar states that 'is' is included in every verb. It is not until sentences of the form 'S is P' are considered that the Aristotelian notion of composition comes to the fore. It is at this stage that we are introduced to a very important element of the *Syncategoreumata*, namely the author's conception of the proposition. The continental philosophers of the thirteenth century (John le Page, Peter of Spain, Nicholas of Paris and Henry of Ghent) all present their views on the proposition in connection with the problem whether sentences of the form 'S is P' are expressions of being or not. The Aristotelian notion of composition (as the combination of extremes) thus serves as the explanatory device to account for the meaning of an affirmative proposition. At the same time, however, the authors employ the grammatical notion of composition (and this is particularly evident in the sections on the denial), that is, they all declare that the verb in a proposition signifies a composition of a substance with an act or being acted upon. The central question in the section on the negative proposition is whether the denial 'not' removes that composition such that the substance contained in that composition is destroyed along with it. The solutions the authors present in fact display their respective opinions on the foundation of declarative sentences and the relationship between true propositions and the 'things' they express.

An important reason for adding other Mediaevel authors on syncategorematic words in this study is that in the Middle Ages a philosophical theory is seldom found in isolation. We can mention two exceptions, namely Adam of Petit Pont (*ca.* 1132) and Raymond Lull (d. 1315/6), the ideas of the former of whom were soon forgotten. Most of the time, however, we encounter Mediaeval philosophies as part of certain traditions that form schools of thought. For the modern interpreter, then, it is of paramount importance to examine a Mediaeval author in combination with his contemporaries. In this study we shall pay attention to a number of thirteenth-century discussions on composition and negation, even though it is not possible to discover precisely whom Peter has borrowed his ideas from. In the discussions of Peter's contemporaries what has been attempted is to point out any similarities between theirs and Peter's work and also to discover significant differences.

1.2 Peter of Spain: life and works

A great deal has been written on the life and works of Peter of Spain elsewhere,[15] so I shall confine myself to the main events. Peter was born before 1205 in Lisbon, Portugal. He studied at the University of Paris from *ca.* 1220-9. Subsequently he left for the north of Spain where he taught logic and wrote his famous *Tractatus*. His complementary work on logic, the *Syncategoreumata*, must have been written there as well. Later he left for Siena, Italy. From 1246 onwards he taught medicine at the University of Siena. He stayed in Siena until about 1250, and from there he returned to Portugal where he stayed on (with temporary interruptions) until 1264. It is not quite certain where he was from 1264 onwards but it is known he was appointed court-physician at Viterbo by Pope Gregory X. In 1273 he was elected Archbishop of Braga, and Cardinal-Archbishop of Frascati, Italy, some months later. From 1273-1274 he attended the General Council at Lyons. Probably he was in Paris at the University for a short time in 1274. In 1276 he was elected Pope John XXI. In 1277 he died due to a fatal accident.

Peter of Spain's works include the two famous works on logic, the *Tractatus* and *Syncategoreumata*, a great many works on medicine (among which supposedly the famous *Thesaurus pauperum*), commentaries on a number of Aristotle's works, and commentaries on pseudo-Dionysius the Areopagite.

1.3 About the edition

The present edition is a provisional semi-critical one for which the following manuscripts (most of which are described by De Rijk in his introduction to the *Tractatus*) were used:

T Tarragona (Spain), *Biblioteca del Palacio Arzobispal*, cod. 2 (= cod. 85) is a parchment manuscript that contains fifty folios of two columns each that measure 205 140 mm. It includes the *Tractatus* (ff. 1ra-25ra) and the *Syncategoreumata* (ff. 25rb-50ra). The *incipit* of the *Tractatus* reads:

> "Incipiunt tractatus magistri Petri Ispani. Dialetica est ars artium ad omnium methodorum principia viam habens."

The *Syncategoreumata* end as follows:

---

[15] See De Rijk's introduction to his edition of the *Tractatus*, pp. XXIV-XLIII.

"Si autem aliquis in istis voluerit esse peritus, oportet eum frequenter exercitari in huiusmodis*(!)* sillogismis."

R Vatican Library (*Biblioteca Apostolica Vaticana*), *Reg. Lat.* 1731 is a parchment codex dating from the first half of the thirteenth century. It measures 195 144 mm. (written surface 117 94 mm.) and consists of 80 folios that contain two columns of 42 lines each (except the first two folios which each have 44 lines). The manuscript displays a few marginal notes and corrections mostly in a contemporaneous handwriting. The manuscript contains both the *Tractatus* (ff. 1ra-29va) and the *Syncategoreumata* (ff. 29va-55rb). The latter have the following *explicit*:

"Expliciunt sincathegoreumata magistri Petri Hyspani."

The folios f. 55vb, 56r and part of f. 56va contain a few logical notes apparently written in the same handwriting as the preceding texts. What is left of 56v contains logical notes as well, written in a somewhat later handwriting. Folios 67rff. are written in a fourteenth-century hand; they contain the *Tractatus de sphera* by John of Sacrobosco.

H Milan, *Biblioteca Ambrosiana*, *H. 64 Inf.*, is a parchment codex. It consists of 100 folios that each measure 200 147 mm. (written surface 121 97 mm.) and is written in two different hands: ff. f1r-96va are written in a handwriting dating from the second half of the thirteenth century and ff. 96va-99rb in a handwriting from the first quarter of the fourteenth century (except for a few stray notes on ff. 99v and 100r). The folios up to 99r each contain two columns of 37 lines each. Folios 1ra-49vb contain the *Tractatus* with the ending:

"Et hec de distributionibus dicta sufficiant. DEO GRACIAS: AMEN:"

The subsequent folios have the *Syncategoreumata* which start off without any title:

"Ab eo quod res est vel non est dicitur oratio vera vel falsa."

The *explicit* reads:

"Expliciunt SINCATHEGREUMATA*(!)* MAGISTRI PETRI YSPANI: DEO GRACIAS: AMEN: AMEN: AMEN"

The remainder of the manuscript covers a number of subjects, *viz.* a *libellus senece*, some stray notes on logic and an *Exemplum de sponsalibus*.

E Ivrea (in Piemont, Italy) *Biblioteca Capitolare*, cod. 79 is a parchment manuscript, dating from approximately the end of the thirteenth century. It consists of 189 folios that measure 256 175 mm. and contain one column of 28 lines in the middle. The manuscript does not have folio-numbers, numbered f. 1, and the subsequent four pages numbered a, b, c, and d. Folio 98, the first page of the *Syncategoreumata*, is missing, and, furthermore, the whole manuscript is damaged in some places. The codex contains a complete version of the *Tractatus* as well as nearly all of the *Syncategoreumata*.

C Cordoba (Spain), *Biblioteca del Excellentissimo Cabildo*, cod. 158 (formerly cod. 318) is a manuscript that contains two different parts. It does not have folio-numbers. Part I (ff. 1r-29v) has Boethius' *De syllogismis categoricis* in a twelfth-century handwriting. Part II (ff. 30r-110v) contains Peter of Spain's *Tractatus* (30ra-72vb) and *Syncategoreumata* (73ra-110vb) almost entirely written in one handwriting dating from the second half of the thirteenth century, except for part of f. 36r and all of f. 36v, each written in a somewhat later handwriting. The second part of the manuscript measures 235 180 mm. (writing surface 165 12o mm.) and contains two columns of 29 lines each on every page. On the top and in the margins of the pages we find notes written in a contemporaneous handwriting. On ff. 72vb-73ra we find an *explicit* of the *Tractatus*:

> ". . . et ita cum ex infinito appositione inferatur infinitum simpliciter, peccat secundum quid et simpliciter in qualibet probatione. INCIPIUNT SINCATHAGA-[*73r*]REUMATA*(!)*."

The *Syncategoreumata* have the *explicit* (110vb):

> "Expliciunt sinca^{ta} magistri petri hispani. Laus tibi sit X^{te} quoniam liber explicit iste. Hic liber est scriptus. Qui scripsit sit benedictus."

The folios 112ra-126vb have an incomplete gloss on the *Tractatus*.

P Prague (*Cap. Metrop.* 1380, M 27) is a membrane manuscript dating from the second half of the thirteenth century. It consists of 90 folios that measure 188 142 mm., with a flyleaf at the beginning from the twelfth century missal. The manuscript contains both the *Tractatus* (ff. 1ra-45ra) and the *Syncategoreumata* (ff. 51ra-90vb). On f. 45ra we find the *explicit*:

> "Et hec de relativis dicta sufficiant"

followed by the line

> "Et ista de relativis dicta sufficiant."

On ff. 45ra-50vb we find part of John le Page's *Appellationes* with the following *incipit*:

> "Secundum duas dispositiones terminorum inest terminis duplex proprietas sive duplex dispositio."

On f. 51ra we find the beginning of the *Syncategoreumata* by Peter of Spain. The manuscript has the following *explicit*:

> "Expliciunt sincathegoreumata magistri petri yspani. Quam scripsit Willelmus."

Unfortunately it was not possible to completely use two other older manuscripts that contain the *Syncategoreumata*, *viz.* Naples and Prague, yet the manuscripts this edition is based on may be considered a reliable *fons*. We have used the manuscripts De Rijk has also employed for his edition of the *Tractatus* and have additionally consulted the Naples and Prague manuscripts that were not available until quite recently. Like in the *Tractatus* the manuscripts used are early versions of the text. De Rijk has argued that most of the later manuscripts contain quite a number of interpolations and supposed corrections, and therefore must be dismissed as unreliable sources for the original document.

The present edition has been established in such a way that it should be easy for the reader to follow Peter's line of reasoning: titles have been added in italics to mark off the beginning of a new subject-matter and numbers have been supplied for reference.

1.4 About the translation

It might come as a surprise to present a translation of one of Peter of Spain's works that have already been translated, by Mullally and Houde, as early as in 1964. Unfortunately, however, the translator has based his text on two Cologne editions, of which one dates from 1489 and the other from 1494.[16] As De Rijk has argued in his introduction to the *Tractatus*, to follow later texts and editions is not a very wise course of action if it is the contents of the original document one is interested in. As will appear, the text established by Mullally and the present one are completely different from each other.[17] I shall mention only a few examples taken from the section on composition:

- in Mullally, p. 19, mention is made of the composition of a substance with an accidental quality as differentiated from the composition of a substance with an essential quality; in our text no such distinction has been made;
- on p. 20 of Mullally's translation, the second paragraph deals with different types of composition that exist in a proposition, a discussion totally absent in our text;
- on p. 21 of Mullally's translation, we find Peter of Spain mention a sentence in which 'is' occurs on its own, as in 'Socrates is', and is called the substantive verb; in our text no mention is made of such an example, nor is 'is' ever referred to as the 'substantive verb';
- on the same page Mullally has Peter speak of "the composition of a compound perfect proposition . . . constructed of many simple propositions," and he continues with the remark that "each of these compositions, namely of a simple perfect proposition and of a compound perfect composition, has to be determined through a negating negation"; once again no such comments are found in our edition.

Thus many topics mentioned in Mullally's translation are not found in the text established here. On the other hand, Mullally's version of the text is a lot shorter than ours on the subject of

---

16 See Mullally and Houde transl. [1964], pp. 7-8.

17 See Braakhuis [1977], p. 122, n. 33 and cf. Kretzmann [1982], p. 216, n. 20.

composition. (In fact it comprises no more than three and a half pages of a total of one hundred.) There are no details concerning the noun and verb as regards their respective composition, nothing is found on the relationship between *inclinatio* and *compositio*, a topic extensively dealt with in the original version of the text and, finally, there is no discussion on the subject whether a composition expressed by the verb 'is' implies *being* or not.

Despite these shortcomings of Mullally's text in the sense that it really is not based on a reliable source as far as the original document is concerned, Mullally's translation, one might say, could nevertheless benignantly be considered a first introduction at least to the logic of Peter of Spain. However, even if that were to be the only objective of the translation under discussion, it still has a number of serious disadvantages. First of all, no attempt has been made to divide the work into chapters, which makes it awfully difficult for a reader to sort out the information it contains. Secondly, no indexes have been added, a serious flaw for a work that is meant to serve as a guide for a student of Mediaeval philosophy. Again, the translation itself quite often demonstrates a lack of understanding the subjects presented in them which is displayed in the uncritical way of rendering the text. A few examples may suffice here:

- in the last paragraph of p. 17 the nature of composition comes up as "the union of act and potency". This state of affairs is then explained by the observation that "every composition requires act and potency, and along with this a union of these two. It is absolutely obscure what this is supposed to mean. At least an attempt could have been made to explain things in a footnote;
- immediately following the lines just mentioned we find Peter saying that compositions ". . . however, are real or logical". Obviously 'however' in this sentence is the rendering of 'vero' or 'autem', a translation that does not make any sense here;
- on p. 20 the reasoning expressed in the following sentence is bound to escape any reader: "A verb signifies an act or movement in the manner of going out of a substance in the case of action or in the manner of going into a substance in the case of passion [*sic!*], by virtue of which [*sic!*] it signifies in a mode predicable [*sic!*] of another and it implies an act in the mode of being distinct from an exterior substance and for this reason it implies [*sic!*] the composition which belongs to a proposition"; - as to the translation in general, we often come across the expression 'but' as the translation of '*sed*'. Normally '*sed*' does mean 'but' (or 'however'), but it is ridiculous to use this translation in the rendering of syllogistic arguments, in which '*sed*' is often used only to introduce the second premiss (the minor).

In the present translation an attempt has been made to stick to the Latin text as closely as possible, that is to say, the translation is not intended as an interpretative one. The numbers and titles inserted in the English text correspond with the ones used in the edition. For technical reasons the references have been entered in the translation instead of the Latin text. In order to facilitate reading of the text a short glossary has been made of some expressions that might cause problems.

1.5 Glossary

composition : all occurrences of '*compositio*' are translated as 'composition'. We can distinguish between (a) composition as referring to a composite thing, (b) composition as the (mental or linguistic) act of combining (in connections with accounts of 'is') and (c) as referring to the product of such an act of combining;

fallacies : '*secundum consequens*' = the fallacy that derives from the erroneous opinion that a conditional (*consequentia*) can be converted when in fact it cannot; for example, 'If it is a man, it is an animal; therefore if it is an animal, it is man' (for Peter's discussion of this fallacy see *Tractatus* VII, pp. 169(9)-173(26));

fallacy of division = the fallacy that derives from the situation that a certain word in a proposition might be taken to concern either one word in that proposition or the entire proposition; the proposition in question can then be taken in the 'compounded' or the 'divided' sense. These two interpretations are often possible when a proposition contains a modal term; *e.g.* the sentence 'When you are sitting you are sitting necessarily' can be taken in the divided sense, and thus it means 'When you are sitting it is necessary that you are sitting' ('necessarily' determines the term 'sitting'), or in the compounded sense, and thus it means 'It is necessary that when you are sitting you are sitting' ('necessarily' determines the entire proposition). The fallacy of division is the mistake of taking a sentence in the divided sense when in fact it can only be taken in the compounded sense (for Peter's discussion of this fallacy see *Tractatus* VII, pp. 125(21)-126(32).

'*secundum quid et simpliciter*' = the fallacy that occurs when one uses a term absolutely in one premiss, and in a different (relative) sense in another (for Peter's discussion of this fallacy see *Tractatus* VII, pp. 157(12)-161(24));

inclination : '*inclinatio*' is a technical term used to describe a certain feature of the composition found both in the noun and verb: in this sense it is used to label the 'natural' tendency the quality (of a noun) or the act (of a verb) has towards the substance it belongs to. The inclination of the quality of the noun and of the act of the verb are not identical: the quality is always signified as united with a substance, whereas the act is signified as taken apart from it. The term 'inclination' suggests a psychological phenomenon, but insofar as it is taken in this first sense, *i.e.* as the 'natural inclination', it should not be understood that way. The term 'inclination' in this connection (inclination_1 for the verb) is merely used to express that a quality and an act do not have being outside a substance;

loci : assumptions on which inferences can be based:

locus a causa = the relationship of a cause to its effect (for Peter's discussion of this *locus* see *Tractatus* V, pp. 67(5)-69(10);

locus ab effectu = the relationship of an effect to its cause (for Peter's discussion of this *locus* see *Tractatus* V, pp. 67(5)-69(10);

locus a genere = the relationship of a universal whole or genus to its part or species (for Peter's discussion of this *locus* see *Tractatus* V, p. 63(13-21);

locus a toto in quantitate = relationship of a whole to its part;

modus : 'mode' in *modus significandi* and 'mood' in *modus verbi*;

proposition : this word is not used in the modern sense but rather in a similar way as the Latin *'propositio'*, an ambiguous word in that it can refer either to the content of a sentence or to its linguistic expression;

quia : after verbs such as 'it is argued' (*arguitur*) or 'it is proved' (*probatur*) it is used to introduce a certain argument and thus needs only to be rendered ':';

ratio : in *'ratio vel principium intelligendi/videndi'* it is translated as 'rationale'; it is the very formal feature of something that makes this thing to be precisely what it is. This explanation is used in connection with an account of the quality of a noun, that is, the essential nature expressed by a noun (*forma*);

res : 'thing' or *pragma*; the translation depends on the context. In Peter of Spain's opening line it is translated 'thing' because in connection with the subsequent lines it cannot be rendered as *pragma*.

CHAPTER II PETER OF SPAIN ON COMPOSITION

2.1 Introduction

Peter of Spain introduces the subject of syncategorematic words by presenting Aristotle's definition of truth: "It is because the thing <involved> is or is not that a proposition is said to be true or false."[1] Such an opening suggests that he is particularly interested in the relationship between language and its function of expressing truths. His focus on syncategorematic words in this connection is then further explained by his contention that the truth and falsity of a proposition partly depend on the syncategorematic words used in them. Moreover, if he is to accept Aristotle's definition of truth (which of course he does) then there must be some way in which syncategorematic words are related to the 'things <involved>'. In the first chapter of his treatise Peter of Spain explores this relationship. He starts from the assumption that syncategorematic words must signify something or other.[2]

Now the fact that syncategorematic words should have some sort of meaning is not at all surprising. Most Mediaevals would be inclined to agree on that score, for if they were to have no meaning whatsoever, it would be impossible to distinguish any one syncategorematic word from another one.[3] However, the question is whether they have a meaning in the same way as nouns and verbs, the categorematic words, do.

Peter of Spain recognizes the difficulty: nouns and verbs are certainly different from the *syncategoreumata* as regards their signification. Both types of words mean things, so he explains, but one must make a distinction between certain types of things. First of all there are the things that can be referred to by nouns and verbs, *i.e.* individuals and universal natures; secondly there are the dispositions of the things that are referred to by nouns and verbs. These two types of things can also be described syntactically: the first type are things that can function as a subject or predicate within a proposition, that is, they are things we can say things of or things we can say of other things; examples of this kind are men, triangles, or eclipses.[4] The second type of things, the dispositions, are of a somewhat different nature.

In the *Tractatus* Peter defines 'disposition' as a species of the genus *quality*. A quality is that after which we are called a 'what' (*quale*). For example, we are called 'white' after whiteness, or

---

1 Aristotle, *Categories*, 4a22-b16. (See J.L. Ackrill, *Aristotle's Categories and De Interpretatione*, Oxford, 1979 (1963[1]); pp. 11-12.)

2 See Peter of Spain, *On Composition and Negation* (hereafter cited as *PSCN*), 0,1.

3 See Braakhuis [1979], Vol. I, *passim*.

4 See *PSCN*, 0,2.

'just' after justice.[5] A disposition is a certain type of quality which can easily undergo change; Peter presents examples such as warmth, cold, health and illness.[6]

In the *Syncategoreumata* Peter comes up with yet another distinction, *viz.* that between different types of dispositions. He once again makes use of grammatical descriptions. The first type of dispositions includes the ones that belong to the subject or predicate, like the example 'A white man runs well' (*homo albus currit bene*). The dispositions 'white' and 'well' are part of the subject- and predicate expression respectively.[7] It is easy to see that these dispositions are of the type mentioned above: they are expressed by adjectives and adverbs. The dispositions of the type Peter is concerned with, however, do not belong to the subject or predicate as such. Instead they are dispositions of the subject as related to the predicate and of the predicate as related to the subject. The words used for this kind of dispositions are the syncategorematic words.[8]

Although Peter started off his account in a way that suggested that there is a relationship between syncategorematic words and the things in the outside world, it is as yet not explained what this connection might be. In other words, we have no idea of what the syncategorematic words signify.

Peter argues that in order to decide whether a proposition is true or false we must turn to the content of the proposition; we must check whether the 'thing <involved>' (*res*; that is, not so much something like a horse or a tree, but rather the state of affairs expressed by the proposition in question, thus rather like a horse or a tree *somehow qualified*) *is* or *is not*. Now the truth and falsity of propositions (partly) depend on the syncategorematic words. This means that in some way these words must signify states of affairs. Just as the state of affairs is a 'segment' of reality, in the same way the syncategorematic words must somehow encircle 'reality'; we might be able to say that *syncategoreumata* express certain modes of being.

Of one thing we may be certain at this point: Peter's account of the *syncategoreumata* is not entirely grammatical, for in his description of these terms he often uses the word '*significatio*'.[9] In the *Tractatus* Peter presents the following definition of *significatio*: the signification of a word is ". . . the representation of a thing by a conventional word" (*rei per vocem secundum placitum representatio*).[10] He is definitely consistent in identifying the signification of the syncategorematic words with some 'thing' or other, but as yet we have no means to discover what kind of thing he

---

5 L.M. de Rijk ed., *Peter of Spain Tractatus Called Afterwards Summule Logicales* (herafter cited as *Tractatus*), Assen, 1972; III, p. 36(6-8).

6 *Ibid.*, p. 36(15-16).

7 *PSCN*, 0,2.

8 *Ibid.*.

9 See e.g. *PSCN*, 0,2 and 0,3.

10 *Tractatus*, VI, p. 79(11-12).

has in mind. Throughout his work Peter of Spain uses the more appropriate term *'consignificatio'* to describe the meaning of syncategorematic words.[11] Indeed in the *Tractatus* Peter explains how we are to understand the expression 'to signify some "thing"' in connection with the distributive sign *'omnis'* ('all' or 'every'):[12] words such as *'omnis'*, the author says, "arrange the subject in relation to the predicate" (*disponunt enim subiectum in comparatione ad predicatum*).[13] The expression 'arrange' (*disponunt*) clearly suggests a functional analysis rather than a semantic one. In any case, considering the analogy between words such as *'omnis'* and syncategorematic words, we should not take the distinction between *'significatio'* and *'consignificatio'* in connection with syncategorematic words too seriously. Obviously the former is often used in a broad sense, covering both the strict sense as the meaning of nouns and verbs as well as the *'consignificatio'* of syncategorematic words.

To sum up: Peter believes that in some way there is a relationship between syncategorematic words and the things we talk about. However, it remains to be seen what the nature of this connection is. Peter does not give us a clear explanation in the first paragraphs of his treatise, but his ideas will become more lucid as we follow his discussion of the syncategorematic words themselves.

2.2 The importance of the copula and the negation

Before going into a detailed discussion on the words 'is' (*est*) and 'not' (*non*) Peter explains why he considers them to be the most important ones, or at least why they should be dealt with first. He tells us that the copula and the negation, in that order, are understood in all other syncategorematic words *'per se'*.

2.21 On the notion of 'dici per se'

In the *Posterior Analytics*, I,4 Aristotle examines the requirements propositions are to meet in order to qualify for the status of demonstrative premisses. He argues that demonstrative reasoning amounts to deduction from what is necessary (73a21-27).

In order to establish the precise meaning of 'necessary' in this connection Aristotle introduces a

---

11 See e.g. *PSCN*, 0,12 and *passim*.

12 *Tractatus* XII, p. 211(3-4). Incidentally, unlike some other authors, Peter of Spain does not go into the meaning of *'omnis'* in the *Syncategoreumata*.

13 *Ibid.*, p. 212(10-11).

distinction between *de omni*, *per se* (*kath' hauto*) and what he calls *'kath' holou*. For our purposes a discussion of the second requirement will suffice.[14]

According to Aristotle in order for a syllogism to be a demonstrative one it is required that the relationship between the subject- and predicate terms be *per se*. What this requirement amounts to is described in *Posterior Analytics* I,4, 73a34-b16:

> "*Per se* attributes are (1) such as belong to their subject-substrate as elements in its essential nature (*e.g.* line thus belongs to triangle, point to line; for the very being or 'substance' of triangle and line is composed of these elements, which accordingly are contained in the formulae defining triangle and line); (2) such that, while they belong to certain subject-substrates, the subject-substrates to which they belong are contained in the attribute's own defining formula. Thus straight and curved belong to line, odd and even, prime and compound, square and oblong, to number; and also the formula defining any one of these attributes contains its subject-substrate, *e.g.* line or number, as the case may be.
>
> Extending the classification to all other attributes, I distinguish those that answer the above description as belonging *per se* to their respective subject-substrates; whereas attributes related in neither of these ways to their subject-substrates I call accidents or 'coincidents'; *e.g.* musical or white is a 'coincident' of animal.
>
> Further (a) that is *per se* which is not said of a subject-substrate other than itself: *e.g.* 'the walking <thing>' walks and 'the white <thing>' is white while being something else besides. Things, then, not said of a subject-substrate I call *per se*; things said of a subject-substrate I call 'coincidental'.
>
> In another sense again (b) a thing consequentially connected with anything is *per se*; one not so connected is 'coincidental'. An example of the latter is 'While he was walking it lightened': the lightning was not due to his walking; it was, we should say, a coincidence. If, on the other hand, there is a consequential connection, the attribute is *per se*; *e.g.* if a beast dies when its throat is being cut, then its being killed is *per se* connected with the cutting, because the cutting was the cause of the being killed, not the being killed a 'coincident' of the cutting."[15]

Let us see, now, in what way Thomas Aquinas, one of Peter's contemporaries, comments on Aristotle's exposition in his commentary on the *Posterior Analytics*.[16] He describes the different modes of *dici per se*. The first mode of *per se* attribution occurs when that which is attributed to something pertains to its form. Now since the definition of something signifies its form and essence, the first mode of *per se* occurs when a definition is said of something, or something is placed in this definition. This, according to Aquinas, is what Aristotle means when he says that "*per se* attributes are such as belong to their subject as elements in its essential nature" (*per se sunt quaecumque sunt in eo quod quid est, idest in definitione indicante quid est*). For example, *line*

---

[14] See for a more detailed discusion on Aristotle's theory of demonstration De Rijk [forthcoming:a] and [forthcoming:b]. For the meaning of *'kath' hauto*', see also De Rijk [1980] and Van Rijen [1989], pp. 137ff..

[15] For the translation I have leaned heavily on the translation by G.R. Mure of Aristotle's *Posterior Analytics* in Volume I of the series *The Works of Aristotle* translated into English under the editorship of W.D. Ross; Oxford, 1928.

[16] *In Aristotilis Libros Perihermeneias et Posteriorum Analyticorum Expositio*, ed. Marietti; pp. 179-81.

is placed in the definition of *triangle* and *point* in the definition of *line*; therefore line is in triangle *per se* and point is in line *per se*. We are not, however, to think of something inhering in something else *per se* when the former is part of the latter's matter, just as semicircle does not belong to the definition of circle, nor finger to the definition of man. In the latter examples we are merely dealing with material elements or parts.[17]

The second mode of *per se*, Aquinas continues, has to do with the relation of material cause insofar as that to which something is assigned is its proper matter or proper subject-substrate. For it is necessary that the proper subject-substrate is placed in the definition of the accident.[18] Examples of this kind are 'the odd <thing>' (*impar*)[19] defined as a *number* divisible by two, or 'the straight <thing>'(*rectum*) defined as a *line* of some sort.[20]

The third way concerns the use of what later were called (*e.g.* by Ockham)[21] 'absolute terms', terms that *per se* and principally signify some particular thing, in contradistinction with terms that principally signify ('connote') some property while denoting the thing (subject-substrate) that possesses that property. According to this account of *per se*, terms like 'the walking <thing>' (*ambulans*) and 'the white <thing>' (*album*) are not *per se* attributes, because they include something else apart from their proper significate, namely the subjects of walking and whiteness

---

17 *Ibid.*, p. 180, 84:
"Primus ergo modus dicendi *per se* est quando id quod attribuitur alicui, pertinet ad formam eius. Et quia definitio significat formam et essentiam rei, primus modus eius quod est *per se* est quando praedicatur de aliquo definitio vel aliquid in definitione positum (et hoc est quod dicit quod *per se* sunt quaecumque insunt in eo quod quid est, idest in definitione indicante quid est) . . .. Et hoc dicendum ad excludendum ea quae sunt partes materiae et non speciei, quae non ponuntur in definitione, sicut semicirculus non ponitur in definitione circuli nec digitus in definitione hominis . . .."

18 *Ibid.*, 85:
"Secundus modus dicendi *per se* est quando haec praepositio 'per' designat habitudinem causae materialis, prout scilicet id cui aliquid attribuitur est propria materia et proprium subiectum ipsius."

19 Most unfortunately unlike Greek and Latin (as well as Dutch and German) the English language has to make use of such 'tiresome make-weights' (Guthrie) as 'thing', 'element', 'factor', etc.. It is of paramount importance to keep in mind that the Greek and Latin language have the phrase 'the odd' (cf. in Dutch 'het onevene') which, although it does not explicitly express the subject-substrate, nevertheless most definitely includes it. See De Rijk [1986:b], p. 233 n. 26 and p. 263, n. 13.

20 *In Posteriorum Analyticorum*, p. 180, 85:
". . ., sicut rectum et circulare insunt lineae *per se*: nam linea ponitur in definitione eorum. Et eadem ratione par et impar *per se* insunt numero, quia numerus in eorum definitione ponitur . . .."

21 *Summa Logicae*, I,10.

respectively. Contrariwise, an expression such as 'Socrates' (or 'this man', we may add) precisely signifies its significate, without another, different, connotation.[22]

The fourth and final mode of *per se* attribution has to do with the *per se* relationship something has with its efficient cause: for example, when I say that what was killed died, the relationship between the killing and the dying is a relationship *per se* as opposed to an accidental (or coincidental) one.[23]

So much for Thomas' explanation of Aristotle's distinction between the different modes of *per se* attribution.

2.22 *Interpretation of* Posterior Analytics *I,4*

In his thesis on Aristotle's conception of modality Van Rijen points out that the interpretation of *Posterior Analytics* I,4 has raised numerous difficulties for Aristotle's commentators. Van Rijen explores the different accounts of the discussion presented above and attempts to establish the precise meaning of Aristotle's requirement of *per se* attribution within the context of scientific demonstration. In his discussion Van Rijen focuses on the relationship between the notions of 'permanency' and 'necessity' as brought forward in the text in question in comparison with what Aristotle has to say on this subject elsewhere; for in *Posterior Analytics* I,4 Aristotle seems to deny what he said elsewhere, namely that 'what is always the case is of necessity the case'. Now before accusing him of inconsistency, Van Rijen continues, one should closely examine the exact meaning of his contentions in this text.[24]

The generally accepted view as to what type of things may be said *per se* of their subjects in the first way is that they include their genera, species and specific differences, whereas it is commonly assumed that *propria* may be said of their subjects in the second way of *per se*. Thus *per*

---

[22] *In Posteriorum Analyticorum*, p. 181, 87:
"Deinde . . . ponit alium modum eius quod est *per se* prout *per se* significat aliquid solitarium, sicut dicitur quod *per se* est aliquid particulare quod est in genere substantiae, quod non praedicatur de aliquo subiecto. Et huius ratio est, quia cum dico ambulans vel album, non significo ambulans vel album quasi aliquid *per se* solitarium existens, cum intelligatur aliquid aliud esse quod sit ambulans vel album. Sed in his quae significant hoc aliquid, scilicet in primis substantiis, hoc non contingit. Cum enim dicitur Socrates vel Plato, non intelligitur quod sit aliquid alterum quam id quod vere ipsa sunt, quod scilicet sit subiectum eorum."
The conclusion of Thomas' account is rather obscure, for he considers this mode of *per se* to be a mode of existence rather than a mode of predication (or attribution); *Ibid.*:
"Sciendum est autem quod iste modus non est modus praedicandi, sed modus existendi."

[23] *Ibid.*, 88:
"Deinde . . . ponit quartum modum secundum quod haec praepositio 'per' designat habitudinem causae efficientis vel cuiuscumque alterius. Et ideo dicit quod quidquid inest unicuique propter seipsum, per se dicitur de eo; quod vero non propter seipsum inest alicui, per accidens dicitur . . .."

[24] Van Rijen [1989], pp. 132ff..

se attributes seem to be materially equivalent to attributes belonging of necessity, whereas the *de omni* attributes cannot be identified as such. The concept of necessity connected with *dicere per se* is thus traditionally regarded as based on reality in such a way that *per se* attribution pertains to the essence of something whereas material aspects of that thing do not have any part in that type of attribution.

Now the main problem as regards the distinction between *dicere per se* and *dicere de omni* concerns the foundations of these attributes. On the one hand Aristotle claims that what is always the case is of necessity the case, but on the other hand he also admits that if something is the case by nature, this does not mean that it is therefore always necessarily the case. The problem has often been dealt with by saying that nature involves both matter and form, and so nature on the whole provides the basis for ascribing permanent attributes, whereas *per se* attribution pertains to a thing's essence only.

Van Rijen next goes into Aristotle's notion of matter and definition in order to establish in what way permanency has to do with matter and if and in what way matter can be said to form part of a thing's essence. The crucial question for that matter concerns what type of attributes are to be considered *per se* attributes and what type are not. The answer Van Rijen comes up with here is that *per se* attribution has to do with naming. In other words, the criterion for deciding whether an attribute is *per se* or *per accidens* is the name that is used to introduce the subject under discusssion.

In order to understand the point Van Rijen makes we may also look at what De Rijk has to say on relatives in his article on Aristotle's *Categories*.[25] (Incidentally, Van Rijen also refers to this article when discussing Aristotle's notion of abstraction.)[26] De Rijk argues in his article that Aristotle understands the categories as classes of names rather than as predicates or things as such. So the category of relatives, for example, is a class of names that each have correlates that reciprocate; therefore in order to indicate the reciprocal relationship between two entities one should introduce them by using the correct name. The reciprocal relationship between a master A and a slave B, for example, becomes apparent only if one chooses to call A a 'master'; such an indication is absent if you choose to call A by another name, 'man' for instance.

The naming-procedure that is at the basis of the distinction between different categories is also of importance in connection with the notion of *dicere per se*. I shall sum up Van Rijen's conclusions on the issue:

1. if an attribute *A* is always possessed by all things of a certain kind *K*, then these things possess *A* in virtue of their essence or nature;

---

25 De Rijk [1980:a].

26 Van Rijen [1989], pp. 162ff..

2. whether an attribute belongs accidentally or not accidentally to a certain thing depends on how the thing in question is named;

3. if an attribute *A* is always found present with things of kind *K*, and *A* is an attribute that has things as named by '*K*' as its proper subject-substrates, then the being *A* of things that are *K* is a consequence of the essence or nature of the things as named by '*K*';

4. the assumption that something as named by '*K*' does not possess an attribute that follows from its being *K* is an impossibility; therefore

5. if an attribute *A* always belongs to all things that are *K* as named by '*K*', it belongs to them as named by '*K*' not accidentally but necessarily.[27]

What Aristotle stresses in his theory of demonstration is that it is compulsory to bring up one's subject in terms of *per se* attributes.

The way in which Van Rijen has analysed the notion of *dici per se* helps to clear up a misunderstanding one might have as regards *per se* attribution: essences in the sense of essential natures as such are not necessarily the basis for saying that something belongs to something else '*per se*'. To realize this is important for us because to explain something as belonging to something else *per se* in terms of the former's being an essential property of the latter would make it difficult to see that the words 'is' and 'not' belong *per se* to all other syncategorematic words. When speaking of something belonging *per se* to something else there is always question of an *expression*. It is not *things* that are under discussion, but rather names or expressions that name things. In the case of syncategorematic words, it is not even really things they apply to, and yet an author like Peter of Spain claims that 'is' and 'not' belong *per se* to all other syncategorematic words.

As to Aristotle's notion of *dicere per se*, Peter interprets it in much the same way as Aquinas. The relationship between 'is' and 'not' and all other syncategorematic terms amounts to the first mode of *dicere per se*. In other words, 'is' and 'not' are both in some way essential constituents of all other syncategorematic words. Thus we have to regard the use of '*dicere per se*' as an expression to indicate that whenever we are dealing with syncategorematic words, the primary ones 'is' and 'not' are always necessarily involved. This would mean that when defining any syncategorematic word, one would always have to make use of the primary ones 'is' and 'not'. Moreover, we cannot understand the meanings of any syncategorematic word without first having grasped the meanings of 'is' and 'not'. Thus 'to be' and 'negation' are in some way *per se* attributes of all other syncategorematic words.

---

27 *Ibid.*, p. 165.

Having dealt with the signification of syncategorematic words in general, Peter announces that he will next pay attention to each one of them separately.[28] Incidentally, Peter does not explain what he means by *'significatio in genere'* as opposed to *'significatio in specie'*, but it is evident that all he intends to say in this connection is that one can consider what all syncategorematic words have in common, and also in what way each of them have their own meaning, that is, one can look at each specific word separately.

We have already mentioned that in our author's view the copula and negation come first.[29] Our author deals with them in that order because negation is completely dependent on affirmation and can only be understood in terms of affirmation. The copula is the sign of something said of something else; it signifies a composition.[30]

2.3 Composition, key notion in the semantics of nouns and verbs

Generally speaking, composition is to be regarded as a relation between *composita*, or rather, *componibilia*.[31] The author also tells us that there are two types of composition: the composition as found in real things (*compositio rerum*) and the composition as found in modes of signifying (*compositio modorum significandi*).[32]

As to the first type of composition, Peter describes how things in the outside world exist. To start with his first example, there is the composition of form with matter as found in man, namely the composition of body and soul. Or we may find in the outside world the composition of an accidental quality with its subject, like in a coloured object, for example.[33]

Contrary to the first type, the second type of composition does not directly concern the ways in which things in the outside world exist. Rather the latter kind is a feature of language. Thus the various kinds of words, *viz.* the noun, verb and participle, each involve a certain type of composition.

2.31 Composition in the outside world

The notion of composition definitely raises problems. In his work on Thomas Aquinas, Klaus Kremer

---

28 *PSCN*, 0,4.

29 See above, 2.2.

30 *PSCN*, 0,11-12.

31 *Ibid.*, 1,1 and 2,47.

32 *Ibid.*, 1,2.

33 *Ibid.*, 3.

pays a great deal of attention to the notion of 'composition' as it features in Aquinas' writings.[34] As his comments are of great value to understand the notion of 'composition' in Peter of Spain's work it will be useful for us to study Kremer's way of dealing with 'composition' in connection with Thomas Aquinas.

Kremer quite rightly remarks that the expression 'composition' usually makes us think of a mixture of elements; for example, when speaking of composition as found in real things, it is suggested that there is some such thing as a substance to which accidents can be added, either at the same time as the substance comes into existence, or even afterwards. Thus the notion of an addition of accidents to substance would imply the possibility of the substance existing in advance, *i.e.* before having been 'mixed' with accidents.

Now in some cases, Kremer says, the identification of composition with a kind of 'mixture' of elements is correct. For example, man is composed of a body and soul and the body is regarded as a preexistent *potentia* into which the soul gains entrance. The composition that results in this case is indeed a third thing (*res tertia*) apart from the two entities it consists of.[35] There are also other cases in which Aquinas speaks of 'composition', but unlike in the first type there is no question of a third thing; in other words, there are cases in which we can only speak of a *ratio composita*. At first glance we might consider this type of composition to be similar to the first one; for instance in 'white man' (*homo albus*) one being ('man') receives or takes up something other than itself ('whiteness'). However, in this case there is no question of a preexistent substance; we can only say in this case that one being, *viz.* a man, has (*habet*) whiteness. Hence when one says that a white man is a composition of man with whiteness this merely means that the individual man partakes in whiteness. Thus in that case it is more proper to think in terms of participation, rather than composition in the first sense: an individual thing participates in a universal form, whether this form be an accidental or substantial one.[36] Finally, in Thomas Aquinas' works we come across the notion of a composition of a substance or essence with being (*esse*). In that case *being* is considered a form not unlike other types of forms, such as whiteness, which merely differs from other forms in that it is the most general form. It is rather difficult to determine what type of composition is involved here. There is no question of a third thing, nor can this composition merely be considered as a *ratio composita*. In fact it is hard to see how we can speak of composition at all. Nevertheless, the way in which someone like Thomas Aquinas expresses himself in this instance definitely brings the composition-outline to mind. Why then is this composition so different from the first two types?

---

[34] See Kremer [1971], pp. 424-38.

[35] *Ibid.*, p. 425.

[36] *Ibid.*, pp. 425-6.

Well, composition in the last sense is very unlike the first two types because first of all, a substance does not possess being in the same way a body possesses a soul and second, a substance does not have being in the same way as it has accidents (because the being a substance has is the substance itself). Indeed, it seems altogether ridiculous to speak of a substance as 'having' being. However, there is a way in which we can say that a substance *has* being: *qua* something that has been created a substance is not identical with being itself. A substance merely has being because it represents being in an imperfect way.[37]

Having come to an end of his discussion on the various types of composition, Kremer concludes that in Thomas' conception of composition two notions have intermingled, *viz.* composition as a mode of possession and composition as a mode of participation.[38]

Like in Aquinas' work, Peter of Spain's introductory remarks on and especially his examples of composition as found in the outside world also reflect this dual mode of composition as either a mode of possession (for example, the body possesses a soul and a line consists of parts) or participation (for example, the composition of colour with body, of faculties with the soul and of specific differences with their genus). The main difference between the two types of composition is that in the case of possession the composition is a third thing apart from the *composita*, whereas in the case of participation, the composition is not a third thing but merely a *ratio composita*. What these *compositiones rerum* have in common is that they can all be identified with *composita* or either really or formally composite things. 'Composition' in this first sense then is always used for a unity and never as a *nomen actionis*.

As to Peter's interest in the notion of composition, in his treatise on syncategorematic words he hardly goes into details as regards composition found in the outside world. Rather he focuses on composition within the framework of semantics, *i.e.* composition as involved in the different modes of signifying. Before explaining the significance of this notion in connection with the syncategorematic words he discusses its role in the semantics of the noun, participle and verb.

2.32 The composition of a substance with a quality

Peter's analysis of the meaning of the noun is quite in line with Mediaeval grammatical theory: the noun signifies a composition of a substance with a quality.[39] The noun 'man' (*homo*), for instance,

---

37 *Ibid.*, p. 426.

38 *Ibid.*.

39 Twelfth-century grammarians took this phrase to mean 'denoting an individual thing and the universal nature (*forma*) in which it participates'. De Rijk remarks that "from the logical point of view there is a certain tension in the semantical field of an appellative noun: on the one hand it denotes an individual thing (*substantia*) . . . this being the proper appellative function of the noun, and on the other it contains the connotation of some universal nature (*forma* or *qualitas*)".

signifies a thing that has humanity, that is, it refers to a specific, *viz.* human, thing.[40] The phraseology 'a thing which has humanity' (*res habens humanitatem*) is perhaps somewhat misleading in that it suggests that Peter has composition as a mode of possession in mind.[41] We shall see, however, that this is not the case.

Peter first dwells on the meaning of the noun 'man'(*homo*), telling us that we should not confuse it with the signification of the noun 'humanity' (*humanitas*). At first glance it is not difficult to see that the significations of the two nouns are not identical, for they certainly do not mean the same: 'man' can refer to an individual human being whereas 'humanity' does not have that capacity. However, this is not the explanation Peter gives as regards the difference between the two. Instead he contends that the quality signified by the noun 'man' is not the same as the one expressed by 'humanity'.[42] But surely in both cases the designated quality is *humanity*? Indeed that is true; nevertheless, the modes of signifying in these two cases are different: in 'man' *humanity* is signified as immanent in matter, whereas in 'humanity' it is not. Hence his claim that there are two different qualities involved here.

Now the quality and substance of every noun are signified by the latter not as separate entities but as theoretical components of one and the same substance. In the example 'man' the substance is signified in the quality of *having-humanity*, or *being-human*, and the quality is signified in its substance, *i.e.* the thing that is qualified as human.In other words, the substance and quality are inseparably united.[43]

The fact that there are two elements involved in the signification of the noun might lead someone to suggest that therefore every noun is equivocal.[44] Peter explains that such an idea is erroneous. In order to do so he sums up the three ways in which a word can be equivocal:

a. when different things are signified equally by one and the same word; (a modern example of a word that is ambiguous in this way would be the noun 'bank' which can refer to the establishment that deals in money, the land along each side of a river and a row of keys);

b. when different things are signified primarily and secondarily respectively, one primarily and the other secondarily; (Peter instances the expression 'the healthy <thing>' (*sanum*));

(See De Rijk [1967], Vol. II, 1, p. 556.) The two aspects within this formula have led to the distinction between supposition and signification respectively and thus played a major role in the development of the theories of supposition featuring in the twelfth and thirteenth centuries.

40 *PSCN*, 1,5.

41 This would mean that an unqualified thing could *be* in itself.

42 *PSCN*, 1,5.

43 *Ibid.*.

44 *Ibid.*, 6.

c. in metaphors.[45] (It is interesting to note that metaphors are considered instances of semantic ambiguity. Modern philosophers would tend to regard them at least partly dependent on contextual factors.[46] In the Middle Ages no distinction was made between semantics and pragmatics, at least not like in modern philosophy.)[47]

In the *Tractatus* Peter gives a slightly different list of the types of equivocation: he also presents three species of equivocation the first two of which are the same as in the *Syncategoreumata*, whereas he gives a third type not mentioned in the latter. The third type occurs from the diverse consignifications of a word. This type of equivocation occurs in a syllogism containing the term 'the invalid' (*laborans*):

Whoever healed is healthy
The invalid healed
Therefore the invalid is healthy.

The minor and the conclusion are ambiguous due to the consignification of the expression 'invalid', a term which can consignify either the present or the past imperfect tense. Thus it can refer to the invalid now (*laborans nunc*) or in the past (*laborans tunc*).[48] As to metaphors, in the *Tractatus* they are mentioned in a separate section on *amphibologia*. However, it is quite clear that in the *Tractatus* as well Peter regards certain types of metaphors as a species of the genus equivocation: he mentions the same example as he used in the *Syncategoreumata* (namely 'to laugh' taken as 'to flower') in a paragraph dealing with the 'modes' common to both equivocation and *amphibologia*. In that paragraph he explains that the notion of 'equivocation' applies to single terms, whereas '*amphibologia*' is used in connection with complex expressions.[49]

Returning to the signification of the noun in general, Peter tells us that it cannot be brought under any of the headings just mentioned. Rather the quality of the noun should be understood as the rationale (*ratio*) or principle of understanding the substance; the substance signified by the noun can only be understood as such- and-such a substance.[50] To illustrate his point Peter

---

45 *Ibid.*, 7.

46 Whether or not metaphors are regarded as part of semantics or pragmatics or even stylistics partly depends on the underlying theory of meaning. For example, if one adopts a theory of meaning regardless of any contextual conditions one will have to produce a separate theory in which all kinds of uses of linguistic expressions can be taken into account. On the other hand, there are other philosophers who base the meanings of different linguistic expressions on the ways in which they are actually used. For more details concerning metaphor, see Lyons [1985 (1977^1)], Vol. II, ch. 14.

47 Cf. Pinborg [1972], pp. 102ff..

48 *Tractatus*, VII, p. 103(20-31).

49 *Ibid.*, p. 109(12-18).

50 *PSCN*, 1,8-9.

compares the signification of a noun with our seeing an object, from which it is once again evident that the two components involved can only be separated formally, but not really.[51]

Besides refusing to consider the two elements involved in the composition of the noun as really separate, Peter also denies that the composition itself is something extra, apart from the substance and quality united in it. Let us consider the arguments he presents regarding the status of the composition found in the noun:

1. If the composition itself is not something then there is no composition of a substance with a quality. Hence the definition of the noun (*i.e.* 'the composition of a substance with a quality') would be incorrect.
2. On the other hand, if the composition *is* something, then it must be something other than the substance and other than the quality. But that would have the awkward consequence that each noun has a threefold signification, *viz.* a substance, a quality *and* the composition of these two.[52]

In these arguments the common assumption is that the composition of a noun is a third thing, apart from the substance and quality.

Peter's solution to these problems proves that he does not adhere to such a conception of 'composition'. In his opinion there is no question of three different things. The noun refers to a concrete thing (a substance) via the quality as the principle of understanding that particular thing. The composition is nothing other than the relationship between the two, a relationship of 'being in' or 'residing in': the quality resides in the substance. The quality is the form of the substance and just as every other 'accident' it only has actual being in the substance whereas in itself it only has potential being. Thus the act of being of the quality consists in its composition (or rather, its being united) with a substance.[53]

The quality of the noun can thus be conceived of in two ways. First it can be considered in itself (*qualitas secundum se*) and secondly as the so-called 'inclined quality' (*qualitas inclinata*), in which case it is considered as actually being. That explains why there are three elements that can be distinguished formally: the quality in itself, the inclined quality and the substance.[54] As to the composition, in reality it is no more than the inclination the quality has towards a substance.[55] In other words, composition in reality equals a thing's actually having an essential quality. So again and again our author stresses that there is absolutely no question of an intermediary thing.

---

51 *Ibid.*, 10.

52 *Ibid.*, 11.

53 *Ibid.*, 12.

54 *Ibid.*, 13.

55 *Ibid.*, 14.

In analogy with the *compositio rerum* as found in natural things, *i.e.* things that are 'composed' of matter and form, the noun as a linguistic expression is said to have a certain mode of signifying: it signifies a composition of a substance with a quality. (In contradistinction with the components of real things (*e.g.* body and soul in man) the components in the signification of the noun are inseparably united.) Like in the former, 'composition' as used for the signification of the noun always refers to a unity and is never employed in the sense of a *nomen actionis* either.[56] One should keep in mind, however, that the *compositio rerum* is on a different level than the *compositio modorum significandi*, although, of course, considering what he says in 1,9-14, it is obvious that he regards language as ultimately concerned with real things, not merely the figments of our imagination: thus, in his opinion, modes of signifying definitely reflect modes of being.

Peter now gradually comes round to discussing the verb.

2.33 Differences between the noun, participle and verb

Before actually announcing that he shall discuss the composition of an act with a substance,[57] our author first touches on a few topics that are meant to bring out the main difference between ways in which nouns, participles and verbs function in human language.

What the verb and participle have in common is that they both signify an act or being acted upon. However, the two types of words have different ways of signifying. In the participle the act (or being acted upon) is signified in a substance, or, to put it differently, the participle signifies a substance under a specific act or being acted upon.[58] The participle and noun are alike in that in the participle the substance is signified as united with the act (or being acted upon)[59] and in the noun the substance is also signified as united, not with an act, but with a quality. There is a difference between the two, however. The noun signifies a qualified substance; *e.g.* 'man' signifies a thing which has humanity. The participle, on the other hand, does not signify a qualified substance, but rather an indefinite substance; 'reading', for instance, signifies '<he> who reads' (*'legens' enim est qui legit*).[60]

While in the participle the act (or being acted upon) is signified as *united* with a substance, in the verb it is always signified as taken apart from a substance. On hearing 'runs' (*currit*), for example, one must understand a subject, whether definite or indefinite, of which the act'runs' is

---

56 Cf. above, the end of 2.31.

57 *PSCN*, 1,19.

58 *Ibid.*, 20.

59 *Ibid.*.

60 *Ibid.*, 21.

said as a predicate of a subject.[61] In the section on negation Peter speaks of an 'internal substance' as distinguished from an 'external substance'; by the 'internal substance' he means the substance understood in the verb itself, whereas the 'external substance' is the subject of a proposition. I can say either 'runs' or 'Socrates runs', for instance, and in both cases the verb itself gives to understand a substance, *viz.* the person or entity that does the running. In the second case the verb is provided with an external substance, 'Socrates', from which 'running' is taken apart.[62]

One may wonder why the distinction between 'as united with' and 'as taken apart from' only features in the signification of an act with a substance and not in that of a substance with a quality. Peter introduces us to an opponent who might suggest that the quality 'whiteness' (*albedo*), for instance, can be signified in the two ways in question: in 'white man' (*homo albus*) it would be signified as united with a substance, whereas in 'A man is white' (*homo est albus*) it would be signified as taken apart from a substance.[63]

In order to explain why the distinction does not feature in the signification of the noun Peter once again comes up with the inclination or tendency. So far we have come across the notion of 'inclination' in connection with the meaning of the noun only.[64] Now Peter tells us that there are two ways in which a composition of an act can be signified, in accordance with the two ways in which one can consider an act. On the one hand, the act can have a certain inclination towards a substance, which is explained as the basis for saying the act about something else: this is the main feature of the verb. The participle, on the other hand, is robbed of this particular inclination.[65]

The notion of 'inclination' in connection with the verb will be explained in greater detail later on (see above, our Ch. I, 1,5 and below, 2.4). However, even without considering the precise meaning of that notion Peter manages to reveal the distinctive feature of the composition of an act with a substance. As we have seen, the verb signifies an act as taken apart from a substance. This means that in the meaning of the verb in itself the substance is not included. Another thirteenth-century author, William of Sherwood, has another way of putting it: in a sentence such as 'Socrates runs' (*Sortes currit*), the composition of the verb is in the intellect as a mode of conceiving (*modus concipiendi*), not as something that is principally understood (*non ut principaliter intellectum*).[66] In

61 *Ibid.*.

62 *Ibid.*, 2,10.

63 *Ibid.*, 1,15.

64 See the beginning of this paragraph.

65 *PSCN*, 1,16.

66 See Nuchelmans [1988], p. 64.

other words, the verb 'runs' does not refer to the substance directly although one always knows that *some* substance is involved (from which the inclination of the act towards a substance is explained). Thus it appears at the outset that the inclination involved in the signification of the verb is to be linked up with a state of mind, so to speak, which is reflected in the main feature of the verb, namely its being the instrument to say one thing about another.[67] And it is only by saying it about something else (brought about by an inclination of the mind) that one can reach a substance.

Thus the signification of the verb does not directly, but only indirectly, include the substance it belongs to. The participle, on the other hand, is such that it does not need the detour of predication to reach its subject, for the participle directly presents it.

To sum up: an act (or being acted upon) can be conceived of in two ways. The first way involves the act as expressed by the verb, in which case the intellect understands the act as inclined towards a substance, but not as united with it. In the participle the act is also understood, but then as united with a substance; the inclination of the act towards the substance has disappeared.[68]

Now if we compare these two different modes of signifying the act with the way in which a quality is signified by a noun, we can see why the distinction between 'as united with' and 'as taken apart from' plays no part in the latter. The act is signified in two ways: via the participle, which can be used as a kind of name for something, and via the verb. The verb does not have this characteristic of a name; instead it can be said *about* something, which means that a substance has yet to be conjoined with it. Finally, the main feature of the noun is to refer directly to something. The quality is always united with the substance.[69] Supposing, for example, that I say 'is running' (or 'runs'), you will immediately ask 'What or who is running?, but if I say 'man', such a question will not occur to you.

The objection against the absence of a distinction between a signification of a quality 'as united with' and 'as taken apart from' in the noun's *modus significandi* brought forward by making a comparison between 'a white man' and 'A man is white' is rejected by Peter as not to the point. He tells us that he was not speaking of accidental qualities when introducing the distinction at issue.[70] What he means to say is that he did not have in mind expressions such as the ones just presented, in which an accident is attributed to a substance, either in one breath (in the first example) or in a statement (in the second). The point is that the distinction reveals a fundamental

---

67 *PSCN*, 1,16.

68 *Ibid.*, 16-17.

69 *Ibid.*, 17.

70 *Ibid.*, 18.

difference between the composition of a substance with a quality and that of an act with a substance: each noun always includes both the substance it refers to as well as the quality after which that substance is named, whereas an act can be signified in two ways, *viz.* as united with or as taken apart from a substance, in the participle and verb respectively. Expressions like the ones brought forward by the opponent are a different matter altogether, and have nothing to do with the distinction at issue.[71]

We may summarize what we have found on the difference between the three types of words as follows:

- the quality of the noun is 'inclined' towards a substance resulting in the signification of the composition of that quality with a substance;
- the act of the participle is 'inclined' towards a substance resulting in the signification of the composition of that act as united with an (indefinite substance);
- the act of the verb is 'inclined' towards a substance resulting in the signification of that act as taken apart from an (indefinite) substance.

Thus the composition as found in the noun is based upon an inclination completing and qualifying a substance; the quality of the noun is signified in and by the substance and *vice versa.* The composition as found in the participle is based upon an inclination uniting the act with an indefinite substance but not *vice versa.* The composition as found in the verb is based upon an inclination which 'causes' the act to be said of a substance as a predicate of a subject; the act is signified as said of a substance. The key notion in his discussion on the distinctive feature of the composition found in each type of word then appears to be 'inclination' (*inclinatio*).

Peter discusses a possible objection to this explanation, namely that essentially the difference between the three types of words is due to the fact that the composition as found in the verb is the bearer of truth and falsity whereas the other two are not. Our author disagrees with such a view, however, for two reasons. In the first place, he tells us, the distinctive feature of the composition as found in the verb as being the bearer of truth and falsity is not a basic one but is a difference 'conceived of *a posteriori*'. Secondly, he continues, the composition found in the verb has the property of being a bearer of truth and falsity only if the verb is of the indicative mood.[72]

The composition found in the verb thus merely has the property of being the bearer of truth and falsity *a posteriori*. We come across the distinction between *a priori* and *a posteriori* in a treatise on grammar written by Radulphus Brito (an author belonging to the Modist tradition, who taught at Paris ca. 1290-1305), *Questions on Priscian*, in a passage where he deals with modes of

---

71 *Ibid.*.

72 *Ibid.*, 24.

signifying. From Brito's explanation it appears that in order to prove *a priori* that there are certain modes of signifying one can consider the type of being of the thing referred to by a certain type of word. In other words, in this case one concentrates on the relationship between a word and the thing signified by that word. As to the *a posteriori* proof, on the other hand, the relationship between a word and the thing it signifies is not all there is to it; instead the word is considered as used within a certain construction.[73] Thus the terms *a priori* and *a posteriori* particularly suggest the difference between regarding the word in itself on the one hand, and thus being able to say, apart from any extra information, that a word has a certain mode of signifying that corresponds with the nature of the thing it refers to; on the other hand we may consider a word according to the way in which it functions in a given context, and in virtue of the different roles a word can play, certain properties can be ascribed to it it does not have when considered as such.

Now Peter of Spain seems to mean something similar as regards his first remark concerning the distinctive feature of the verb. In itself, the composition involved in the verb as such, that is to say, considered apart from the way in which the verb is used in a particular context, has a certain property. Well, the distinctive feature of the composition as found in the verb as such is not that it is the bearer of truth and falsity. One can only say that this composition is the bearer of truth and falsity when considering the verb as used in a certain way.

In itself the fact that a verb is constructed (*i.e.* that it is of a certain mood) does not guarantee that truth or falsity can be ascribed to the composition it expresses, however, for only verbs of the indicative mood express such a composition. Thus the basic distinction between the types of composition as found in the noun, participle and verb are to be accounted for entirely in terms of their respective inclinations.

The comments concerning truth and falsity just presented illustrate that our author does not regard the apophantic element in the composition found in the verb as its most important characteristic. Rather the main feature of the verb, *qua* finite verb, is that it conveys the notion of an act as taken apart from a substance.

Besides the fact that the composition of the verb involves its own 'inclination', there is also another property that sets the verb apart from the noun and participle: the composition involved in the verb is not necessarily signified with both extremes. In order to understand our author's arguments we must first examine a particular passage in *De interpretatione* that deals with the *rhêma*. In *De interpretatione* Aristotle discusses the meaning of, and the logical relationships between, the various types of statement-making utterances. Before coming round to the sentence he deals with its individual constituents first:

---

73 See Pinborg [1972], pp. 114-115.

"When uttered by itself a *rhêma* is a name and signifies something: the speaker arrests his thought and the hearer stops <asking questions>;[74] but it does not yet signify whether it is or not. For not even 'to be' or 'not to be' is a sign of a state of affairs (*pragma*) (nor if you say simply 'being'); for by itself it is nothing, but additionally it signifies some composition which cannot be understood without the components." (3, 16b19-26)

Hermann Weidemann has devoted an entire article to this altogether difficult passage of *De interpretatione*,[75] in which he attempts to solve a major problem that comes up when trying to understand what Aristotle means to say here. The problem concerns the phrase: "for not even 'to be' or 'not to be' is a sign of the *pragma*, nor if you simply say 'being'". (This translation is correct only if one sticks to the phraseology laid down in the manuscripts.) The question that inevitably comes up is how the statement at issue can possibly express a rationale for the claim that no *rhêma* in itself is a sign of the being of a *pragma*? In other words, what precedes this statement (*viz.* "When uttered . . . whether it is or not") seems to be unrelated to what follows.

The solution Weidemann comes up with is based on an alternative reading of the text, namely as found in A. Busse ed., *Ammonius: In Aristotelis* De interpretatione *Commentarius*, Berlin, 1897. According to Weidemann, it is not until 16b23 that Aristotle deals with the verb 'to be'.[76] In defence of his view Weidemann introduces us to the commentator Ammonius, who presents an explanation of Porphyry's reading of the passage 16b22f.: the latter's way of presenting this particular passage, Ammonius tells us, expresses the view that an isolated *rhêma* is not a sign of the being or not being of what it signifies, in other words, that an isolated *rhêma* does not signify that being applies to the *pragma* it indicates nor that being does not apply to it.[77]

If one were to adhere to the interpretation just presented, Weidemann explains, the argument conveyed in this passage could be paraphrased in the following way:

1. When used in isolation a *rhêma* conveys a certain meaning -- to be sure, only as a name --: *explanation*: the person who uses such a word gives to understand something which is understood by the person who hears it. (16b20f.)

2. Whether that which is signified by the *rhêma* *is* or *is not*, in other words, whether the *significatum* of the *rhêma* applies to an object (as its property) or not, that is not something the *rhêma* when used in isolation expresses. (16b21f.) -- *Explanation*: a *rhêma* when used in isolation is not a sign of the being or not being of its *significatum* (the thing it signifies), that is to say, it is not a sign that the *significatum* ('*Sache*') is present or not as a property of some object. (16b22f.)

---

[74] For this passage see De Rijk [1986:a], p. 99 and De Rijk [1986:b], p. 268, n. 26 and p. 296, n. 57.

[75] Weidemann [1982].

[76] *Ibid.*, p. 240.

[77] *Ibid.*, p. 241.

3. This is not even the case when one uses the word 'being' in isolation. (16b23)--*Explanation*: the word 'being' in itself is nothing, that is to say, in isolation it does not signify some 'thing', let alone that a 'thing' is; rather it signifies (in the form of the verbal expression 'is', along with that which the words it is conjoined with signify by themselves) a certain combination of the things signified by themselves with the state of affairs expressed in every sentence, a combination that cannot be understood without the combined things.[78]

If Weidemann's interpretation of 16b19-25 is correct, the passage contains the following line of reasoning. The first statement concerns verbs in isolation which are actually names, *i.e.* they are expressions of 'things' and lack the specific features of a *rhêma* in that they do not signify something as said of something else, nor as something that at some time belongs to something else. The *pragma* spoken of in 16b22 would then have the sense of a *res verbi*, *i.e.* the *significatum* of a *rhêma*, the being of which is not expressed by the *rhêma* in isolation. Thus *pragma* would not have the meaning of 'state of affairs' but rather something as a property of an entity.[79]

Unfortunately it would be beyond the scope of this study to dwell on the precise meaning of the passage 16b19-25. What is important for us is that in this particular passage Aristotle goes into the meaning of the *rhêma* as such without being used in a particular context, Again, he brings up a word as 'is' which in itself does not have a definite meaning at all, but only when used in combination with other words that do have a precise meaning.

To return now to Peter of Spain, the arguments he presents in the following centre upon the assumption that no composition can be thought of without its extremes and that therefore the verb must also signify a composition with both extremes. The first argument is based on the specific function of the verb. What the verb is supposed to do is to unite a subject with a predicate (this is what happens if the verb is of the indicative mood) or a *suppositum* with an *appositum* (if the verb is of another mood). In other words, whatever the verb unites there are always two extremes involved. Why then, it is asked, should the composition found in the verb be implied by just the one extreme instead of by both?[80] In the second argument the noun and participle are parallelled as if both words were to signify their respective composition with both extremes leading to the conclusion that in the verb the situation must be the same.[81] The third argument expresses the core of the difficulty: what makes the verb so different from the noun as regards the relationship between the composition and its extremes?[82] The fundamental question is:

---

78 *Ibid.*, p. 246.

79 *Ibid.*, pp. 247-250. See also below, our Ch. III, 3.2, n. 21.

80 *PSCN*, 1,25.

81 *Ibid.*, 26.

82 *Ibid.*, 27.

why is the noun self-sufficient, so to speak, in signifying the composition as equally related to both extremes as opposed to the verb, which, although it signifies the composition of an act with a substance, does not signify the composition equally with both extremes, but rather with only the one, the act?

The answer our author comes up with clearly illustrates his opinion that the noun and verb each have their own semantic function. As he had done when explaining the signification of a noun,[83] Peter once again compares the composition with seeing an object. The act of seeing, Peter argues, has two relations, that is to say, it can be considered from two different angles. First of all, that activity involves a subject, the person engaged in that activity and secondly, it involves an object, the object seen, or 'that which receives the seeing'. The same can be said of the composition expressed by the verb, namely that it has two 'relations'. The composition involves a subject, the person who does the uniting, and an object, 'that which receives the composition'.[84]

The two elements just mentioned, Peter argues, must be taken into consideration when analysing the composition of the verb. Thus that composition has a twofold relation. In an expression such as 'white man', for instance, there is a composition equally related to both extremes, *viz.* the man and being white. The subject of the composition, the human intellect can disengage the elements of that composition and combine them in a complex expression. Now the only way way in which the components can be united in a complex expression is by means of the verb, not by the noun. That is what is called 'predication', or 'attributing something to something else'.

In order to acquire a thorough understanding of what Peter of Spain considers the specific feature of the verb it is useful to look into the notions of *'onoma'* and *'rhêma'* once again, by presenting an outline of De Rijk's findings in his commentary on Plato's *Sophist.*[85] De Rijk explains that traditionally the noun *'onoma'* stands for a one-word expression, a name which is used to "pick some 'thing' out of the outside world".[86] We might regard this main feature of the *onoma* as its deictic or indicative function; however, it always includes a descriptive element as well. By using the *onoma* 'man', for example, to pick something up out of the outside world, this sonmething is inevitably introduced as some *kind* of thing. We can therefore understand the Mediaeval conception of the noun: a noun is said to signify a substance *with a quality*, that is to say, a substance *of* a certain quality.

Unlike the *onoma*, the *rhêma* (derived from the root *'rhê-'*) does not have this deictic function. Originally *'rhê-'* merely meant 'to say' or 'to speak'. A specific sense of *'rhêma'* which is of

83 See above, 2.32.

84 *PSCN*, 1,28.

85 De Rijk [1986:b], pp. 218-234.

86 *Ibid.*, p. 222.

interest to our purpose is its meaning of 'that which is said of something', that is, a 'qualification', an 'attribute' or a 'determiner'.

Now the criterion for deciding whether a word is an *onoma* or a *rhêma* is to determine which of the two functions it serves: one should decide whether it is meant as an expression to pick out something in the outside world or whether it is used, to put it in Aristotle's words in *De interpretatione*, 'to say something of something else' ('to attribute some property to something').[87] Hence the two words are opposed as regards their different semantic functions. According to De Rijk, the *onoma*'s main feature is entity-referring, whereas for the *rhêma* it is not. For Plato there is no distinction between *onomata* and *rhêmata qua* lexical items. He only knows of *onomata* that include the noun, verb and all other types of modifier. The distinction between the *onomata* and *rhêmata* only comes up when the words are actually used in speech.

The distinction between 'calling up something' and 'attributing something' may also be found in Peter's exposé as regards the different functions of the noun and verb respectively. So what our author wishes to say is that the verb is the '*rhêma*' part of the complex expression: the verb is used to attribute something to something else. By saying 'runs', for instance, I do not call something up from the outside world but I bring an attribute, in this case an act, to your attention. Now an act always belongs to something, one cannot have an act merely by itself. In itself, however, the verb does not reach the entity it belongs to, that is to say, it does not *name* a substance. In general a verb only conveys an act or being acted upon.

Qua signification of an act the verb cannot be said to be the bearer of truth-values. To be sure, it signifies a composition, but that merely means that an act can only be considered as belonging to something else. The opponent who spoke of the verb's composition as being the bearer of truth-values can only have had the *legein*-level[88] in mind, *i.e.* the assertion of that composition as expressed by the verb. At the level of asserting the *rhêma* is indeed of primary importance. In an assertion made up of an *onoma* x and a *rhêma* F, F is attributed to x; to put it differently, something named x has been called up from the outside world to which something else, F, is attributed. It is only at the level of asserting this composition that truth-values come into the picture.

To return to the relationships of the composition found in the verb,[89] we are now in a better position to understand what Peter means when he says that as far as the object of the composition is concerned, the composition is related equally to both extremes, *viz.* the act and the

---

[87] *De interpr.* 3, 16b7. In modern semantics one makes a similar distinction, *viz.* between 'topic' and 'comment', cf. Lyons [1985 (1977^1)], Vol. II, p. 501.

[88] See for the distinction between the *onomazein*- and *legein*-level Nuchelmans [1973], pp. 14-18 and De Rijk [1986:b], pp. 196-202.

[89] *PSCN*, 1,28.

substance that 'possesses' the act. (If we consider a running thing, for example, the two elements of that composition are of equal importance in that the
the running can only occur in something that is doing the running.) However, on the level of combining, *i.e.* when our intellect wishes to unite something with the thing in question (*e.g.* the act of running with the thing it has introduced into the universe of discourse), the only way it can do so is via an expression that signifies an act. In that verb the substance is not given, whereas in a noun, 'man' for instance, a substance (namely the substance that has humanity) is directly signified.

If we now compare what has been said about the composition as found in the noun[90] with Peter's discussion so far on the composition as found in the verb, there is one fundamental difference, In the former, we have said, 'composition' is never used as a *nomen actionis*. The expression 'composition' in connection with the verb, on the other hand, is used in a twofold sense in that there is a distinction between composition as a mental act of combining[91] (and taken in this sense the composition is primarily related to the act), and as the product of this mental operation, *i.e.* the composition or content of any expression that contains a verb (regardless of the mood, as we shall see later).

2.4 Inclination and composition as found in the verb refined

So far Peter has spoken of the signification of the verb only in relation to the signification of the noun and participle. In the following section of his treatise he concentrates on the signification of the verb in particular.[92]

In the section that mainly deals with the verb in particular it will become quite clear that in Peter's view language does not merely convey a reflection of reality. To be sure, we need language to communicate about the world outside, but that is not all there is to it. The words we use somehow 'colour' the ways in which our intellect grasps reality. This 'subjective' feature of language comes up in the distinction our author makes between two types of inclination in connection with the verb.

The different ways of considering the notion of '*inclinatio*' first emerge when Peter deals with the problem whether in the verb the inclination or composition comes first.[93] He is confronted with an argument in favour of the idea that the inclination of an act towards a substance is always present, in virtue of the fact that the being of an act consists in its being in a subject. In other words, even though there might not be an actual composition of the two, there is always the

---

90 See above, 2.32.

91 In this sense the word '*compositio*' has '*divisio*', the mental act of dividing, as its counterpart.

92 *PCSN*, 1,31-56.

93 *Ibid.*, 31.

inclination of the act towards a substance. Hence the inclination precedes the composition of these elements. To this argument Peter responds that the act found in the verb has a twofold inclination towards a substance. The first inclination Peter speaks of (from now on referred to as 'inclination$_1$') is what we might call a 'natural'[94] inclination of an act towards a substance. This particular inclination is such that it precedes the composition. The reason for this is that every act is an accident but not every accident is an act. Therefore to every act naturally belongs an inclination, a tendency, insofar as that act is an 'accident of', that is, something that 'comes to', a substance. In other words, *qua* accident (of a substance) every act is 'naturally' inclined towards the subject it belongs to (or rather, towards belonging to some subject-substrate). Now this inclination is precisely the one that precedes the composition found in the verb, because the composition comes into being entirely in virtue of the inclination the act has towards a substance. Thus logically speaking this inclination comes first. Apart from this inclination belonging to the verb *qua* naturally tending towards a subject (*in subiecto*) there is also another one that is connected with the act insofar as the mind has the inclination (is inclined) to say the act of a subject. Now this second inclination ('inclination$_2$), which is in fact an inclination of the *mind* (a 'mental attitude', in modern terms),[95] comes after the natural composition.[96]

The analysis just presented, our author continues, is apparent from the workings of the mind. In the process of grasping things (or, more precisely, the representation of things), what happens is (1) the mind recognizes the agreement of these 'things', (2) it consents to this agreement, (3) it unites the two 'things' with as a result their composition, and, finally (4) it enuntiates the one thing of the other by means of the act in the form of an 'S is P'-judgement. Now at the basis of the entire mental sequence, starting from grasping the agreement of things to the enuntiation, is the 'natural' inclination (inclination$_1$) of the act towards a substance, an inclination that derives from the situation that an act only has being in virtue of its inhering in a substance. The mental inclination (inclination$_2$), on the other hand, is to be 'located' between the third and fourth stages in the mental process.[97]

We have just seen, then, that there are in fact two inclinations involved in the semantics of the verb. The act *qua* accident is naturally present in a subject on the basis of which it is said to have an inclination$_1$ towards that subject. On the other hand there is a combining entity, the mind,

---

94 It should be kept in mind that for Ancient and Mediaeval authors it was common usage to describe grammatical entities in terms of physical phenomena, without necessarily, however, actually regarding them as physical beings.

95 See above, our Ch. I, 1.5.

96 *PSCN*, 1,32.

97 *Ibid.*, 33.

which by means of the act is inclined to say the act of the substance. Thus in the act there is question of another inclination, $inclination_2$, in the form of a mental attitude.

Peter takes great pains to elucidate the mental process which forms the basis of the way in which the verb signifies. In the paragraph inmediately following his exposé of the mental sequence he continues to explain how such a signification in terms of 'inclination' and 'composition' are related to the way in which the human intellect faces the world. As to the signification of the verb, he tells us, the mind grasps the act in relation to the substance long before it is moved to assert this act of the substance. Now the fact that it is moved to do so is the cause of the $inclination_2$ to assert the act of the substance. Thus, the author explains, the apprehension of the act precedes the mind's being affected by the act as belonging to a substance and the mind's being affected in turn precedes the mental inclination to assert the act of the substance.[98]

Now the act can be combined with the substance in different ways; this is where the mood of the verb comes in. The mood (indicative, optative, imperative, etc.) reflects the $inclination_2$ of the mind (as the way in which the mind unites the act with the substance).[99] Thus there is a causal connection between the affect (the mind is affected by the act), the $inclination_2$ (the mental tendency to say the act about a substance) and the mood (the way in which the act is said about the substance); these are all accidents of the act, which in turn owes its being to a substance. To put it differently, the affect, the inclination and the mood all depend on the act, whereas the act can do well without the former.[100] From what he says as regards the imposition of the verb, it appears that there is a distinction between signification and consignification: the verb is a linguistic expression imposed (*imponi*) to signify an act, and it gives to understand the mental phenomena discussed above.[101] In other words, the verb signifies to act or to be acted upon and consignifies affects, inclinations and moods.[102]

2.41 The causal relationships between the different elements of the signification of the verb

Peter has more to say on the subject of the connections between the different phenomena that accompany the signification of the verb. In *Physics* II, 3 and 7 Aristotle presents four kinds of causes, that is, four different ways of answering the question 'Why?' The first type of cause is that which the thing in question consists of, *e.g.* the bronze of a statue, the silver of a dish. Now this is called the material cause. The second type is the form or archetype or essence of

---

98 *Ibid.*, 34.

99 *Ibid.*, 39.

100 *Ibid.*, 35.

101 *Ibid.*.

102 *Ibid.*, 36.

something, *e.g.* the relationship 2:1 of an octave. This is called the formal cause. The third type, the efficient cause, is the primary source of change or coming to rest, *e.g.* the man who has given advice can be a cause, or the father is the cause of a child. The final cause, the fourth type, equals the 'aim' of something, or 'that for which' something is done; *e.g.* health is the cause of going for walks.[103]

Peter also discusses these causes in the *Tractatus* in connection with the *locus a causa*, or the rule of reasoning as regards cause. The *locus a causa* is defined by Peter as the relationship between cause and effect; it is the rule according to which in arguments what can be said of A can also be said of A's cause.

Following the tradition Peter divides cause into four types. The final cause is linked up with an aim (*finis*) which is defined as that which serves as the motive for doing something. For instance, one may argue 'Beatitude is good, therefore virtue is good' in virtue of the final causal relationship existing between virtue and beatitude. The efficient cause, Peter explains, equals that from which a movement begins (*est a qua principium est motus*), in short, the principle of movement. For example, the builder is the moving and working principle which produces a house.[104]

Peter makes use of these concepts to combine the different aspects involved in the semantics of the verb. Again, the verb primarily signifies an act or being acted upon. As to the affect, inclination and mood we have the following causal ordering of these elements:

- The mind is the remotest or initial efficient cause of the affect, $inclination_2$ and mood;
- the affect is the nearest efficient cause of the $inclination_2$;
- the $inclination_2$ is the nearest efficient cause of the mood;
- the composition (as the (mental) product of combining the act with a substance) is the remotest final cause of the affect, $inclination_2$ and mood.[105]

Now the fact that the mind needs to be 'affected' or moved and is subsequently inclined to say the act of the substance has become sufficiently clear from Peter's explanation in the preceding paragraphs.[106] What may come as somewhat of a surprise, however, is that here (*PSCN*, 1,36) our author says that the composition is the *final* cause of the mood of the verb, while earlier on he had said that the mind *unites* before it has the inclination to say the act of the substance: in fact he had literally said that the composition of the act with the substance precedes the inclination of

---

103 *Physics*, II, 3, 194b17-195a3; 198a13-b9.

104 *Tractatus*, V, pp. 67(5)-69(10).

105 *PSCN*, 1,36.

106 *Ibid.*, 33-35.

the mind to say the former of the latter.[107] How can it be, then, that now the composition is said to be the ultimate aim and *eo ipso* the result of the mind's inclination and the mood of the verb?

Obviously there are two ways in which the composition of an act with a substance can be considered. First a composition is the content of any sentence whatsoever, whether it be a question, a command, a declaration, or what. This type of composition was also mentioned in passing earlier on, when an opponent suggested that the main function of the verb was to unite (*componere*) a subject with a predicate or a *suppositum* with an *appositum* (depending on the mood of the verb).[108]

This account of the composition involved in the verb matches the claim that the composition *precedes* the inclination$_2$ and the latter the mood of the verb. Moreover, that Peter does indeed consider the composition signified by the verb as basically independent of the (indicative) mood of the verb also appears from what he said when dealing with an opponent's view that the basic property of that composition is to be explained in terms of its being the bearer of truth and falsity.[109] As we should recall, Peter of Spain rejected this view telling us that truth and falsity are secondary aspects of the verbal composition, because the most fundamental feature of this composition derives from the specific inclination$_1$ of the act towards the substance.

Apart from the verbal composition as such (that is, in the sense that it is not the bearer of truth-values), there is also the actual use of the verb to be considered. What a verb does when it is actually used, and thus of a certain mood, is to carry out a composition of an act with a substance. This latter aspect is what Peter must have in mind when he says that the composition is the *final* cause of the mood of the verb.

Once again the fundamental difference between the noun and the verb has come to the fore. The noun directly signifies the composition of a quality as united with a substance. In virtue of this signification, the noun's function is to refer to an entity. The verb, on the other hand, as such merely signifies an act or being acted upon, so as such its referent is not directly involved. In addition it consignifies the composition of an act with a substance; only in its consignification does a referent come into the picture. It is the mind which brings about this composition insofar as it is aware of the fact that an act or being acted upon must be connected with some kind of substance. Therefore, in order to make sense the composition is somehow based on the natural situation that an act only has being in virtue of the substance it belongs to.

As to the inclination$_2$ and the affect, our author insists, it is not the signification of the verb in itself which is responsible for this. The verb has a certain signification, full stop. The mind only

---

107 *Ibid.*, 33.

108 *Ibid.*, 25.

109 See above, 2.33, where we have dealt with *PSCN*, 1,24.

plays a role insofar as it recognizes that the act (or being acted upon) signified by the verb belongs to a subject, or is united with a substance. That is what affects the mind which subsequently has the inclination to say the one about the other. Only in connection with the verb one may have the composition of its significate with an external substance, that is the substance from which the act was taken apart. So in fact the composition involved in the verb is nothing other than a (re)uniting of the act with the subject from which it was previously taken apart.

We are now able to see why, in our author's opinion, it is the signification of the verb as belonging to a subject, and not the signification of the verb as such, which affects the mind and sets the sequence of $inclination_2$ and mood into motion. According to Peter, the opponent's remark to the effect that the signification of the noun as well as that of the verb affects the soul and that therefore besides the verb the noun must also have a mood, is not to the point. It is not the signification of the verb as such that triggers off the $inclination_2$ of the soul, but only insofar as it has a consignification in the way explained above.[110]

2.42 Concluding remarks

At this point it is well established that there is a fundamental distinction between the noun and verb as regards the notion of 'composition'. As to the noun, we have only one type of composition, *viz.* the composition of a substance with a quality. The quality contained in its signification is always taken as united with the substance involved. The 'composition' a noun signifies is essentially a *compositum*, one thing in which two elements can be distinguished. Hence the main function of the noun is to refer to an entity. The semantics of the verb, on the other hand, is of a slightly different nature. In the signification of the noun the substance is always united with a quality. The mind has no need to 'unite' the two, for the quality was never taken apart to begin with. Consequently there is no mental inclination to say the quality about a substance. In other words, when one uses a noun, one is in immediate contact with a substance, so to speak, for the function of the noun is not to signify a quality, but rather a substance as somehow qualified (a *quale*).

In contradistinction with the noun's composition, the verbal composition is on a different level. The verb as such signifies an act or being acted upon. The mind carries out the composition. Thus there is only question of a 'composition' in virtue of the fact that the mind realizes that an act has no being apart from a substance. From this recognition originates the inclination of the mind to say the act about the substance. Therefore the main function of the verb is to attribute something to something else (or, to carry out a composition instead of to refer to a *compositum*).

---

110 *PSCN*, 1,39.

The mental component in the consignification of the verb is of paramount importance for understanding Peter's views on syncatecorematic words. It involves the composition which Peter has referred to earlier when he claimed that the copula signifies a composition. The nature of this composition will be discussed in the next section.

2.5 Composition, key notion in Peter's discussion on syncategoreumata

Peter's rather extensive investigation of the semantics of the noun, verb and participle was meant to introduce the notion of composition which, as we shall see, is the basis of his account of syncategorematic words. At the beginning of his work one might have had the impression that Peter was about to discuss the copula first, for he said that composition was primarily consignified by the copula because the copula precedes all other verbs.[111] It must come as a bit of a surprise, therefore, that the copula is not mentioned anymore after that. One must keep in mind though that all he has said so far on the composition of the verb equally applies to the composition accomplished by the copula, for as he said, the copula is understood in all verbs.[112]

In the next part of his work Peter attends to problems that concern the copula in particular. According to Peter, the copula is the main syncategorematic word because it is embedded in the definitions of all the others.

2.51 The copula

The discussion of the copula in our author's account centres around the question whether the expression 'is' in a proposition of the form 'S is P' implies that the composition it expresses *is* or *is not*: in other words, what he wishes to discuss here is the status of the composition signified by true affirmative propositions.

The first question is specified as follows: is the composition expressed by the copula a being *simpliciter* or not? The problem comes up when comparing two types of expressions which both contain the copula, *viz.* 'A man is an animal' and 'A chimaera is a non-being'. Both expressions are true. However, the first sentence deals with an existent thing (a 'man-animal') whereas the second does not. Yet they both have something in common at the basis of the composition.[113]

Now we are certainly faced with a difficulty here. If both propositions concerning beings and propositions concerning non-beings (the true ones, that is) express a composition, then they must

---

111 *PSCN*, 0,12.

112 *Ibid.*.

113 *Ibid.*, 1,45.

have something in common on which that composition is based. The problem is then, what type of being is a composition based on?

The common element in these different types of expressions cannot be being *simpliciter*, for beings *simpliciter* and beings-in-a-certain-sense do not have being *simpliciter* in common. However, it might be argued that they do have being in common, but only 'being-in-a-certain-sense' (*ens quodammodo*).[114]

Peter concedes that generally speaking the composition brought about by the verb is related to the composition of beings and non-beings. Therefore it is primarily based on being-in-a-certain-sense, and not being *simpliciter*. The composition in general itself is a being-in-a-certain-sense, not a being *simpliciter*.[115] What Peter seems to have in mind here is that if we consider composition separately, regardless of any further specification concerning the type of being the extremes have, we can say that the composition has to do with being in some sort of way. That is what all the compositions expressed in propositions of the type 'S is P' have in common.

Peter's second question concerns the relationship between composition in general (*in communi*; *i.e.* composition as standing indiscriminately for both the composition of beings and the composition of non-beings) on the one hand and the composition differentiated into either the composition of beings or that of non-beings on the other. What this problem boils down to is whether composition *in communi* is equally related to both differentiated types.[116]

Peter's answer reflects his opinion that composition *in communi* is not equally related to both differentiated types. In fact he sees a hierarchy: composition primarily belongs to the composition of beings and only to that of non-beings in a secondary sense.[117]

Given this primary relationship of composition with beings *simpliciter* one might jump to the conclusion that composition *in communi* itself is a being *simpliciter.* Another argument that yields this very conclusion is spelled out by an opponent who argues that the contrary position cannot be correct. The line of reasoning adopted by this opponent is based on the idea that the type of being the extremes have is in accordance with the type of being of the composition. In short: if a particular composition is a being *simpliciter* then the extremes of that composition will be beings *simpliciter* as well. If, on the other hand, the composition is a being-in-a-certain-sense, the extremes will also have this type of being. Therefore the following is not valid: 'A chimaera is a non-being; therefore a chimaera *is* and a non-being *is*'. Now if the composition *in communi*, the opponent continues, were a being-in-a-certain-sense, according to the rule the extremes of that

---

[114] *Ibid.*.

[115] *Ibid.*, 46.

[116] *Ibid.*, 47.

[117] *Ibid.*, 48.

composition will also be beings-in-a-certain-sense. This would mean that the composition 'The Antichrist is a man' is a being-in-a-certain-sense, and this in turn would imply that the sentence 'The Antichrist is a man-in-a-certain-sense (*homo quodammodo*)' is true, considering that if the composition *is* in-a-certain-sense, so are the extremes. However, the conclusion of the inference, *viz.* the proposition 'The Antichrist is a man-in-a-certain-sense', is false, and therefore the premiss it derives from is false as well. Hence it cannot be, the opponent concludes, that composition *in communi* is a being-in a-certain-sense and not a being *simpliciter*.[118]

Peter of Spain is not taken aback by this argument and sticks to the opinion he had already expressed earlier,[119] *viz.* that composition *in communi* is a being-in-a-certain-sense and not *simpliciter*. However, this does not mean that a specified composition (either a composition of beings *simpliciter* or a composition of non-beings) is always a being-in-a-certain-sense. The type of being of the composition actually depends on the type of being of the extremes. So in the example 'The Antichrist is a man' the extremes *are simpliciter* and accordingly the composition is a being *simpliciter* as well.[120]

Peter also rejects the claim that the being of the extremes determines the being of the composition. The argument he presents is enlightening for that matter: from the fact that the extremes *are* it does not follow that their composition *is*; for instance, a man *is* and an ass *is*, but the composition of these two *is not* (for there is no such thing as a man-ass), Conversely the fact that a composition *is* does not imply that the extremes involved *are* either; for instance the composition 'A chimaera is a non-being' *is*, but the extremes involved *are not*.[121]

In the paragraphs following his exposition of the relationship between composition and extremes Peter presents yet another opponent who claims that composition *in communi* is equally related to the two differentiated types of composition (*viz.* the composition of beings and the composition of non-beings): in fact what this opponent maintains is that every composition, no matter what type of beings it concerns, is always a being *simpliciter*. Two examples are presented: one example concerns beings, *viz.* 'A man is an animal', and the other is about non-beings, *viz.* 'A chimaera is a non-being'. Both compositions, the opponent insists, are true *simpliciter* and therefore *are simpliciter*. Thus, it is argued, both compositions of non-beings as well as compositions of beings are true *simpliciter* and therefore *are simpliciter*.[122]

---

118 *Ibid.*, 49.

119 *Ibid.*, 46.

120 *Ibid.*, 50.

121 *Ibid.*, 51.

122 *Ibid.*, 52.

In his response to this argument Peter first stresses again that composition *in communi* is primarily related to that of beings and secondarily to that of non-beings.[123] Moreover, he counters the claim that not only the composition of beings but also the composition of non-beings are true *simpliciter*. Only a composition of beings, he tells us, is true *simpliciter*, such as 'A man is an animal'. A composition of non-beings, on the other hand, *e.g.* 'A chimaera is a non-being', is merely true-in-a-certain-sense. Hence the compositions involved are a being *simpliciter* and a being-in-a-certain-sense respectively.[124]

From the arguments we have just seen one distinction Peter makes has become quite clear: first of all there are beings *simpliciter* of which the composition is a being *simpliciter* as well, and secondly there is such a thing as the composition of non-beings (*e.g.* the chimaera) which is a being-in-a-certain-sense. If there is to be question of a composition at all what is required is an agreement of extremes.[125] Now such an agreement can be found both in the composition of non-beings as well as in the composition of beings. For a composition to have the status of a being *simpliciter* something else besides the agreement of extremes is required: a composition is a being *simpliciter* if and only if (a) there is an agreement of extremes and (b) the extremes are beings *simpliciter*. If the composition concerns non-beings, the composition is a being-in-a-certain-sense only.[126] One question does remain: what exactly does Peter mean by 'beings *simpliciter*' as opposed to 'beings-in-a-certain-sense (*quodammodo*)'?

I do not agree with Braakhuis who suggests that the notion of '*ens simpliciter*' corresponds with a term having simple supposition.[127] In the first place the distinction is made to account for the fact that not only compositions of which the extremes are beings *simpliciter* but also the composition of non-beings can be said to *be* (although not in the same way); in either case the necessary condition for the being of the composition is the agreement of extremes. The resulting compositions differ in that the first type is a being *simpliciter*, whereas the second is a being-in-a-certain-sense. So the distinction is made, I believe, to contrast beings in the complete sense of the word (real being), that is, all that can possibly exist, with beings in a limited sense, that is, anything that does not belong to the domain of being (and hence cannot possibly exist), but that we can nevertheless talk about because it has being-in-a-certain-sense (*e.g.* we can imagine a chimaera because it is made up of elements that really are). Secondly Braakhuis comes up with the

---

123 *Ibid.*, 53.

124 *Ibid.*, 54.

125 *Ibid.*, 51.

126 *Ibid.*, 55-56.

127 See for his argument on this matter Braakhuis [1979], Vol. I, pp. 254-255.

notion of *termini simpliciter* as evidence for his suggestion. However, Peter does not mention *termini simpliciter* at all in this connection.

To be sure, the predicate in the composition of the type 'S is P' always connotes a form. Thus in cases such as 'A man is an animal' the term 'animal' may be taken to have simple supposition, in which case 'a man' has simple supposition as well. Nevertheless, that is not the point here.

In my opinion the only positive thing we can say as regards the difference between the two types of being of the composition is that being *simpliciter* is used for those entities that are universal forms, whether or not they are instantiated in the outside world. On the other hand, being in some sort of way is only used for the composition made up of non-beings, yet based on the agreement of extremes. Note that our author definitely denies that chimaeras *are* in-a-certain-sense, and the same goes for non-beings. He merely calls the *composition* which is made up of this kind of extremes a being-in-a-certain-sense (*ens quodammodo*). There is no real composition to account for the being of the composition of the extremes. The only way in which reality accounts for the truth of the proposition 'A chimaera is a non-being' is that chimaeras do not (and cannot) exist; that is why it is correct to link the notion of non-being with the notion of chimaera.

The distinction between true expressions concerning beings *simpliciter* on the one hand and true expressions about non-beings on the other does leave us with a few problems, however. In the first place, it is not clear how Peter would deal with true expressions about a chimaera that are not based on reality, *e.g.* 'A chimaera is a mythological creature', nor will he be able to explain why the proposition 'A chimaera looks like a monkey' is false (unless of course he were able to evade the issue by saying that it is not true that a chimaera looks like a monkey simply because there exists no such thing as a chimaera). Also it is not entirely clear, in this section at least, what Peter would do with propositions like 'Man is an animal' if no men were to exist at the time of the utterance. From what Peter says later on in his work it would appear that he would consider the expression true even if there were to be no men; for he regards 'Every man is necessarily an animal' (*omnis homo necessario est animal*) as true, men or no men.[128] This evaluation certainly fits in with his account of the sentence 'The Antichrist is a man', for he says that it is true *simpliciter* even though the Antichrist does not actually exist at the time.

To sum up our findings so far, the notion of 'composition' has been used in a number of ways:

1. composition of things (*compositio rerum*), or a *compositum*,
2. composition involved in the modes of signifying (*compositio modorum significandi*):
    a. composition of a substance with a quality as the way in which the noun signifies; the two elements, the substance and the quality, are always taken as united;

128 *Ibid.*, pp. 289-290.

b. composition of an act with a substance:

- in the participle: the two are taken as united
- in the verb: the act is taken apart from the substance.

Finally, in connection with the verb Peter distinguishes a number of requirements to be fulfilled in order for there to be a composition:

1. The mind recognizes the agreement of two things (residing in a *compositum*),
2. The composition (= mental combination of things) precedes the ultimate assertion of 'S is P',
3. There is a composition of an act with a substance as the remotest final cause of the affect, inclination_2 and mood.

The fact that Peter considers the actual agreement of two 'things' as one of the basic stages to arrive at a composition presupposes that he uses the word 'composition' not for just any mental combination whatsoever. This is also suggested by his remark that '*homo est asinus*' is not a composition.[129]

As to the type of being the composition in question has, if the proposition is true then there are two possibilities: either the proposition concerns non-beings in which case there is only an agreement of extremes and the composition is a being-in-a-certain-sense, or the proposition concerns beings in which case the composition is a being *simpliciter* (although there need not be question of real existence in the outside world).

At this stage, however, we cannot get a total view of Peter's notion of 'composition'; in order to complete our analysis we must first examine the author's account of negation.

---

129 *PSCN*, 1,51.

CHAPTER III PETER OF SPAIN ON NEGATION

As he had promised at the beginning of his treatise on syncategorematic terms, Peter of Spain enters into a detailed account of negation immediately following his discussion on the various aspects of composition. Unfortunately, his way of dealing with the meaning and function of the negative particle 'not' (*non*) is not as lucid as his explanation of the copula. On the other hand, Peter has not really presented an exclusive account of the verb 'is' (*est*) either: what we have come to know about his theory on the meaning and function of the copula has mainly been gathered from his remarks on composition as found in the verb in general. We have been able to do so on account of the Aristotelian rule (*De interpr.* 12, 21b9f.; cf. *Metaph.* D7, 1017a27-30) stating that we are entitled to substitute any verb, *e.g.* 'runs' (*currit*), by an expression consisting of 'is' (*est*) plus the corresponding participle 'running' (*currens*), such that 'runs' (*currit*) equals 'is running' (*est currens*).

The notion of 'composition' once again plays a major role in Peter of Spain's section on negation in that it is used to explain the function of the negative particle and the meaning of all affirmative expressions in general as opposed to negations. Before going into specifics as regards negative expressions Peter first presents a general explanation of what is meant by the word 'negation'.

3.1 On the different meanings of 'negation'

The first criterion Peter employs for distinguishing the different ways in which we use the word 'negation' amounts to what we would call a distinction between metalanguage and object language respectively. The noun 'negation' can refer to:

1. negative expressions, such as 'A man does not run' (*homo non currit*), as opposed to the affirmative expression 'A man runs' (*homo currit*);[1]
2. the tool or instrument for denying itself (for arriving at denials):[2]
   - a. as conceived of or in the manner of a concept (*ut concepta sive per modum conceptus*):
     - a.1 as a substance in the noun 'negation' (*negatio*)
     - a.2 as an act in the verb 'to deny' (*nego, negas*)

[1] *PSCN*, 2,2.

[2] Note that the tools need not necessarily produce negative expressions, for the sentence 'I deny that I am guilty' can be called a denial but not a negative expression.

b. as carried out (*ut exercita*); this is what is meant by the negative particle 'not' (*non*).[3]

What we have here is a distinction that has been described in great detail by Gabriel Nuchelmans in his article 'The Distinction *Actus Exercitus/Actus Significatus* in Medieval Semantics'.[4] In this article Nuchelmans takes us back to an anonymous text dating from before the thirteenth century, the *Tractatus de proprietatibus sermonum*. In order to grasp the significance of the distinction in question, Nuchelmans tells us, we should keep in mind that within the Peripatetic tradition it was customary to regard nouns and verbs as the main parts of speech. These words were the ones that were considered to have a "relatively independent meaning . . . bestowed upon them by the fact that their utterance is accompanied by a simple apprehension in the mind". Now the act of conceiving itself, Nuchelmans continues, is to be located in the mind, but the 'thing' the mind thinks of is not as such in the mind, but rather has "its own and separate mode of existence". Knowledge of these things that are not in the mind themselves proceeds via representation in the act of conceiving.[5]

So much for the meaning of nouns and verbs. As Nuchelmans has explained then, the main feature of these types of words is that they are expressions of contents that represent things not in the mind. Thus, he adds, words that are not of this type, for example prepositions, conjunctions and the like, are bound to cause difficulties.[6]

Besides prepositions and conjunctions there are other types of words that do not fall in the same category of words as nouns and verbs. Nuchelmans mentions that the anonymous author of the *Tractatus* mentioned above makes a distinction between words that signify a concept and words that signify an affect, a condition of the soul, we might say (not: 'by way of an emotion' (in the translation Nicholas of Paris' *Syncategoreumata*, in Kretzmann [1988], p. 132, 12ff.)), and illustrates the difference between the two with pairs of words as: 1. *gaudium* vs. 2. *euax!* and 1. *desiderium* vs. 2. *utinam!*. Words of type 1, such as *gaudium* (joy) and *desiderium* (desire), refer to certain feelings as apprehended and thought of in the mind (*ut apprehensum et cogitatum in anima*), whereas words of type 2 are used to express the actuality of the speaker's state of mind whilst the speaker need not be thinking of that feeling itself. In other words, there are certain words that signify a feeling *qua* thought or conceived of, or 'in the manner of a concept' (*per modum*

---

3 *PSCN*, 2,3.

4 Nuchelmans [1988].

5 *Ibid.*, pp. 58-59.

6 *Ibid.*, p. 59

conceptus), and other words that express a state of mind, not *qua* thought or conceived of, but as actually experienced by the speaker.[7]

Another important passage of the same treatise Nuchelmans discusses in his article deals with the common feature of all linguistic items that do not signify something conceived or thougt of by the mind without as a rule being in the mind itself (that is, both words that by themselves signify an affective state as well as all linguistic items that are somehow consignificative); all these items indicate "a form of thinking or being moved that really is in the soul, as a modification of its rational or irrational parts". In this way words that signify affective states the speaker is actually in are grouped together with syncategorematic words.[8]

Now what has been said above on the distinction between words that signify feelings as something conceived of and the ones that signify states of mind of the speaker, and on the way in which the latter were grouped together with syncatecorematic words, could be of use to us in order to clarify what Peter of Spain has to say on the difference between a concept (*conceptus*) and an affect (*affectus*): "Note that a concept and an affect are different in that a concept is that which is in the soul in the form of some kind of exterior resemblance; for when I think of colours or men, I receive their resemblances in the soul, not the things themselves. An affect (*affectus*) or carrying out (*exercitio*), however, is that which is really in the soul or in the body. For example, when I suffer from a disease, the pain is in my soul really affecting it, and when I am running, the running is in my body really carried out and affecting the body itself."[9] Now it could be argued that Peter's way of distinguishing a concept on the one hand and an affect as carried out on the other neatly coincides with our anonymous author's criterion for setting apart those words that signify feelings as conceived of from the ones that are used to express the state of mind the speaker is actually in. However, the question is whether Peter's interpretation of the notion '*ut affectus sive ut exercita*' should in fact be considered in the narrow sense of an affective state of mind.

In order to decide in what way our author understands the notion at issue, let us once again return to what Peter had to say on composition. The reason why we should include his previous account in our consideration is twofold. In the first place, Peter himself has constantly reminded us that negation can only be dealt with after having discussed composition because negation can only be understood in terms of affirmation. Secondly there are clues in Henry of Ghent's

---

7 *Ibid.*.

8 *Ibid.*, pp. 59-60.

9 *PSCN*, 2,4.

Syncategoreumata[10] (a treatise very much like Peter of Spain's) that suggest that the notions of *ut concepta* and *ut exercita* can be applied to both composition and negation, in both his own and Peter's works.

Let us have a look at Henry of Ghent's remarks in connection with the distinction at issue. In one way, Henry explains, 'composition' signifies something as a *res* and the same goes for negation. From what he has to say on '*res*' in these connections[11] it would be safe to identify this type of signification of 'composition' with a signification in the manner of a concept (*per modum conceptus*). In another way 'composition' can be understood as a mode of understanding or signifying, just like negation.[12] Unfortunately Henry does not use the expression '*per modum conceptus*' in connection with composition, nor is any mention made of the connected notion '*ut exercita*': the latter only comes up in his analysis of 'negation'. However, the fact that Henry's opening remarks on composition in terms of the distinction between a '*res significata*' and a '*modus intelligendi*' neatly match the division of 'negation' and, moreover, that his discussion on negation is very similar to Peter's, does suggest that 'composition' in Peter of Spain could well be explained in terms of the distinction '*per modum conceptus*'-'*ut exercita*'. The composition as conceived of would then be signified as a substance in the noun 'composition' or as an act in the verb 'to combine' (*compono*), and the composition as carried out would be what is meant by the speech sign 'is' (*est*). Now the latter composition, and this is what is important for interpreting the distinction in question, is to be identified with a mental combination. Analogously, 'not' as carried out would be the speech sign indicating the mental act of denying.

3.2 The relationship composition-negation in general

It is quite obvious that there are parallels between the notions of composition and negation. Although we have not yet discovered what in Peter's opinion the precise meaning of negation is, one thing is quite clear: he opposes negation against composition. Earlier on he had said that

---

10 The quotations from Henry of Ghent's *Syncategoreumata* are taken from Prof. Braakhuis' transcription of the manuscript *Brugge* 510.

11 See *Sync.*, 228va:
"Unde notandum quod 'compositio' uno modo sumitur ut est res, ut significatur per hoc nomen 'compositio' vel per hoc verbum 'compono'."
Cf. *Sync.*, 229ra:
"Aut enim est [negatio] in dictione ut res significata, ut in hac dictione 'negatio' vel in hoc verbo 'nego'."

12 See *Sync.*, 228vb:
"Alia [compositio] est modorum intelligendi et significandi . . .."
Cf. *Sync.*, 229ra:
"Aut [negatio] est in dictione ut modus signifcandi vel intelligendi, et ita ut exercita."

negation cannot be understood without affirmation,[13] yet it becomes more evident throughout his account of the interpretations and uses of the particle 'not' that affirmation is not the key notion involved in understanding negation. Instead he actually tells us in the first lines of the section at issue that the negation is subdivided into different types corresponding with the different types of composition we have come across in the preceding chapter.[14] Therefore composition is the basic notion from which we are to explain the meanings of the various types of negative expressions.

At the basis of every true affirmation, it was argued, is the composition of an act with a substance, recognized by the mind as an agreement of two 'things'.[15] What the copula does is to carry out a composition. The question that inevitably comes up now is: how does Peter's account of composition fit in with his views on negation? Would it be reasonable to suppose that, in analogy with some positive state of affairs that accounts for the composition carried out by the verb, the negation is based on a *negative* state of affairs?

As to negation, we have seen at the beginning of his chapter on negation that Peter groups the negation both as conceived of and as carried out under the heading of 'instruments for denying'.[16] His phraseology clearly indicates that contrary to composition, the negation should be regarded as merely a linguistic device. If this were to be the case there would be no need for an 'extramental negation' (an extramental negative state of affairs) on which the denial would be based, in analogy with the extramental state of affairs supposedly at the basis of an affirmation (at least the affirmations that are true *simpliciter*)

As regards Peter's interpretation of the negation *ut exercita*, then, there are two options. The way in which Peter expresses himself suggests that indeed he regards it as a particular state of mind (especially when he compares it with an illness really affecting the soul); this suggestion is further made acceptable when comparing the negation as a device with what he has said on composition. On the other hand, I am inclined to agree with Nuchelmans that Peter is not so much interested in the precise meaning of the word 'not' (*non*) but rather in its different functions.[17] The distinction between *ut concepta* and *ut exercita* is only brought up to remind us that 'not' is not an expression that stands for a concept, but rather expresses an act as carried out, whether it be mental or linguistic. Of course we could say that this act, if it were to be linguistic, would be based on some mental act of denying.

---

13 *PSCN*, 0,4.

14 *Ibid.*, 2,1.

15 See above, 2.4-41.

16 *PSCN*, 2,3.

17 Cf. Nuchelmans [1988], p. 69.

Peter does not have any more to say on the distinction. Almost immediately he proceeds to discuss the various occurrences of the word 'not', as it can be used in different ways. Let us follow his exposition, keeping in mind the following:

1. What does the act of denying as the counterpart of composition consist in? If it is to be considered as merely a linguistic device, how are composition and negation then related to each other?

2. If negation is to be regarded as based on composition, what is the extramental counterpart, if there is any, the act of denial is based on? Or, if there is no extramental counterpart, what is the nature of the composition the denial is based on?

The source of most of the Mediaeval treatises dealing with the copula and the negative particle 'not' is Aristotle's *De interpretatione*. In order to have a better idea of what the difficulties are that come up when attempting to explain the meaning of the negation, it might be of use to examine what the Philosopher himself has had to say on the subject. Another important reason for us to choose Aristotle as a starting point for our enquiries is that Peter's opening lines of the *Syncategoreumata*[18] are taken litterally from Aristotle.[19]

For our purposes it is best to follow De Rijk's findings on this particular section of *De interpretatione* because he has managed to present a consistent account of Aristotle's intentions in that work.[20] Moreover, as we shall see, the most important elements of Aristotle's semantics of the statement-making utterance are the notions of *synthesis* and *dihairesis*, which the Mediaevals have rendered as 'composition' and 'division', and this is precisely what De Rijk has concentrated on in his article.

De Rijk starts off with an explanation concerning Aristotle's uses of *'pragma'*; this concept requires attention because Aristotle uses it in his definition of truth and falsity.

According to De Rijk, *'pragma'* has one constant meaning, *viz* 'state of affairs' either "really occurring in the outside world or merely conceived of".[21] Another important notion featuring in Aristotle's work is *'logos'*, roughly meaning a 'more-than-one-word-expression'.[22] De Rijk then attempts to explain how these two notions fit in with Aristotle's account of affirmation and negation.

---

18 *PSCN*, 0,1.

19 *Categories* 5, 4b8-10 and 12, 14b9-22, where the author discusses the truth and falsity of a *logos*.

20 De Rijk [1987:a], pp. 33-63.

21 *Ibid.*, p. 39. I think this should be corrected insofar as *pragma* is sometimes used to mean only the *res verbi* (see Weidemann [1982], pp. 240ff.) or even the *res nominis*, as in Plato (see De Rijk [1986], p. 171; p. 329), where *'pragma'* is used indiscriminately to mean things denoted and the significates of the expressions, both simple and composite.

22 De Rijk [1987:a], p. 40.

The different ways in which Aristotle uses the word '*synthesis*' are summed up as follows:

ontological use:

synthesis	:	either 'fitting together' or 'compound structure' ('composite')

logico-grammatical use:

$synthesis_0$	:	any mental act of uniting two or more concepts
$synthesis_1$	:	uniting (union) of two or more concepts, making up a *logos* on the *onomazein*-level
$synthesis_2$	:	assertion of a *logos* (*pragma*) on the *legein*-level.

Following this outline De Rijk explains the nature of the connection between *synthesis* and *dihairesis*: '. . . $synthesis_2$ [equals] the assertion (affirmation) of $synthesis_1$ while *dihairesis* amounts to the denial of $synthesis_1$'. Hence 'the counterpart of *synthesis*, *viz. dihairesis*, is always used by Aristotle as a *nomen actionis*, and, accordingly, never has the ontological meaning of "segmented structure" or "non-coherent entity". Besides, its logico-grammatical use ("disconnecting", "denial") is strictly confined to the *legein*-level and therefore it always acts as the counterpart of $synthesis_2$ and, accordingly, means (*in actu exercito*) the denial of the union designated by the *logos* involved.'[23]

So much for Aristotle's conception of negation insofar as negative sentences are concerned. There is, however, another element in Aristotle's *De interpretatione* which is of interest for the present study. It comes up at the beginning of the treatise, where the author discusses the different elements that make up a *logos*.[24] As in Plato, a *logos* is made up of an *onoma* and a *rhêma*. Now an '*onoma*', Aristotle tells us, 'is a spoken sound significant by convention, without time, none of whose parts is significant in separation.' (16a19) He continues to explain what this definition means and then brings up examples of words that look like *onomata* but in fact are not. One of the expressions he comes up with is 'non-man'. (16a24) To be sure, it looks like a name, but Aristotle refuses to call it such and admits that as yet there is no proper word for expressions like these: for it is not a complex expression, nor is it a negation. Therefore he suggests we call expressions such as 'non-man' indefinite names (16a29-31). Subsequently he discusses the most important element of the *logos*, *viz*, the *rhêma*: according to Aristotle every statement-making *logos* must contain a *rhêma* or an inflexion of a *rhêma*.[25] (17a9) In analogy with indefinite *onomata* he instances 'does-not-recover' as an indefinite *rhêma*. There is in his view one important difference

---

[23] *Ibid.*, p. 48.

[24] *De interpretatione* 3, 16a19-b19.

[25] Ackrill has translated '*rhêma*' as 'verb'. De Rijk has reservations as regards that rendering: see De Rijk [1987:a], p. 58, n. 45. Weidemann [1982] rightly renders *rhêma* as 'Aussagewort'.

with indefinite *onomata*, however, because here Aristotle adds that they hold indefinitely of anything, whether being or non-being. (16b11-15)

Now what has become apparent in this part of Aristotle's treatise is that he does not consider indefinite *onomata* and *rhêmata* to have anything to do with negation. In fact of the former he explicity said that they are not negations. The fact that he mentioned indefinite names in the section concerning *names* clearly suggests that Aristotle regards them as a weird kind of name in the sense that they are used to refer to something, *viz.* some being. However, the odd thing about such a 'pseudo-name' is that it can be used to refer to anything other than that qualified by the name following the negative particle and therefore part of the specific function of the name in the proper sense of the word, namely that of qualifying something as such-and-such, is missing. The same goes for the indefinite *rhêma*. The difference between the indefinite *onoma* and *rhêma* is that the latter holds indifferently of both being and non-being,[26] because a *rhêma* is defined by Aristotle as some name which additionally signifies time, that is to say, it consignifies actuality.[27] Thus the proper criterion for distinguishing between the noun and the verb is that ". . . a verb additionally signifies something's obtaining now".[28] In other words, as such *rhêmata* are nothing other than a peculiar kind of common names on the proviso, to be sure, that the main function of the *rhêma* is to determine rather than to name, *i.e.* to say something of something else brought before the mind by an *onoma*. So when a negative particle is added to a *rhêma*, or 'verb', as the Mediaevals put it, the consignification of time or the fact that something obtains now can also be affected by the particle. This would explain why an indefinite verb as opposed to an indefinite name can be said of anything, whether being or non-being. The indefinite name on the other hand, in its function of referring to something, could be said to always apply to beings only.[29]

3.3 *Peter of Spain on the negation of single terms*

Peter of Spain begins his section on the different types of negation with a discussion of indefinite terms.[30] The way to arrive at indefinite nouns, participles and verbs is quite simple. We need only to add the negative particle 'not' (*non*) to each term respectively. There are difficulties, however, as regards the use of these 'indefinites' which all concern the question of their precise meaning.

---

26 As regards the passage on indefinite *onomata* (16a29-31) there are mss. that do have the addition ". . . because it [*viz.* the indefinite *onoma*] likewise can be said of anything whether being or non-being", that is, the same phrase as in the passage on indefinite *rhêmata* (16b11-15); see Arens [1984], p.44.

27 *De interpretatione* 3, 16b6.

28 *De interpretatione*, 3, 16b6-10; translation De Rijk [1986:a], p. 88.

29 If the mss. referred to in n. 26 above, this explanation of course should be dismissed.

30 *PSCN*, 2,14-42.

Peter discusses this problem at considerable length in comparison with other authors who have also mentioned indefinite terms in connection with negation. Their accounts will be dealt with later on. (See below, our chapter IV.)

To start with the indefinite noun (once again, 'noun' includes adjectives as well as substantives): the procedure by which we can construct an indefinite noun is by adding 'not' to its definite counterpart; examples are 'non-man' (*non-homo*), 'non-just' (*non-iustus*) and the like. Now the problem is whether such indefinite nouns can be applied to non-being as well as being. As usual Peter brings up and discusses the arguments *pro* and *contra*.

There are two arguments in favour of the claim that indefinite nouns can be applied to being only. The first argument is based on Aristotle's contention in Book II of *De interpretatione* that the following inference is valid, 'Every man is non-just, therefore no man is just' (*omnis homo est non-iustus; ergo nullus homo est iustus*), whereas its converse, 'No man is just, therefore every man is non-just' (*nullus homo est iustus, ergo omnis homo est non-iustus*) is not.[31] The only apparent reason for objecting against the second inference would be that the proposition 'Every man is non-just' always posits some being (namely that there are men and that they are all non-just), whereas the proposition 'No man is just' (meaning merely that it is not the case that there is a man who is just) need not. Hence if the sentence 'Every man is non-just' were also applicable to non-being, the two would be equivalent. Evidently this is not the case and therefore the noun 'non-just' applies to beings only.[32]

Peter's second argument is of a slightly different nature. If we say: 'A man is non-just' (*homo est non-iustus*), what is affirmed is some 'being'. What we have here is an affirmative sentence that expresses a composition, and a composition can concern 'being' only. Thus the indefinite noun ('non-just') can be applied to beings alone.[33]

The first argument *contra* the claim that indefinite nouns can be applied to being only starts from a comparison between 'non-man' (*non-homo*) and 'dead man' (*homo mortuus*). The compound name 'dead man' is supposed to be a privative one whereas the indefinite 'non-man' is a negative one. Now a privation, according to the opponent, participates in being more than a negation does, and it is clear that the label 'dead man' applies to a non-being. Hence there is all the more reason to assume that the negative 'non-man' would be said of a non-being.[34] (Obviously the opponent considers the negative 'non-man' to be a more colourless notion than the expression 'dead man'.) Peter does not consider this argument later on, probably he does not think it worth while to do so.

---

31 In Boethius' translation, cf. *Aristoteles Latinus*, *De interpretatione*, 20a1ff.

32 *PSCN*, 2,15.

33 *Ibid.*, 16.

34 *Ibid.*, 17.

Most likely the reason to disregard this argument is that 'dead man' is not an indefinite name at all. It is the name for a human corpse and is privative only because the name 'man', properly speaking, is applied to living men only. However, one can truly speak of a dead man; this label, a compound name, is a definite one because it is perfectly obvious what it applies to. The indefiniteness of indefinite names is caused by the fact that it is not definite what they apply to. To take the example 'non-man', the only thing we know for certain is that it applies to 'things' that are not men. And this is surely different from saying that something is a dead man.

The next argument is a more serious threat to the contention that indefinite names can be applied to beings only. Boethius is quoted, who says that one is entitled to argue thus, 'Every man is a being; therefore every non-being is a non-man' (*omnis homo est ens; ergo omne non-ens est non-homo*).[35]

The argument that follows proceeds along the same lines: in the second book of the *Topics* it says that from 'man' follows 'animal' and consequently by contraposition from 'non-animal' follows 'non-man'. Now it is valid to infer thus, 'If it is a man, it is a being' (*si est homo, est ens*), therefore by contraposition the inference 'If it is a non-being, it is a non-man' (*si est non-ens, est non-homo*) is valid as well.[36]

So far the arguments in opposition against and in favour of the claim that indefinite names can be said equally of both being and non-being have one thing in common: they are each based on examples of either valid or invalid inferences. The final argument *contra* the contention that indefinite names apply to being only represents Peter's own view as regards the source of the matter: starting point is the meaning of the word 'man' in the indefinite noun 'non-man'. Now what should draw our special attention here is that the key notion in this argument is 'composition'.
Once again 'man' (*homo*) is used as an example. In 'man', Peter says, there is a double composition:[37]

1. of form and matter either really or in a manner of speech (this goes for anything other than God; God of course is not a composite but a simple being).
   The things that really are compositions of matter with form are material substances; angels are also composite beings but they do not have matter, hence the clause 'in a manner of speech';
2. of differences with their genus or what goes beyond that; by differences we mean both

---

35 *Ibid.*, 18.

36 *Ibid.*, 19.

37 Note that Peter is referring to the *compositio rerum*; however, this composition has its counterpart in the semantic stratification of the noun 'man', the contents of which are under discussion now.

- specific differences, *e.g.* the difference that makes up the species man as different from other animals, and

- non-specific differences, that is, categorial differences or differences that determine whether a being falls in one category or another, *e.g.* a substance, a quality or a quantity.[38]

The argument apparently has the following structure: the negation (*i.e.* the particle 'not') is such that it removes the composition involved. Now specific terms such as 'man' always include the two types of composition mentioned above; therefore the negation can be said to affect both. If the first type of composition is removed, *viz.* the composition of form with matter, what is left is not a substantial actual being. Instead what remains is merely a potential being, or a being according to opinion only. In this case the indefinite 'non-man' is called a negative term. Note that a negative term is not said to apply to nothing at all; so suppose I were to ask you what is in an empty box, the answer 'a non-man', even if you were to use that phrase as a negative term, would not be an appropriate one. Negative terms do have some reference: they apply to something thinkable, imaginable or opinable, some logical entity, that is. They are *negative* terms because they do not apply to an *actual* being. Unfortunately Peter does not give an example of what he has in mind here. However, the inference presented above, 'If it is a non-being, it is a non-man' should give some idea as to his intentions; it was said earlier that by 'non-beings' we mean chimaeras and the like.[39]

The first way of considering the indefinite noun is quite clear if we regard it from the viewpoint of the inferences presented in favour of the claim that indefinite nouns may be applied to non-beings as well as beings. For example, the inference 'If it is a non-being, it is a non-man' is indeed valid, given the premiss 'If it is a man, it is a being'. However, the explanation Peter gives to account for such an inference, namely his exposition in terms of the compositions involved in 'man', seems a bit strange. If we recall what he has said on the substantive at the beginning of his treatise his introducing two types of composition at this stage comes rather unexpectedly: the first type of composition, that of matter with form, was not mentioned as one of the types of composition involved in the *modi significandi*. Peter said that this type was found in things (*compositio rerum*).[40] The question is then, why come up with it now?

As to the second type of composition, that of (specific or non-specific) differences with something higher (the proximate genus or being itself), this way of analysing 'man' also comes as

---

38 *PSCN*, 2,21.

39 See above, 2.52.

40 See *PSCN*, 1,14-15.

somewhat of a surprise, for no mention has been made of this type either in the section dealing with the substantive, at least not as falling under the class of *modi significandi*.[41]

Peter must have some reason then for introducing these two sorts of composition when dealing with the indefinite noun. Probably to explain the workings of the negation in the noun 'non-man' solely in terms of the composition of a substance with a quality signified by the noun 'man' is not sufficient in this connection. We need to analyse the noun 'man' further so that we can see what effect the negative particle has on the elements included in our conception of a man. Suppose, for example, someone talks about chimaeras and that in order to clear up any possible misunderstandings he refers to them as 'non-men', there must be an explanation why his use of the indefinite term in question is appropriate. Now to account for this use of 'non-man' in terms of the type of the composition we have come across earlier,[42] in other words, to say that this use is appropriate because the negative particle removes the quality (*viz.* humanity) from the substance involved, would not be sufficient. For in that case we might say that we are still speaking of a substance, of an indefinite quality, to be sure, and that means that there is still question of an actual being, although it cannot be identified as a 'man'. A chimaera, on the other hand, is not an actual being, but a being according to opinion only, something we can think of but which does not actually exist. Therefore we must come up with some other explanation why we can refer to it as a 'non-man'. This is where the composition of form with matter comes in: if we say that the negative particle has destroyed the latter composition, so that no actual being is left, we have answered the question why an indefinite term such as 'non-man' can be applied to non-beings.

Nevertheless, one might still have the idea that this account sounds somewhat artificial, for if this type of composition is always involved in the noun 'man', a composition that can be destroyed by adding the negative particle, why not say so at the beginning when discussing the meaning of the word 'man'? It is possible that the composition of form with matter was not mentioned earlier simply because it was not necessary to do so. When using the word 'man', all we need to know is that it refers to some substance of a particular quality, *viz.* humanity. The need to analyse deeper only comes up when some word is added which makes the signification of 'man' adjoined to it less clear-cut than without it. One of such words is the negative particle.

As to the second interpretation of words consisting of the negative particle and a common noun, that is, indefinite nouns in the proper sense of the word, one could say, yet another type of composition is introduced. We have seen that Peter makes a distinction here between the

---

41 See *ibid.*, 4-5.

42 The composition meant here is the *modus significandi* of the noun 'man', *viz.* that of a substance with a quality; see *PSCN*, 0,4-5.

composition of specific differences with their genus and of non-specific differences with being.[43] In itself there is nothing against making such a distinction, yet one would expect that if one goes to all that trouble to make the distinction it would then be used to account for two different interpretations of the indefinite noun as applied to being, namely 'non-man' as indicating the genus animal and removing the specific differences that make up the species man on the one hand and the same indefinite noun as indicating a being (whatever it may be) on the other. Peter does nothing of the sort but instead insists that 'non-man' used as a privative term indicates a being only. Thus 'non-man' gives no information as to what kind of being is involved; we only know that it indicates a being.

The reason for not making use of the distinction between the latter subtypes of composition must be that in itself the word 'non-man' provides no clues as to which one of the two types is affected by the negation. To have some idea as to what the word 'non-man' refers to a context is required. Examples of the two subtypes of composition we are dealing with can be the ones featuring in the following examples:

1. 'An ass is a non-man' and

2. 'The white thing is a non-man'.

The first sentence concerns an animal, but not a human one; the second some coloured thing, but not a human one either. Both sentences might be true (supposing in the second sentence we are talking about a doll or something) and the explanation behind such an evaluation would be the fact that 'non-man' removes differences from some higher *predicabile*, whether a genus or the highest *predicabile*, being. Using 'non-man' alone does not give any information as to what exactly is removed. This means that the scope of the negation entirely depends on the context in which the indefinite expression is presented. Only then does it become known to us what type of being is involved.

Hence the only difference between the negative and privative sense of an indefinite noun, according to Peter, is that the first involves a being according to the mind only (or a mental entity) whereas the second involves an actual being, although it is not said of what type this being is.

A final question concerning Peter's interpretation of the privative use of the indefinite noun is whether he means to say that we do not even know if a substance is involved at all. This problem might come up when studying what he says on the composition of being with non-specific differences: ". . . 'non-man' posits being by removing the collection of differences from the first predicable . . . and [is] said only of being."[44] This line could be taken to mean that 'non-man' in

---

43 *PSCN*, 2,20.

44 *Ibid.*, 24.

the sense of a privation can be used for every type of *being*, namely a quality, a quantity or whatever.

In my opinion, what Peter is trying to say here does not actually pertain to the type of *being* itself the word refers to, but rather to the way in which we, by using that word, indicate the being we are talking about. By saying that a privative word such as 'non-man' strips off the collection of differences from being, Peter must mean that all *information* is removed, except the information that what is referred to *is*. To put it differently, by referring to an entity with an expression such as 'non-man' we refrain from using a category in the sense of a certain name. Peter has explicitly said that in this sense of the indefinite name one is always dealing with an actual being, that is, a substance. One merely refuses to call that substance by a certain name, either a specific or a categorial name. That a substance is indeed involved can be seen from the examples Peter gives in this connection: an indefinite noun posits a being, whether substantial (such as a man or an animal), or accidental (such as white, just, straight, etc.).[45]

So far we have spoken of the substantive only. Accidental nouns (adjectives) can be made indefinite as well, for example, 'non-just', in the two ways discussed above. An indefinite accidental noun in the sense of a privation is accounted for in a different way than an indefinite substantive one; for by adding 'not' to an accidental noun, Peter explains, only the accident is removed from the subject it belongs to. The latter is not affected in any way by the negative particle. This explains why we can call a man 'non-just'.[46] The negative interpretation of the indefinite noun, on the other hand, accounts for valid inferences as 'All men are non-just, therefore no man is just' and *vice versa*.[47]

Having dealt with the indefinite noun, Peter next goes into the uses of the indefinite participle and verb, starting off with the latter. Once again the question is whether indefinite verbs can be applied to both being and non-being.[48] However, the first thing he has to establish is that there is such a thing as an indefinite verb at all. Apparently there are people who deny this, arguing that in a proposition there would not remain an indefinite verb because the resulting proposition is always a negative one and in a negative proposition we cannot distinguish an indefinite verb.[49]

According to Peter there is a great difference between a negative proposition and a proposition containing an indefinite verb, so when an indefinite verb is placed in a proposition, it remains indefinite. For instance, the sentence 'Caesar does not run' can be analysed in two ways, *viz.* 'It is

---

45 *Ibid.*, 26. (Note the neuter in each example: *album*, *iustum*, *rectum*, etc..)

46 *Ibid.*, 27.

47 *Ibid.*, 28.

48 *Ibid.*, 34.

49 *Ibid.*, 36.

not the case that Caesar runs', in which case it is a negative proposition, and 'It is the case that Caesar does-not-run' (the translation is a bit awkward in English, but it will have to do for the time being, because in Latin there is a difference between an indefinite verb and an indefinite participle).[50]

There are two ways then in which the combination of the particle 'not' and a verb can be understood in a proposition: the proposition can be taken as a negative one, as a denial, in which case there is no question of an indefinite verb at all, or the negative particle and the verb can be taken as belonging together, in which case the combination is to be understood as an indefinite verb. In turn the indefinite verb can be regarded as either a negative one such that it posits nothing, or a privative one such that the subject it is said of is posited in being. In both cases, Peter says, the composition remains affirmed. Hence even when dealing with a negative verb placed in a proposition, in which case nothing is posited, the composition is nevertheless affirmed.[51] This can be explained by what he has said earlier on composition, *viz.* that composition is equally related to being and non-being.[52] We should keep in mind that by 'non-being' Peter does not mean nothing whatsoever, buth rather something like being according to opinion only. This appears from the example he comes up with in this connection, 'Caesar does not run' (*Caesar non currit*). If the indefinite verb is taken in the negative sense (*Caesar-non-currit*; 'Caesar does not run') it means that the being (*i.e.* the actual being) of Caesar is not implied; of course he must be something if only a possible topic of our conversation. If the same expression is taken privatively, on the other hand, the indefinite verb does imply the actual being of Caesar, that is to say, the subject remains untouched by the negative particle.[53] (In the latter sense the indefinite verb is much like the indefinite accidental noun.)

It is remarkable that no more mention is made of composition in this part of Peter's exposé. That composition is involved, however, should be apparent from what has been said on the composition as found in the verb at an earlier stage.[54] The verb signifies the composition of an act or being acted upon as taken apart from an indefinite substance with an indefinite substance. The negative particle when added to a verb removes that act or being acted upon from the indefinite substance. The reason for Peter not to mention the composition involved at this stage might be that it is not really important here. Verbs, like adjectives, are accidental terms and as he said

---

50 *Ibid.*, 37-38.

51 *Ibid.*, 38.

52 *Ibid.*, 1,46.

53 *Ibid.*.

54 See above, 2.33-4.

before, if an indefinite accidental term is said of a subject, the subject is left untouched, at least when the indefinite is interpreted privatively.[55]

The problems really start when we try to discover what remains when the indefinite verb is used in the privative sense. As we have seen above, in that case as well Peter insists that the composition remains affirmed. What could he mean by that? In any case he wishes to make a distinction between an affirmative proposition containing an indefinite verb on the one hand and a negative proposition on the other. In other words, *'Sortes non-currit'* and *'Non: Sortes currit'* are not equivalent, even if the indefinite verb in the former is taken negatively. This means that we have three possibilities:

1. *'non-currit'* ('does-not-run') is taken in the privative sense: the composition remains affirmed, *i.e.* the composition of Socrates and any act whatsoever, which is not the act of running;
2. *'non-currit'* ('does-not-run') is taken in the negative sense: the composition also remains affirmed. As we have said, the problem is what kind of composition Peter is talking about here. He does not give us any details, so let us attempt an interpretation. To do so it is best to once again consider what he has said on the indefinite noun. The indefinite noun 'non-man' taken negatively leaves us with something opinable or imaginable, as opposed to an actual being. This means that *something* is left. Now in the case of the indefinite verb taken negatively, Peter says, the composition remains affirmed. In analogy with the indefinite noun taken negatively, this can only mean that the affirmed composition is the imaginable or opinable combination (as opposed to the actual one) of *Sortes* and *non-running.*
3. *'Sortes non currit'* ('does-not-run') is a negative proposition and equivalent to *'Non: Sortes currit'*.

So far we have spoken only of the indefinite verb and not of the participle. What has been said on the indefinite verb also applies to the indefinite participle on account of the rule that a verb as *'currit'* may always be substituted by a phrase consisting of *'est'* plus the corresponding participle; *e.g.* 'runs' equals 'is running' (*'currit'* equals *'est currens'*). Thus we have arrived at Peter's discussion of the negative proposition.

3.4 The proposition and its negation

In order to completely understand Peter's account of the negative proposition we must go into his views on the proposition in general. Mostly the examples Peter gives of propositions in his section on the negative proposition are of the form 'S is not P' or 'Not: S is P'. The question that

---

55 *PSCN*, 2,27.

concerns us most is how he understands the copula 'is' (*est*), or more specifically, whether in his opinion the copula 'is' conveys some sort of meaning in itself, besides doing the job of coupling, or whether he is rather inclined to regard 'is' as merely a functor without any semantic content of its own whatsoever. In his article on Peter of Spain's views on the composition as found in a proposition, Braakhuis has suggested that Peter's ideas on the subject are comparable with those of Peter Abelard.[56] In view of this supposed similarity it will be useful to consider the latter's views in some detail.

Abelard's ideas on the semantics of the proposition can best be introduced by starting with what he has to say on the verb. The verb also plays the prominent part in Peter's of Spain's account of the proposition, as we have seen; in fact, the copula in itself hardly features at all in his treatise.

In the *Dialectica* Abelard goes into the distinction between perfect and imperfect complex expressions. As it turns out, what makes a complex expression a perfect one, he says, is its containing a verb of any other than the infinitive mood. Thus all perfect complex expressions are named after the mood of the verb.[57] The distinctive characteristic of the indicative mood is that only by means of that mood we announce that one thing inheres (inhered or will inhere) in something else.[58] Thus the crucial difference between the noun and the verb must be sought for on the *legein*-level. De Rijk has pointed out that the *legein*-level does not concern the utterance made up of a noun and a finite verb as such, but rather 'the statement-making utterance *as actually pronounced*'.[59]

In Abelard's work we are confronted with a continuous attempt to overcome the difficulties brought forward by the fact that our linguistic apparatus not always matches the ontological situations they are meant to reveal. Now each and every verb has a double function:

a. it can serve as a predicate, *i.e.* something said of something else: for example, in 'Socrates reads' and 'Socrates is' both 'read' and 'be' are predicated,

b. it conjoins or couples one content with another: in the examples mentioned above 'be' and 'read' couple themselves.[60]

The verb 'is' (*est*) as well as the nuncupative verb are exceptional kinds of verbs in that they are able to couple a content different from their own.[61]

---

56 Braakhuis [1987], p. 119, n. 38.

57 *Dialectica*, p. 148(29-31).

58 *Ibid.*, p. 149(17-19).

59 See De Rijk [1986:a], p. 98.

60 *Gl. Per.*, p. 359(23-8), quoted by De Rijk [1986:a], p. 108.

61 *Gl. Per.*, p. 359(28-30).

According to Abelard, the substantive verb 'is' has a double function. On the one hand it couples, just like any other verb, but on the other hand it also conveys its own semantic content: "It signifies anything whatsoever in *essentia*." Thus in *e.g.* a sentence as 'Socrates is white ' (*Socrates est albus*), "in virtue of the force of the substantive verb, Socrates himself is presented as being, because it retains the signification of *essentia*".[62] According to De Rijk, by *'essentia'* Abelard obviously means the notion of 'subsistence' or 'substantialness'.[63] So in 'Socrates is white' the predicate actually combines two components with Socrates, namely whiteness in adjacence and also 'the white <thing>', that is, the thing itself affected by whiteness, in its substantialness. However, Abelard says (my paraphrase), the only thing the speaker intends to do by uttering that sentence is to couple whiteness with Socrates, and since there is no other way of doing so than by means of the substantive verb 'is', inevitably the notion of substantialness tags along with it.[64]

Sentences of the type 'S is P' then are properly analysed as identity-expressions: 'this *is* that'; however, when using such sentences one often wishes only to attribute some property to something else. Therefore problems are bound to come up when attempting to explain sentences as 'A chimaera is opinable'. What about the substantialness here?[65]

Abelard indeed recognizes the problem when he discusses the possibility of using the substantive verb solely for the purpose of coupling the predicate term to the subject term. Here he compares the sentence 'Peter is' (*Petrus est*) and 'Peter runs' (*Petrus currit*) with the sentence 'Peter is a man' (*Petrus est homo*). In the former the verbs are predicated properly (*modo proprio*): they each have the double force of performing the function of combining as well as bearing the signification of the 'thing' predicated (*res predicata*). In the second example, on the other hand, the substantive verb is predicated secondarily (*per accidens*), for it does not also contain the thing predicated (in Abelard's opinion, 'man' would be supplied superfluously if it did), but only couples the subjoined predicate.[66] Finally, in cases of sentences concerning non-existents, the signification of

---

62 *Gl. Per.*, p. 360(15-22). (translation De Rijk [1986:a], p. 109)

63 De Rijk [1986:a], p. 110.

64 *Gl. Per.*, p. 360(27-34); for a detailed discussion on this passage see De Rijk [1981], pp. 32-5.

65 *Gl. Per.*, p. 361(12-18).

66 *Dialectica*, pp. 134(28)-135(1):
"Now that must not be overlooked that verbs used in statements are said to be predicated properly on some occasions and secondarily on others. They are predicated properly in this way: 'Peter is', 'Peter runs'. For here they are engaged in a double force in that they do not only perform the function of coupling, but also bear the signification of the 'thing' predicated. However, it [the verb 'is'] is said to be predicated secondarily and not properly when it is added to the predicate term for the sole purpose of coupling it, as in 'Peter is a man'. For in this case the interposed verb does not also contain the 'thing' predicated --- then, indeed, 'man' would be supplied superfluously --- instead it only couples the predicate subjoined. And if something other than 'man' would be

substantialness is completely absent altogether, and in those cases the substantive verb merely serves as a copula.

Ultimately Abelard takes the view that for all occurrences of 'is' as a copula, 'is' is used improperly. The substantialness that had once been considered an aspect of the substantive verb 'is' is now transferred to the content of the subjoined predicate. Thus we are entitled to infer: 'Peter is a man, therefore Peter is', not because of the signification of substantialness involved in the verb 'is' but, in virtue of the predication of 'man' as the name for an existent entity only.[67] Thus the substantive verb is bereft of all existential import and the verb 'is' plus the predicate should in fact be regarded as one single sememe.[68]

Like Abelard, Peter of Spain considers the copula as a copula only in that he does not regard it as conveying any notion of substantialness: in fact he adheres to the well-known Aristotelian view that the copula signifies a composition that cannot be understood without the extremes.[69] He also maintains that it is not the verb 'is' which determines whether something is said to be ('posited in being'); for if a composition is affirmed this does not mean that being is affirmed. For example, if we say 'A stone is a man' (*lapis est homo*) we are entitled to infer 'A stone is' (*lapis est*) in virtue of the predicate 'man' (*homo*). On the other hand, from 'A stone is opinable (*lapis est opinabilis*) we are not allowed to conclude 'A stone is', since the predicate tells us that we are not dealing with an actual being, but merely an opinable one.[70] Therefore it seems plausible to assume that Peter of Spain, like Abelard, sees the copula as an 'empty container' which conveys no semantic content of its own. However, it is not clear as yet whether he is inclined to take the copula in combination with the predicate term as one single sememe. In order to decide on this question we must consider what he has to say on the negative proposition as well.

The main starting point for all the different problems concerning the negative proposition is once again the idea that the negative particle can be said to 'remove the composition'.[71] The difficulties Peter discusses at the beginning of his account of the negative proposition all seem to

---

attributed as contained in the verb <'is'>, it would not simultaneously couple the subjoined 'man'." (translation De Rijk [1986:a], pp. 118-9)

67 *Ibid.*, pp. 136(37)-7(6):
"But every such predication of the verb seems to me to be secondary and improper whenever it is a third adjacent . . .. For . . . it does not contain the thing predicated and only has the function of the copula, also e.g. here: 'Peter is a man' or 'Peter is white'. And the inference from 'Peter is a man' to 'Peter is' does not pertain to the interpretation of the verb but, perhaps, to the predication of 'man' which is the name of an existent entity only." (translation De Rijk [1986:a], p. 122)

68 De Rijk [1986:a], pp. 122-3.

69 *De interpretatione* 3, 16b24.

70 *PSCN*, 2,39.

71 *Ibid.*, 44.

be caused by 'the composition' in this connection. It is not all that easy to interpret Peter's views on the matter at issue: in the first place there is certainly a problem as to what is meant by the composition the negative particle is supposed to work on, and secondly it is not altogether evident what Peter's problem is if the composition is in fact removed as a result of adding the negative particle.

To start with our first problem, earlier on Peter had told us that the verb 'is' is the sign of a combination of two components; thus 'is' signifies a composition that cannot be understood without the extremes.[72] The question to be settled is: what is meant by the claim that the negation removes the composition?

The first problem Peter comes up with has to do with the possibility of contradiction. In order to contradict a statement, it is argued, the negation (that forms part of the contradicting statement) must remove the composition (of the statement it is supposed to contradict). Now this cannot be done, because the composition is the subject-substrate of the negation (the latter being an accident of the former), and an accident cannot remove its subject-substrate. Therefore a negation cannot remove the composition it is an accident of and *eo ipso* there can be no contradiction.[73]

The second problem also boils down to the contention that a negation is an accident of composition and since no accident can remove its subject there can be no contradiction.[74]

The third approach to the issue is from a different angle: it is argued that the composition is the cause of the mood of a verb. Hence by removing the composition inevitably the mood will be removed as well. We know that it is the proposition of the indicative mood which signifies truth or falsity. Now in this line of thought a negative statement is not of any particular mood (for the mood is removed by the negation), therefore a negative proposition ('statement' is not the correct term then) does not signify a truth or a falsehood.[75]

To sum up: in these three arguments the possibility of negation is contested, since if one defines negation as the remover of the composition there is nothing left that can be denied.

Peter introduces his solution to the difficulty by showing us that indeed a negation cannot destroy the composition. However, it is precisely the destruction of a composition what the negation is apt to do. What he comes up with then is a distinction between two types of composition involved in a proposition.[76] The first one, the specific one, is in fact destroyed by the

---

[72] *Ibid.*, 1,43.

[73] *Ibid.*, 2,44.

[74] *Ibid.*, 45.

[75] *Ibid.*, 46.

[76] *Ibid.*, 47.

negation whereas the second, the general composition, is unaffected by the negation. Peter introduces these two different types of composition by presenting a comparison, starting with the noun. A noun like 'man' (*homo*), he says, has a double signification:[77]

1. a general one (*significatio generalis*), *viz.* the signification of some substance with a quality, as every noun has, and 2. a specific one (*significatio specialis*), *viz.* the signification of a substance *qua* man.

How can this be? Well, if we know for example that the word 'man' is a (substantive or substantivated) noun, but we do not know the precise meaning of that noun, we can be sure that it signifies some substance of some quality, *i.e.* that it refers to an entity of a particular (so far unknown) nature. Only once we have gathered knowledge as to the noun's precise meaning (*significatio specialis*) will we realize that it refers to a specific, *viz.* human, thing. The same can be said of the verb. The general meaning of the verb is to signify an act or being acted upon and on top of that each verb has its own specific meaning, that of signifying a specific act or being acted upon.[78]

In analogy with the signification of the noun and verb, Peter continues, the composition as found in a proposition can also be said to be twofold. First, there is a specific composition (*compositio specialis*) involved in the verb (incidentally, one should understand '*est*')[79] which gathers its signification from the (specific) extremes. Take for example: 'Socrates is running' and 'A man is an animal'. Both propositions express a special composition, *viz.* the former that of Socrates and the specific act of running, and the latter that of the specific entity man and the specific

---

[77] The distinction '*generalis-specialis*' is to be found in other *Syncategoreumata* treatises as well (*e.g.* in John le Page and Nicholas of Paris, cf. below, our chapter IV). It also features in the *Modistae* treatises. In the latter the *significatio generalis* is defined as a criterion to determine what word-class (part of speech) a word belongs to (*i.e.* whether it is a noun, a verb, or whatever) and it is contradistinguished from the *significatio specialis* which is described as determining the differences between words that belong to one and the same word-class. A short explanation can be found in the *Tractatus de constructione* (dating from about 1260) in ms. *Paris B.N. Lat*, 15135, f. 72:
". . . significatio generalis est principium suarum [sc. partium orationis] accidentium consignificatorum. Sed significatio specialis dicitur per quam una pars specialis differt ab alia parte speciale, que partes continentur sub eodem genere, ut 'homo' et 'asinus'." (quoted in Pinborg [1967], p. 35, n. 55)
In an Anonymous commentary on Martinus of Dacia laid down in the ms. *München, Bayerische Staatsbibliothek*, 14324, ff. 18-9, we find a similar explanation:
"Duplex etiam significatum passivum [i.e. res per vocem principaliter representata]: generale quod significatur specialiter per aliquam speciem, que continentur sub aliqua parte orationis." (quoted in Pinborg [1967], p. 124)

[78] *PSCN*, 2,47.

[79] It would not do to take 'verb' in his final remarks (*PSCN*, 2,47, where he speaks of the double composition consignified by the verb) as just any verb. In the first place, he has just discussed the double signification of the verb earlier in 2,47, and, secondly, his mentioning the 'extremes' here suggests that it is '*est*' he is talking about.

quality (form) animal. Well, as has been remarked above, according to Peter this is the type of composition that is destroyed by the negation. There is also another composition involved in both cases, namely the general one which relates equally to all things that can be united.[80] This is the one that is said to be unaffected by the negation, and this can mean nothing other, it would seem, than that whatever the specific nature of the components might be, when we have a sentence that contains the copula, there is always question of some combination. Well, as the negation carried out by the phrase 'is not' (*non est*) affects the specific composition rather than the general one, the composition signified by the copula 'is' must be the specific one. (In fact this would agree with what Peter had said earlier on, that the composition signified by 'is' cannot be understood without the extremes.)[81] What remains to be seen is: how can we explain the analogy between *significatio generalis* and *significatio specialis* (in connection with single terms) on the one hand and *compositio generalis* and *compositio specialis* (in connection with the copula) on the other? Moreover, what can possibly be meant by the 'general composition'?

From the studies in grammar we know that the terms *generalis* and *specialis* are used to distinguish what we would nowadays call the syntactical aspects of a word (determined by its form) from its semantic content. Thus the *significatio generalis* of a word determines whether it is to be classified as a noun, a verb or whatever, and the *significatio specialis* determines its specific meaning, that is the nature of the substance, quality or act the word designates.

Now in analogy with the *generalis-specialis* distinction concerning parts of speech, such a distinction can also be made to analyse the function of the word 'is'. Indeed, the specific meaning of the word 'is' is a specific composition (*compositio specialis*), a combination that cannot be understood without the extremes. Thus the word 'is' always acquires its specified meaning within a definite context. Like any other word, such as a noun or verb, 'is' nevertheless has a general mode of signifying (or function) alongside its specific one (*compositio generalis*). What the negation does not do is to remove that general mode of signifying: for example, by adding 'not' to 'A man is running' we do not accomplish that the mode of signifying of the copula 'is' is removed. Thus the negation in the sentence 'Not: a man is running' does not destroy the mode of signifying of the word 'is': what is denied is not that the verb 'is' has a certain mode of signifying, *viz.* a composition, but rather we are denying that a specific situation, or a specific composition, applies, namely that a man is running.

---

[80] *PSCN*, 2,47.
The addition "which is related equally to all things that can be united" reflects the view that according to Peter, not all 'S is P'-formulas are expressions of a genuine composition. For example, the sentence 'A man is an ass' does not qualify for the label 'composition', because the two extremes *man* and *ass* cannot be united.

[81] *PSCN*, 1,42.

That an interpretation of *compositio generalis* in terms of a grammatical rather than a lexical or semantic feature of an expression is correct appears from what Nicholas of Paris has to say on the distinction at issue. Nicholas explains that there is a twofold meaning in every part of speech, namely a general one and a specific one. Now the general one, he explains, is the type of signification the expression is meant for and on account of this type of signification it is established what part of speech a word falls under: it is the principle of well-formedness in a constructed sentence. The specific signification is what specific words are meant for, and this is a criterion that makes one species of parts of speech differ from another. It is on the basis of this specific signification that we can determine the truth values of complex expressions. The general composition, Nicholas proceeds, determines certain accidental features. The negation does not affect the general signification, for if I say 'non-man', the fact remains that there is a noun involved; rather the negation removes the specific signification, because 'non-man' is the same as 'something other than a man'. The same happens if we add the negation to a verb: the negation removes the *res verbi*, that is, the content of the verb.[82]

Braakhuis has also remarked on this passage in Peter's work. According to Braakhuis, the distinction between the general and specific composition is meant to solve the problem what a true negative sentence is based on in reality.[83] I cannot see, however, how Peter's distinction between the general and special composition could directly explain the ontological basis of negative sentences. The way Braakhuis expresses himself suggests that the general composition Peter speaks of must be identified with the ontological situation. In my opinion what Peter wishes to emphasize here is that negation is indeed an *accident* of composition. To be sure, negation removes the composition, but if that were to mean that it destroys a word's mode of signifying, there would not remain anything to deny either. Therefore in order to have denials the verb 'is' must retain its function of expressing a composition. Of course, Braakhuis is right to the extent that if there is any 'ontological situation' involved, this is 'removed' ('denied') *a fortiori*; but any idea of a negative state of affairs should be entirely ruled out.

Let us now turn to the relationship between denials and affirmations.

---

82 Nicholas of Paris, *Syncategoreumata*, pp. 66(19)-7(10):
"Dicendum quod duplex est significatio in partibus orationis, scilicet: generalis et specialis. Generalis est ad quam pars ipsa instituitur et per quam differt ab aliis . . .. Est alia significatio que est specialis, ad quam partes specialiter instituuntur, per quam differt una species partis ab alia specie eiusdem, que est principium in oratione veritas . . . et falsitas . . .. Significationem ergo generalem sequentur accidentia . . .. Quia ergo negatio non amovet generalem significationem -- ut patet: cum dicitur: 'non homo', nichilominus est nomen quam prius . . . -- sed amovet specialem, -- ut patet, quia idem est 'non homo' quod 'aliud quam homo', -- ita similiter facit in verbo negatio amovere rem verbi, que est principium veritatis vel falsitatis, ab ipso verbo."

83 Braakhuis [1987], p. 107.

3.5 Denials and their relationship to affirmative sentences

Our discussion on the relationship between negation and composition tends towards a certain conception of that composition, namely as a mental combination or complex that can be either affirmed or denied. Clearly in the case of denials the role of the mind is the dominant one in its act of first combining and subsequently denying that very composition. In Peter's discussion on the various relationships between affirmative and negative sentences it becomes even more apparent how he regards the composition as found in both affirmative and negative sentences. However, no more mention is made of composition in this particular part of his work: instead he speaks of a *res affirmata*.[84] That this *'res affirmata'* is to be identified with the mental composite appears from what he has to say on the subject in question.

The various relationships between affirmation and negation are introduced by our author by bringing up a number of questions.

The first problem is that if two negations equal one affirmation why not the other way round? Now this might seem a stupid question to ask, but as we shall see, Peter uses it as a starting point to once again put forward that an 'affirmed' or established composition is the basis of both affirmation and negation. However, there is an important difference between the two: for example, in the affirmative sentence 'Socrates runs' (*Sortes currit*) what is affirmed is that Socrates is running (*Sortem currere*) and this is opposed to the complex that Socrates is not running (*Sortem non currere*). The affirmation of course never destroys its object (that Socrates is running) but instead it asserts the complex and conserves it. The negation, on the other hand, always denies something: therefore it is not an affirmation of something 'negative'; it is opposite to what it denies.[85] Thus what the affirmation affirms and what it is opposed to are two different things, *viz.* what is affirmed and the denial of that complex respectively, whereas what the negation denies and what it is opposed to are one and the same thing, *viz.* the complex that is denied.

The basis of the affirmation is the *res affirmata*, says Peter. There is no doubt that *'res'* in this connection stands for the Aristotelian *pragma*, that is, a state of affairs or 'stateable complex' (De Rijk [1987], p. 44.). Now the affirmation can never destroy the *pragma*, but the negation can. On the other hand, if the *pragma* is denied and this in turn becomes yet another object of a denial, the result is that the latter, *viz.* the denial of the *pragma*, is removed and consequently an affirmation occurs. So ultimately the basis of any denial is also the *pragma*, and this always equals something 'positive'. The negation works on whatever it encounters and destroys it.[86]

---

84 *PSCN*, 2,49.

85 *Ibid.*, 50.

86 *Ibid.*.

What is it that can be destroyed by the negation? We have said above that this is a *pragma*, but that is not entirely correct. Peter explicitly says that the negation is opposed to affirmation and that it removes the *affirmation*, whereas the object of the affirmation is the *res affirmata*. Hence the two different objects are on a different level. We may illustrate this as follows:

- '*est*' is the expression for affirming a composition, *e.g.* that of *Sortem currere*, '*est [Sortem currere]*'; '*Sortem currere*' is the object of the affirmation.
- '*non*' in negative sentences denies the affirmation, '*non [est [Sortem currere]]*', but it can also destroy the negation, '*non [non [est [Sortem currere]]]*', thus leaving an affirmation.

The analysis presented above helps to understand what Peter says on the problem that follows: how is it possible that although a negative proposition as 'Socrates is not running' (*Sortes non currit*) cannot be affirmed, it can nevertheless be denied? For as Aristotle says in the *Topics*, whatever cannot receive one contrary of a pair of contraries, cannot receive the other either.[87]

Peter is not too happy with one possible answer to this problem, that a negation is an affirmation in a certain sense because it has being or an affirmation in it somehow, thus partaking in the nature of affirmation. So that would mean that it does have one of the pair of contraries in it, *viz.* affirmation, and therefore is susceptible of the other as well.[88]

Peter's own answer to the problem is more to the point in that it focuses on what a negation really is. His position is that natural accidents (such as warmth) cannot turn on themselves by working on themselves; instead they work on their objects. It is different with non-natural accidents, or accidents caused by *reason*: accidents of this type can turn on themselves, just as reason can turn on itself by knowing and judging itself. The negation is an accident caused by reason and can reflect on itself or the denied *pragma* (*res negata*) by working on it. Thus a denial can be denied.[89]

Once again our suggestion is confirmed that the negation in denials is not part of the *pragma* itself, but instead expresses the way in which the mind considers the *pragma*. The denial itself cannot be affirmed, unless of course one would consider a sentence as 'Yes, Socrates is not running' as an affirmation, but that is not what Peter means. The *pragma* can never be affirmed if already denied. Only by removing the denial, which is equal to denying the *denial*, can an affirmation result.

This analysis of the negation as a linguistic device (to express a certain mental activity or attitude) also helps to explain why it is not contrary to Aristotle to say that a double negation is

---

87 *Ibid.*, 51.

88 *Ibid.*, 52.

89 *Ibid.*, 53.

besides being an affirmation also the contradictory of a negation, provided of course that the negation and affirmation concern one and the same *pragma*. A double negation is a derived affirmation (*ex consequenti*) and as such it is the contradictory opposite of the corresponding negation. Primarily a contradiction consists of an affirmation and a negation of one and the same *pragma*. It is only because a double negation is equivalent to the corresponding affirmation that it is also contradictory to the corresponding negation.[90]

Peter concludes his account on the negation with a rule that concerns the transposition of words in sentences. It makes no difference, he says, whether 'not' comes before or after a singular term; for example *'Sortes non currit'* and *'Non: Sortes currit'* are equivalent. Peter should have added here that this rule applies only if *'non currit'* in the first example is not considered an indefinite verb, for otherwise there would be a difference between the two. The rule does not apply to universal words, *i.e.* common nouns: the sentences *'homo non currit'* and *'non homo currit'* are not equivalent. The first sentence is indefinite, Peter says. It is not stated how many men are involved: it could concern just one, or more or all, we just do not know. By changing the word order such that we acquire the second example, a universal sentence is the result, for *'non homo currit'* is equivalent to 'No man is running'.[91]

The next subject Peter deals with is the negation as found in particular contexts: this requires special attention because there are many propositions that are difficult to evaluate. The propositions Peter discusses in the following are the ones that contain both a negation and distribution in one single word.

3.6 Puzzling sentences that contain a negation

In the last part of the section on negation Peter discusses two sophismata (*i.e.* ambiguous sentences):[92]

1. 'No man running you are an ass' (*nullo homine currente tu es asinus*),[93] and
2. 'Nothing is nothing' (*nihil est nihil*).[94]

According to the author the first sophism is false and the second is true. Let us examine in what way Peter deals with these two sentences.

---

90 *Ibid.*, 55.

91 *Ibid.*, 56.

92 For the Mediaeval Sophismata-genre, see Kretzmann [1982].

93 *PSCN*, 57-60.

94 *Ibid.*, 61-69.

'No man running you are an ass'[95]

The difficulty as regards the evaluation of this sophism has to do with the interpretation of 'no' (*nullo*), or more specifically, with the scope of the negation 'not' included in that word. The most obvious way to analyse that sentence would be as an affirmative one: what is affirmed is that you are an ass on the condition that no man is running. The sentence can therefore be substituted by 'While (If, Because, or Although) no man is running, you are an ass'. This sentence is absolutely false: you are a man and this is incompatible with your being an ass.[96]

Apart from the analysis just presented some people might have another idea as regards the interpretation of the sophisma which has to do with the word order. 'No' (*nullo*) is placed at the beginning of the sentence and this suggests that there is a possibility to regard the sentence as the expression of some content governed by the negation 'not' included in the word 'no'.[97] In fact the word order is what makes the sentence a sophisma to begin with.[98] Let us compare two other sentences in order to illustrate what effect the word order might have on the ways of interpreting them:

a. 'At eight in the morning he always takes a shower.'

This sentence can be taken to mean only one thing, namely that every morning is such that at eight o'clock he has a shower. On the other hand, the following sentence,

b. 'He always has a shower at eight in the morning.'

is susceptible of two interpretations: in the first place it can be taken to mean that every morning at eight he has a shower, but there is also another possibility, namely that every shower is such that he takes it at eight in the morning. The first interpretation (the one that equals the meaning of a.) expresses that he takes a shower every morning (at eight), whereas the second leaves doubt as to his cleanliness, for it is only said that when he takes a shower, he does so at eight in the morning, but not that he does indeed have a shower every morning.

As in the examples shown above, our sophisma could also be considered ambiguous owing to the word order; if the sentence read 'You are an ass while (if, because or although) no man is running' (*tu es asinus nullo homine currente*) it could only mean one thing, *viz.* what we have seen above (an affirmation of the state of affairs that you are an ass including some qualification (condition, reason, etc.)). However, with 'No' at the beginning one could suggest that we are entitled to split up that word into two elements, *viz.* a negation and a distribution. The sentence

---

95 I have translated *'nullo homine currente'* as 'no man running' in an attempt to preserve the ambiguity on which the sophisma turns.

96 *PSCN*, 2,58.

97 *Ibid.*, 57.

98 For the role of the word order in sophismata, see *e.g.* De Rijk [1980:b].

would then read 'Not a man running you are an ass' and could be substituted by 'Not while (if, because or although) a man is running you are an ass'. The sentence has now become a denial of your being an ass in connection with some man's running, and that, of course, is true.

Peter of Spain does not agree with the second reading of the sophisma. To be sure, one is entitled to substitute 'no' in the original sophisma by 'not a' and thus change the sentence into 'Not a man running you are an ass'. However one must not forget that the scope of the negation in the original sophisma was limited to the adjoined participle-phrase ('no man running') and this scope remains the same even if the negation in 'no' has been disconnected. In other words, disconnected or not the negation can never cover the whole sentence and thus reach the affirmation. Therefore the assertion that you are an ass remains, which is false.[99] The reason the negation can go no further than the participle-phrase is that if a negation and distribution are included in one word, the negation always has the same scope as the distribution, according to Peter.[100]

'Nothing is nothing'

The next sophisma on Peter's list contains yet another word that includes both distribution and negation: 'nothing'. In the *Tractatus* Peter goes into the meaning of the word 'nothing': ". . . it signifies the same as the sign 'no' and, moreover, the word receiving its distribution, because 'nothing' signifies 'no thing'; for 'no' is a universal sign with a negation, 'thing' is the term which receives its distribution."[101] (*Tractatus* XII, p. 220(5-9)) As to the word 'no', ". . . this word signifies negatively taken universally. Thus it signifies the same as the sign 'every' with the negation placed after <it>. And therefore 'every: not' and 'no' are equipollent." (*Ibid.*, p. 219(5-9))

According to Peter the sophisma under discussion is true, for the sentence is equivalent to 'Everything is something' (*quidlibet est aliquid*) on account of the following rule: 'Whenever two universal negative signs are placed in one and the same proposition, such that if one <is placed> in the subject and the other in the predicate, the first is equivalent to its contrary and the second to its contradictory opposite.'[102] This rule is presented without any further explanation. In order to

---

[99] Elsewhere I have discussed Peter's way of dealing with this sophisma in comparison with an account presented by William of Sherwood; see Spruyt [1985].

[100] *PSCN*, 2,60.

[101] Note that Peter speaks of 'distribution', the common expression roughly indicating the same as what we call 'quantification' in modern logic. Distribution is brought about by adding distributive signs to the subject- or predicate term. The universal sign is 'all' or 'every' (*omnis*). 'No' (*nullus*) is a sign that includes both (universal) distribution and negation: 'All (or 'every') . . . not' equals the expression 'no' (*nullus*).

[102] *PSCN*, 2,63.

discover the origins of this rule we must turn to the *Tractatus*, in which the author pays attention to certain rules of inference concerning sentences that contain one or more negations. In fact it appears that the rule mentioned above derives from three other rules of inference:

1. If a negation is placed before some sign, it equals its contradictory opposite.

   The following sentences are thus equivalent: 'Not every man is running' (*non omnis homo currit*) and 'Some man is not running' (*quidam homo non currit*).

   The expressions meant by Peter are 'every' and 'some . . . not'. Therefore the first sentence can be substituted by another one consisting in the contradictory opposite of what comes after 'not' in the first sentence, for 'Every man is running' and 'Some man is not running' are contradictory opposites.

2. If a negation is placed after some universal sign, it equals its contrary opposite. Therefore the following pairs of sentences are equivalent:

   a. 'Every man is not an animal' (*omnis homo non est animal*) and 'No man is an animal' (*nullus homo est animal*), and b. 'No man is not running' (*nullus homo non currit*) and 'Every man is running' (*omnis homo currit*).

   The expressions involved in a. are 'every' and 'no' and in b. 'no' and 'every'. Therefore in a. the first sentence can be substituted by the contrary opposite of the former's corresponding affirmation; for 'Every man is an animal' and 'No man is an animal' are contrary opposites. In b. the first sentence is equivalent to the contrary opposite of the former's corresponding affirmation; for 'No man is running' and 'Every man is running' are contrary opposites.

3. If a negation is placed before and after some universal sign, it equals its subaltern sign. According to this rule we may substitute 'Not every man is not running' (*non omnis homo non currit*) by 'Some man is running' (*quidam homo currit*). The expressions referred to here are the subaltern 'every' and 'some'; thus the first sentence may be substituted by the subaltern of 'Every man is running'.

These three rules, Peter explains, imply the rule we started off with, that is, the one on account of which the sophisma is true.[103] The first 'nothing' thus equals the expression 'everything: not' (*quidlibet non*) in virtue of rule no. 2. The second 'nothing' equals 'not something' (*non aliquid*) according to rule no. 1. The sophisma now reads 'Everything is not not- something' (*quidlibet non est non-aliquid*); two negations are equivalent to one affirmation and therefore we are left with 'Everything is something' (*quidlibet est aliquid*).

There is an objection against the claim that the sophisma is true. It is argued that the sophisma implies the following: 'Nothing is no substance' (*nichil nulla substantia est*) which, in turn, is

---

[103] For his discussion of the three rules and their equivalence to the first see *Tractatus* I, pp. 10(4)-11(16).

equivalent to the proposition 'Everything is a substance' (*quidlibet est aliqua substantia*). Now the latter is false in virtue of the fact that its contradictory opposite, 'Something is no substance' (*aliquid est nulla substantia*), is true: there are things, such as whiteness and every other accident, that are not a substance.[104]

Peter of Spain objects to this line of reasoning on the following grounds: the opponent has made the mistake of arguing from general usage. In general usage the proposition 'Everything is something' is considered to imply 'Everything is some substance'; strictly speaking, however, the latter does not follow from the former.[105]

The reason the opponent gives for allowing for the inference just mentioned is that in that case there is question of the *locus a genere sive a toto in quantitate*.[106] Actually this rule consists of two different *loci* discussed by Peter in the *Tractatus*. The first one is the *locus a toto universali sive a genere*, or the rule validating inferences from the total universal or the genus. It is explained as follows: "The total universal as taken here is the higher and substantial. The subjective part is that which comes under the universal."[107] In other words, the rule concerns inferences from a universal to 'parts' of that universal. The universal must be a substantial one, that is, an essence. This rule thus accounts for inferences from genera to species. "The *locus* . . . is the relationship it [*i.e.* the universal] has to part of it or its species. It is always destructive, for example: 'A stone is not an animal, therefore a stone is not a man.'"[108] Peter gives us a maxim as regards this rule: once a genus or total universal has been removed, the species or subjective part is removed as well.[109]

The second rule mentioned by the opponent is the *locus a toto in quantitate* or the rule validating inferences from the quantitative whole. Let us consider Peter's explanation and remarks: "A quantitative whole is a universal taken universally, for example 'every man', 'no man'. The *locus* . . . is the relationship it [*i.e.* the universal taken universally] has to its part. It is constructive and destructive."[110] Peter then gives us a number of maxims connected with this rule of inference:

1. Whatever is said of a quantitative whole is also said of each one of its parts, or if the universal is true every one of its singulars is true as well; *e.g.* 'Every man is running,

---

104 *PSCN*, 2,62.

105 *Ibid.*, 64.

106 *Ibid.*, 65.

107 *Tractatus* V, p. 63(14-15).

108 *Ibid.*, p. 63(16-19).

109 *Ibid.*, p. 63(20-21).

110 *Ibid.*, p. 64(23-27).

therefore Socrates is running'. This is an example of what Peter calls 'constructive'[111] by which he means that if the universal affirmative is true, each one of its singular affirmatives is true as well.

2. Whatever is removed from a quantitative whole is also removed from each one of its parts, or, if the universal is true each one of its singulars is true as well; *e.g.* 'No man is running, therefore Socrates is not running'. The inference from a negative universal to a negative singular is called 'destructive'.[112]

In Peter's opinion the sophism under discussion does not imply the sentence 'Nothing is no substance', for neither the *locus a genere* nor the *locus a toto in quantitate* applies here. Instead, he says, there is question of a fallacy of consequence (*fallacia secundum consequens*).[113] He gives an example of such a fallacious inference: 'No man is no animal, therefore no man is nothing risible' (*nullus homo est nullum animal, ergo nullus homo est nullum risibile*). The underlying fallacy is to infer thus: 'An animal is, therefore a risible <thing> is', as in 'An animal is running, therefore a man is running' and 'Every man is an animal, therefore every man is a risible <thing>'. Likewise one assumes that 'No man is no animal, therefore no man is nothing risible' is a valid inference. All these invalid inferences follow from one and the same mistake; 'animal' does not imply 'risible <thing>'. Analogously 'nothing' does not imply 'no substance'.[114]

Finally Peter discusses another argument someone might come up with, *viz.* that the conclusion of the argument to the contrary is true and that therefore the sophisma is true. In that case the argument meant in opposition against the sophisma would not be an argument to the contrary at all, but instead an argument in defence of the sophisma. The conclusion meant here is 'Nothing is no substance'. According to the present argument the latter is true because it is equivalent to 'No substance is nothing'. That the two propositions mentioned are equivalent, it is said, would appear from the rule mentioned above (namely in *PSCN*, 2,63), because according to that rule 'No substance is nothing' is equivalent to 'Every substance is something'; furthermore, it would appear from the fact that its contradictory opposite, 'A substance is nothing', is false. Therefore the proposition 'No substance is nothing' is true and its converse, 'Nothing is no substance', is true as well.

Every part of the argument presented above is valid, except for the conclusion, the claim that 'No substance is nothing' is true and that therefore 'Nothing is no substance' is also true. The

---

[111] By using this expression Peter follows common usage which goes back to Aristotle's *Topica*.

[112] *Ibid.*, p. 65(1-11).

[113] *PSCN*, 2,65. (The mss. all read *'locus' secundum consequens* in this connection; however, Peter must have the *fallacy* of this name in mind, otherwise the argument would make no sense. Hence my emendation of the text.)

[114] *Ibid.*, 65-67.

conversion is invalid because the opponent has failed to notice the scope of the negation in the first proposition. The first proposition reads 'It is not the case that a substance is nothing' and may be substituted by 'No nothing is a substance'. Both of these propositions are true and therefore the conclusion of the argument to the contrary is not proved.[115]

3.7 Conclusion

Now that we have come to the end of Peter's chapters on 'composition' and 'negation' we should return to his opening lines, "It is because the 'thing <involved>' is or is not that a proposition is said to be true or false", in order to see how the definition expressed in these lines relates to the notion of 'composition'.

It must have become evident by now that the translation of *'res'* as 'thing <involved>' is an inaccurate one (although in view of the remainder of the first paragraph there is no other option): *'res'* should be interpreted as 'state of affairs' in the same way as in Aristotle.[116] The syncategorematic word *'est'* when actually used plays a major role in order to judge the truth or falsity of sentences in that it expresses an affirmation of a state of affairs. The composition that was introduced by Peter as the (con)signification of the copula has turned out to be identical with the *res* mentioned in the definition of truth. Thus by 'composition' Peter does not merely understand the combination of a subject and predicate on the syntactical level (although indeed the sentences Peter brings up to illustrate the notion of 'composition' are always of the form 'S is P'). The composition on the mental level is a specific state of affairs, which, when affirmed, can be expressed in the form of 'S is P'; this is the surface structure of an affirmative sentence, in which *'est'* signifies a composition (that cannot be understood without the extremes). It is crucial, however, to always be aware of the underlying deep structure of such a sentence (as we have seen in 3.5 on negation): a complex expression such as 'Socrates runs' (*Sortes currit*), for example, has the underlying deep structure 'It is the case that Socrates is running' (*'est [Sortem currere]'*). This means that the verb *'est'* has both the function of a copula in that it conjoins a subject with an attribute (on the syntactical level), as well as being a functor with assertive force.

As far as the assertive force of the verb *'est'* is concerned Peter's theory fits in remarkably well with that of Aristotle.[117] One might wonder whether his was a unique theory in the thirteenth century. In the following chapter we shall introduce a number of Peter's contemporaries on that issue, to discover that in a great many repects, at least, he was not alone in his ideas on the 'meaning' of the copula.

---

115 *Ibid.*, 67-68.

116 Cf. Nuchelmans [1973], pp. 33-36.

117 Cf. De Rijk [1987:a], p. 53.

Besides being an expression that refers to something on the mental level, the notion of 'composition' as it features in Peter's treatise is also used to refer to something extramental. The author has repeatedly emphasized that a composition as expressed in a true affirmative sentence is always based on some sort of being. Although, admittedly, he does not restrict the use of '*est*' to the notion of a real composition only, for he also speaks of composition in connection with non-beings in which case there is no real composition, he does seem to favour a close connection between real being and being as expressed by the word '*est*'. For example, we have seen that he does not regard assertions concerning non-beings as true *simpliciter*, but they are true-in-a-certain-sense (*quodammodo*). Thus in spite of the fact that he makes a clear distinction between the different requirements for an assertion to be true (the requirements for sentences that concern beings *simpliciter* and those that concern beings-in-a-certain-sense respectively), the mental bases on which the two different types of judgements rest are not really distinguished from one another. Particularly the section on the different operations of the mind as connected with the meaning of the verb suggest a fixation on reality alone.[118]

In our next chapter we shall deal with authors that have accounts very similar to Peter of Spain's but for some of whom the notion of 'composition' causes less trouble, it would seem, than Peter of Spain's.

---

118 See above, 2.5-3.1.

CHAPTER IV CONTEMPORARY VIEWS ON COMPOSITION AND NEGATION

4.1 John le Page

Although unlike Peter of Spain's work, John le Page's treatise does not display any systematical structure as regards the question which syncategorematic words are the most basic ones,[1] the latter does indeed suggest that he considers the word *'est'* at the basis of *'non'* and thus that negation can only be studied after having discussed composition. He presents the same argument as Peter of Spain to back up this claim,[2] *viz.* that Aristotle says that all non-being and negation contain being and affirmation respectively. Therefore in order to understand the negation one must deal with affirmation first. In fact the negation is divided into different types in accordance with the different types of composition.[3] John le Page then (like Peter) apparently considers *composition* the key notion involved in understanding the ins and outs of both affirmation and negation. What we must do first is to look at the different types of composition. John immediately comes up with the types of composition as found in what Peter also called *modi significandi*, leaving the compositions relevant to other sciences until later, when he considers the question whether or not the list of compositions presented by him is exhaustive.[4]

John distinguishes between three different types of composition, *viz.* the composition found in a noun *i.e.* of a quality with a substance, the composition as found in the verb, *i.e.* of an act separated from a substance and, finally, the composition as found in the participle, *i.e.* of an act united with substance.[5] These types of composition are *modi significandi*. For example, a noun does not signify what in fact (*vere*) is a substance or quality, but rather it refers to something in the

---

1 See Braakhuis [1979], Vol I, p. 173.

2 Cf. *PSCN*, 0,11.

3 Braakhuis [1979], Vol I, p. 214:
"Quoniam dicit Aristotiles quod in non esse intelligitur esse et omnino in negatione affirmatio, oportet ad habendum plenum negationis intellectum prius habere intellectum compositionis. Diversificatur enim negatio penes differentias compositionum. Propter hoc dicamus differentias compositionum quas consecuntur differentie negationum."

4 *Ibid.*, p. 215:
"Sed hiis habitis dubitare contingit utrum debea<n>t esse dictiones significantes alias compositiones quam compositionem actus ad substantiam et qualitatis ad substantiam. Et videtur quod sic . . .."

5 *Ibid.*, p. 214:
"Est enim quedam compositio qualitatis ad substantiam, cuiusmodi compositio est in nomine. Est alia compositio actus ad substantiam. Sed hec dividitur dupliciter, quoniam actus ad substantiam potest comparari dupliciter: aut enim significatur actus sicut unitus substantie, aut sicut distans a substantia. Primo autem modo est compositio in participio, secundo modo in verbo."

way of a substance and quality (*per modum substantie et qualitatis*).[6] What is the difference then between these types of composition and other ones (such as the composition of form with matter, of intregal parts, of parts which are singular united with a whole, or of a difference with a genus)? Or, as John le Page puts it, why are the compositions of modes of signifying limited to the compositions of a quality with a substance and an act with a substance only such that the other compositions just mentioned are not included? For all these compositions can be understood, and all that is understood can be referred to, because that is precisely what words are meant to do.[7]

Now as we have noted, the signification of the different kinds of words are not really things. Rather they are modes of things. Therefore it is evident, according to John le Page, that expressions (*dictiones*) need only signify compositions that are modes of being or modes of signifying. Hence the compositions at issue here do not fall under the heading 'meaning of a word' because they are compositions found in reality and not compositions as modes of signifying.[8] In order to explain what a word is meant to do, John gives the example of 'whiteness' (*albedo*). Now such a noun signifies a substance with a quality. That does not mean, however, that 'whiteness' is actually a substance, *i.e.* there is no such thing as a substance in reality we call 'whiteness' (as Plato might have had it); rather it behaves in the way of a substance.[9] 'Whiteness' then is something we can talk about, and when we do, it seems as if we are talking about some substance called 'whiteness', without there actually being any such substance, however. The same explanation goes for the compositions found in the other words: all concern combinations of modes of being or

---

6 *Ibid.*, p. 216. (See for the text our note 9.)

7 *Ibid.*,, pp. 215-216:
"Cum ergo contingat intelligere omnes illas compositiones [scil. compositio forme cum materia, compositio partium integralium, compositio partium que sunt singulare<s> unite cum toto, compositio differentie <cum> genere], et omne quod contingit intelligere contingit significare, ad hoc enim sunt voces institute, ut sint note intellectuum et passionum - videtur quod debeant esse dictiones significantes compositiones predictas. Et ita non solummodo debent esse dictiones significantes compositionum actus ad substantiam et qualitatis ad substantiam."

8 *Ibid.*, p. 216:
Quoniam . . . significatio dictionis non est ipsa res sed modus rei . . . manifestum est quoniam dictiones solum debent significare compositiones modorum esse<ndi> vel modorum significandi, et non compositionem ipsarum rerum. Et ita, <cum> compositio generis et differentie et materie et forme et partium integralium non sint compositiones modorum significandi sed magis ipsarum rerum, non debet esse compositio huiusmodi significatio dictionis.

9 *Ibid.*, p. 216:
". . . non enim est nomen quia significet quod vere substantia est vel quod vere qualitas est, sed quia significat aliquid per modum substantie et qualitatis. Quod patet in nomine 'albedo': 'albedo' enim non significat vere substantiam, sed quod [quia *ms.*] habet per modum substantiam."

modes of signifying, not any union of entities that in one way or another are 'things' in their own right.[10]

So much for John le Page's explanation of the *modi significandi*. Having mentioned the two main types of composition of the *modi significandi*, *viz.* of a quality with a substance and of an act with a substance, the treatise continues with an account of the difference between these two. According to our author, there are two main characteristics that set the composition of an act with a substance apart from the composition of a quality with a substance. First of all, the former is able to receive an inclination indicating an affect of the mind, and, secondly, it is also susceptible of truth or falsity; both characteristics are lacking in the composition of a quality with a substance.[11] Like Peter, John elaborates his thesis by going into objections one may have against such an analysis of the difference between the composition of a quality with a substance and that of an act with a substance.

The first objection has to do with the *'inclinatio animi'*. The opponent argues that there are two types of composition: the composition that is involved in something incomplex and the one involved in something complex. Now both the incomplex and the complex can be known: the incomplex is known by way of a definition, the complex by way of reasoning, thus the incomplex, like the complex, is susceptible of knowledge. Now in the incomplex there is a composition of a quality with a substance and in the complex there is a composition of an act with a substance. It would appear then that not only the composition of an act with a substance, but also the one of a quality with a substance can receive an *'inclinatio animi'* indicating the way in which the mind is affected.[12]

---

10 *Ibid.*, p. 216:
"Quoniam igitur significatio dictionis non est ipsa res sed modus rei, cum compositio autem significata per dictionem sit unius significationis cum alia significatione, cum res non est significatio dictionis sed modus rei, manifestum est quoniam dictiones solum debent signifcare compositiones modorum esse < ndi > vel modorum signifcandi, et non compositionem ipsarum rerum."

11 *Ibid.*, p. 217:
"Una differentia est quoniam compositio actus ad substantiam nata est recipere inclinationem demonstrantem animi affectum; compositio autem qualitatis ad substantiam non est nata recipere inclinationem demonstrantem affectum. Item alia differentia est est quoniam compositio actus ad substantiam possibilis est ad recipiendum supra se veritatem vel falsitatem; compositio qualitatis ad substantiam non."

12 *Syncategoreumata* (ms. Paris B.N. Lat., 15.170, f. 69va):
"Contra illas differentias sic dubitatur hoc modo. Duplex est compositio: complexi et incomplexi. Diffinitio autem est ratio cognoscendi incomplexum, ratiocinatio est ratio cognoscendi complexum. Et ita videtur quod incomplexum sit cognoscibile sicut complexum et ita ipsum incomplexum est habens potestatem et eam potestatem ad receptionem cognitionis quemadmodum complexum. Quare cum in incomplexo sit compositio qualitatis ad substantiam, in complexo actus ad substantiam, videtur quod compositio qualitatis ad substantiam nata sit recipere inclinationem demonstrantem animi affectum quemadmodum compositio actus ad substantiam."

There is a great difference between what nouns and verbs do: nouns indeed reflect something of the mind just as verbs do, but, unlike verbs, they do not reflect what John and his contemporaries call an *inclinatio* of the mind. Of course nouns are the signs of concepts (*intellectus*). So indeed an act is involved in the meaning of the noun insofar as it takes an act on the part of the intellect to grasp (*apprehendere*) the composition of the substance with a quality involved. The composition found in a noun then differs from the composition found in the verb not because there is no act involved in the former, but because the act involved in the meaning of the noun does not fall under the label 'inclination of the mind'. In other words, the composition to be found in the significations of nouns are concepts merely grasped by the mind, whereas the composition found in the signification of the verb and participle are reflections of an *inclinatio* (or modification) of the mind, which Le Page defines as 'an act of the intellectual faculty of ordering and combining one thing with another' (*inclinatio est actus virtutis rationalis ordinantis et componentis unum cum altero*) as opposed to the act of merely grasping a concept which is performed by 'the faculty of apprehending and understanding' (*virtutis apprehendentis et intelligentis*).[13]

Now the two types of composition are not only different on account of the '*inclinatio*'[14] the one has and the other does not, but also in virtue of the fact that only the composition of an act with a substance is able to receive truth and falsity. But surely, it is argued, we can speak of truth and falsity in compositions of a quality with a substance as well? In other words, surely we can speak of a noun being true or false? Let us follow his account in detail.

John introduces us to an opponent who draws a comparison between an assertion and a composition. Now just as an assertion (*enuntiatio*) can be called true because it says that something is in something else which in fact is in that something, and false because it does says that something is in something else which in fact is not in that something, in th same way, the opponent continues, that composition is true which unites something with that in which it is, and false which unites something with that in which it is not. Now an act can either be in something or not be in something, therefore the composition of an act with a substance is sometimes true, and sometimes false. And the same goes for a quality, which can either be or not be in something else. Hence the composition of an act with a substance and of a quality with a substance would not be different on account of the fact that only the composition of an act with a substance is the

---

13 Braakhuis [1979], Vol. I, p. 217:
"Dicimus quoniam compositio qualitatis ad substantiam est intelligibile, et incomplexum significans hanc compositionem est significans intellectum, et voces sunt note passionum que sunt in anima, et hoc est: intellectuum; unde bene concedimus quod compositio signifcata per nomen apud grammaticum cum actu intelligendi est; sed non est sub inclinatione animi, quoniam inclinatio est actus virtutis rationalis ordinantis et componentis unum cum altero, et non virtutis apprehendentis et intelligentis."

14 For the term '*inclinatio*' see the glossary, our Chapter I, 1.5, above.

bearer of truth and falsity, whereas the composition of a substance with a quality is not, the opponent concludes.[15]

Again, that the composition in a noun can be the bearer of truth or falsity is argued by bringing up the composition in the noun 'chimaera'. This composition is argued to be false, in virtue of the fact that it is a composition of diverse parts of which one cannot be united with another.[16]

Indeed the *res* signified or referred to by an incomplex noun can be called a true or a false one, but the incomplex noun in itself is not a true or a false one in the same sense. Thus the truth and falsity involved in incomplex expressions do not apply to the incomplex expressions themselves but rather to what they indicate. Truth, says John, is said in two different ways, just like health. For we can apply the term 'healthy <thing>' (*sanum*) to both urine and men: the expression applies to urine as something that is an indication of health (*significans sanitatem*) and to men as the subject of health. The word 'true' is in fact ambiguous, just like the word 'healthy'. When applied to a man, 'healthy' (*sanum*) signifies the subject of 'health' (*sanitas*), whereas when applied to urine it signifies the 'indicator' of health. And it may happen that a man is healthy while his urine is not, because it does not indicate his health. Similarly, John argues, 'true' is said in different ways, namely of a *res* or of an *oratio* (a complex expression); when said of the former it is said of the subject of truth, when applied to the latter it is said of its sign.[17] A *res*'s truth or falsity is based on its being or not being. Thus when a *res* is it is true, when it is not it is false.[18] What about the truth of an expression? Well, the latter type applies to the sign of some

---

15 *Syncategoreumata*, f. 69va:
". . . videtur quod sit nata recipere veritatem vel falsitatem hoc modo: dicitur enuntiatio vera que enuntiat aliquid inesse alicui quod ei inest et enuntiatio falsa que enuntiat aliquid inesse alicui quod ei non inest. Similiter compositio vera que componit aliquid ei cui inest, similiter compositio falsa que componit aliquid illi cui non inest. Sed sicut contingit actum inesse et non inesse, similiter propter hoc compositio actus ad substantiam aliquando est vera, aliquando falsa. Similiter qualitatem contingit inesse et non inesse substantie. Compositio qualitatis ad substantiam aliquando erit vera, aliquando falsa. Et sic videtur quod compositio qualitatis ad substantiam et compositio actus ad substantiam non habent differentiam prius assignatam."

16 *Ibid.*.:
"Similiter queritur de compositione que est in hoc nomine 'chimaera' utrum sit vera vel falsa. Et videtur quod sit falsa quoniam est compositio diversrum partium quarum una non potest uniri alii."

17 Braakhuis [1979] Vol. I, pp. 217-218:
"Veritas enim dicitur dupliciter, quemadmodum et sanitas. 'Sanum' enim de urina et de homine multipliciter diciter. Dicitur enim 'sanum' de urine sicut de significante, de homine sicut de subiecto; et possibile sit quod sanitas insit homini, non tamen urina est sana, quia non indicat sanitatem. Similiter veritas dicitur dupliciter: de re et de oratione; dicitur enim de re sicut de subiecto, de oratione autem sicut de signo."

18 *Ibid.*, p. 218:
"Sed causatur oppositio veri et falsi in rebus ab oppositione essendi et non essendi rerum; . . . unde cum est res, vera est, cum non est, falsa est."

being (*res*), not to the thing itself. So truth and falsity apply to an expression precisely because it indicates that a *res* is or is not (*rem esse aut non esse*). John then drums into us the difference between 'to signify that a *res* is or is not' on the one hand, and 'to signify a *res* which is or is not' on the other, and now we see that *res* can mean something other than an incomplex. When one says 'that Socrates runs' (*Sortem currere*) one is referring to (Lat.: *significare*) a *res* which either is or is not. In other words, one is referring to a state of affairs that obtains or does not obtain. The indication of its being the case or not only occurs when one says 'Socrates runs' (*Sortes currit*).[19] Thus from 'Socrates runs' follows 'that Socrates runs is true'. An expression then is said to be true or false when it indicates *that a state of affairs is the case or not*, not because of the fact that it signifies a thing that is or that is not. And therefore a noun is not said to signify truth or falsity because a noun does not indicate that something is or is not. Indeed, a noun does not imply the *esse* of the thing it signifies; it is the thing itself that *is* or *is not*. In incomplex things we only find truth as in their subject but there is no truth of sign in them.[20]

A few remarks now about John's seemingly rather equivocal use of the term *res*. Throughout the passage we have just discussed, John constantly opposes the term *res* against the term *oratio*. However, when he says 'Cum enim dico . . . aut non esse' (see above, n. 19) one has the impression that he first takes *res* as a *pragma*, *viz.* the state of affairs that-Socrates-is-running, and thus as the semantic content of the linguistic entity called '*oratio*'. On the other hand, in what follows, 'Dicimus ergo . . . rem que est' (see above, n. 20), surely he must take *res* to mean 'a thing which is', as opposed to 'that a thing (*pragma*) is'. The ambiguity is only on the surface, however. In the opposition *res-oratio* the term *res* always has the meaning of *pragma*, the semantic content of a complex expression, whereas *oratio* is used for the linguistic formulation of the content in question.

To return now to John's comparison of the word 'true' with the word 'health' (see above, n. 17): sometimes a man can be healthy even though his urine does not indicate health; in precisely the

---

[19] *Ibid.*, p. 218:
"Veritas autem de oratione dicitur sicut de signo; unde dicitur oratio vera vel falsa, quia significat rem esse aut non esse. Et fiat differentia inter significare rem esse et non esse et significare rem que est aut que non est. Cum enim dico 'Sortem currere', significo rem que est aut que non est, sed non significo eam esse aut non esse; sed cum dicitur 'Sortes currit', virtute indicationis significatur res esse aut non esse."

[20] *Ibid.*, p. 218:
"Unde sequitur: 'Sortes currit; ergo Sortem currere est verum'. Dicimus ergo quod non dicitur sermo verus aut falsus ab eo quod significat rem que est aut que non est, sed ab eo quod significat rem esse aut non esse. Et propter hoc nomen non dicitur significare verum vel falsum; nomen autem significat rem que est aut que non est, sed non significat eam esse aut non esse, quoniam ad nomen non sequitur esse rei, sed ipsa res, que significatur per nomen, est aut non est. Et propter hoc <in> incomplexis est veritas sicut veritas subiecti, sed non est veritas signi; in complexis autem sive in orationibus est veritas sicut signi."

same way a *pragma* can be true (that is, it can be the case) without the *oratio* (linguistic expression) indicating its truth (*i.e.* in the case of a false expression (*oratio falsa*).

4.11 The composition as found in the verb

The next problem John le Page deals with concerns the status of the composition found in the verb: is this composition merely a mental composition or is it an actual being?[21] This question also came up in Peter of Spain's treatise when he raised the problem whether the composition involved in an expression of the type 'S is P' is a being or not.[22] Le Page poses the problem on similar grounds but phrases it differently in a first argument presented to counter the claim that the composition at issue is always an actual being.

In favour of the position that such a composition is always a mental being only is explained with reference to the meaning of the words 'true' and 'false'. These words primarily apply to a composition. Now the true can be, but the false can never be. Nevertheless, both 'true' and 'false' apply to a composition which therefore must be neutral as regards being and non being. Now as being and non being only have mental being in common, a composition can only have mental being.[23]

An argument to the contrary presented by Le Page is familiar to us, stating that the composition we are dealing with is a composition of *extremes*, so whatever the being of the composition, the being of the extremes will be the same. Therefore if the composition under discussion were to have mental being only, the extremes would also have only mental being. This in turn would mean that the sentence 'The Antichrist is a man' is true, since it would only posit the mentally being of the composition that-the-Antichrist-is-a-man.[24]

---

21 *Ibid.*,p. 219:
"Hiis habitis queritur de compositione significata per verbum, utrum sit ens in anima tantum vel sit ens secundum actum."

22 *PSCN*, 1,45-56.

23 Braakhuis [1979], Vol. I, p. 219:
"Quod sit ens secundum animam tantum, videtur posse ostendi hoc modo: hec enim [*ms.*; est *b*] oppositio 'verum vel falsum' inest compositioni primo; sed verum poterit esse, falsum non poterit esse; quare subiectum veritatis et falsitatis non est ens neque tantum non ens sed commune enti et non enti; sed nichil ens est commune enti et non enti; quare compositio non est ens secundum actum sed secundum animam tantum."

24 *Ibid.*, p. 219:
"Si hoc concedatur, contra: extrema ponuntur in esse secundum exigentiam compositionis. Unde si compositio sit ens secundum animam tantum, non poneret extrema nisi secundum animam tantum; et ita videtur quod per compositionem verbi non possunt poni extrema nisi secundum animam et non secundum actum; et ita hec esset vera 'Antichristus est homo'."

John le Page seems to admit that there must be an actual composition as well as a mental one but sets out to qualify the phrase *'secundum actum'*. He argues that the composition insofar as it is signified by the verb need not be present, but it can be past or future as well. In order to explain this position he compares the composition signified by the verb to other types of *significata*. For example, he tells us, the imposition of the word 'man' does not concern humanity as immanent in a present man only: it signifies man whether in the past, present or future. The supposition of the word 'man', however, depends on what time is consignified by the verb.[25] This cannot mean, however, that all propositions containing a present-tense verb indicate that a composition actually is; for, as someone might object, there are false statements about the present as well as true ones.[26]

At this point John le Page sets out to dispose of any such objection by presenting a full explanation. He makes use of the distinction between saying something as being at present on the one hand, and saying that something *is* at present on the other: for it is one thing to be something now, but to say that something is the case is quite another (just as to be a substance is one thing and to signify a substance is something other). Once again he comes up with the word *'albedo'*: this word signifies a substance, but whiteness certainly is not a substance. The situation as regards the verb is similar: the verb signifies or determines a present composition, or it signifies a composition *as* present which in fact is not a present one. Therefore it is possible to speak untruths, because these expressions signify something to be present which is not present.[27]

The account of the status of the composition involved in the use of the verb is concluded by dealing with the question in which category we are to place that composition, that is, if it can be

---

25 *Ibid.*, pp. 219-220:
"Ad hoc dicendum quoniam compositio, prout significatur per verbum, non est ens secundum actum solum. Sed dicimus quoniam sic est in compositione sicut in aliis rebus significatis. Hoc enim nomen 'homo' non est impositum ad significandum humanitatem in comparatione ad substantiam in qua est humanitas, sed communiter in comparatione ad substantiam in qua est humanitas vel in qua fuit vel in qua erit. . . . Et propter<ea> verba quibus adiunguntur predicta nomina non semper supponunt predictam substantiam ita communiter comparatam ad qualitatem, sed supponunt quandoque substantiam comparatam ad qualitatem determinate secundum aliquam differentiam temporis; et huiusmodi determinatio habetur ratione temporis, quia verbum est consignificativum temporis . . .."

26 *Ibid.*, p. 220:
"Sed adhuc obiciet aliquis quoniam aliqua enuntiatio de presenti est falsa . . .."

27 *Ibid.*, p. 220:
". . . dicendum quod aliud est <dicere rem ut > [ut rem esse *ms.*] presentem et aliud est dicere rem esse presentem, sicut aliud est esse substantiam et aliud est significare substantiam. Albedo enim non est substantia et tamen hoc nomen 'albedo' significat substantiam. Dicimus ergo quoniam verbum ratione presentis temporis, quod significat cum modo, significat vel determinat compositionem presentem vel significat compositionem ut presentem, et tamen non est compositio presens. Et propter hoc est enuntiatio falsa, quia significat presenter esse quod non est presens."

placed in a category at all.[28] In order to explain his opinion on this matter John compares composition with a multitude. A multitude, he explains, can be signified in two ways: 1. as a disposition of some thing which is its subject, thus as a property of something in reality; 2. as a disposition of a subject insofar as it is a subject (that is, insofar as it is made a subject by the speaker). An example of the first kind would be 'many men' (*multi homines*): 'many' refers to a multitude of men which, *qua* multitude, exists in reality; in the second way an example would be 'every' (*omnis*) which signifies a subject insofar as it is a subject. In the former case the word in question signifies a species of the genus quantity, in the latter case it does not, nor is there any other genus it can belong to, for it in fact does not belong to any of the things that are, and, accordingly, cannot be suitably categorized at all.[29]

Now the same distinction, John argues, can be applied to the signification of composition: 1. a composition can be signified *qua* composition (in analogy with the second way of signifying a multitude) and as such it is signified by the verb: in this way it is not a *res* or a being and therefore it does not fall within any one of the categories; 2. a composition can be signified as a *res*, *viz.* by the nouns 'composition' and 'composite'; signified in this latter way a composition does fall into one of the categories, namely the category of 'relation'.[30]

Another final interesting point which comes up in this connection is that for John le Page (as indeed for Aristotle) truth and falsity are linked up with assertion. As we have seen he clearly distinguishes between the expression 'that Socrates runs' (including the *pragma* it signifies) on the one hand and the expression 'Socrates runs' of which only the latter qualifies for a truth-value, because in expressions that assert a *pragma* to be the case we find truth as in a sign. Hence, from 'Socrates runs' follows 'That Socrates runs is true'. The expression 'that Socrates runs', however,

---

28 *Ibid.*, p. 221:
Queritur ergo utrum hec compositio est in genere.

29 *Ibid.*, p. 221:
"Ad hoc dicendum est sicut est significare multitudinem dupliciter, sic etiam compositionem. Contingit enim significare multitudinem ut est sicut res, et contingit significare multitudinem ut signum. Et hoc est idem quod significare multitudinem ut est dispositio rei subiecte et non subiecti ut est subiectum, vel significare ut est dispositio subiecti ut subiectum est. Et primo significat multitudinem hoc nomen 'multi', cum dicitur 'multi homines'; hoc enim nomen 'multi' significat multitudinem ut est dispositio rei subiecte et non subiecti ut est subiectum. Sed hoc signum <'omnis'> significat multitudinem ut est dispositio subiecti inquantum subiectum. Et primo modo significatur multitudo ut est species quantitatis; sed multitudo, ut est multitudo significata, non significatur sicut species quantitatis nec alicuius generis."

30 *Ibid.*, p. 222:
"Similiter dicimus quod significare compositionem est dupliciter: est enim significare compositionem prout est compositio, et sic significatur per verbum; et est significare compositionem ut est res, et sic significatur per has dictiones 'compositio', 'compositum'. Dicimus ergo quod compositio ut est res, . . . est ens aliquod et est in genere relationis . . .. Sed compositio ut est compositio non est res nec est aliquod ens, unde non est genus nec in genere. Et quia hoc modo est in omni verbo, compositio significata per verbum nec est genus nec in genere."

does not signify a composition as a present (or past or future) one, and due to this lack of an indication that the *pragma* that-Socrates-is-running is, was or will be the case, it cannot qualify for a truth-value in the sense mentioned.

The time has come to abstract the precise elements of a propositional composition as considered by John le Page. In order to be able to do so, we shall first have to pay attention to what he says on negation, because in that section of his treatise, the picture of his views on composition is completed.

4.12 On negation

Immediately following his discussion on composition John fulfils his promise and proceeds with negation. In a way similar to what we have seen in Peter of Spain, Le Page distinguishes between different types of negation that parallell the distinctions between different kinds of composition.[31]

The first problem he discusses is important for our purposes, namely the problem whether an indefinite noun can be said equally of both being and non-being.[32] Contrary to Peter of Spain, John le Page answers that only the indefinite verb can be said equally of both being and non-being equally. When added to the verb, he explains, the adverb 'not' only leaves the composition. Now the composition found in the verb does not necessarily posit something to be or not to be, that is, the composition does not require an actual counterpart. On the other hand, the negation in an indefinite noun removes the quality from the substance that belongs to its counterpart, the positive noun, such that only the substance is left. Now if substance is said of something it means that this something *is*. Therefore, unlike the indefinite verb, the indefinite noun can only be said of beings.[33]

It appears then that in John le Page's view, if I say 'does-not-run' (*non currit*)[34] it can either concern something which actually is but which is not running, as well as nothing whatsoever.

---

31 *Ibid*, pp. 222-224.

32 *Ibid.*, p. 224:
"Hoc habito queritur consequenter utrum nomen infinitum possit similiter dici de quolibet quod est vel quod non est. Et hoc est querere utrum hec oratio sit vera 'Sortes est non homo'."

33 *Ibid.*, p. 225:
"Ad hoc dicendum quoniam verbum infinitum similiter est in quolibet quod est vel quod non est, quoniam 'non' non relinquit nisi compositionem. Sed compositio posita non ponit <aliquod> [aliquem *? ms.*] in esse vel non esse. Sed negatio nominis infiniti opponitur compositioni qualitatis ad substantiam, unde hec negatio privat compositionem qualitatis ad substantiam, ut relinquatur substantia; sed substantia dicta de aliquo ponit illud esse, quoniam substantia non potest dici vere nisi de eo quod est actu. Et propter hoc nomen infinitum non dicitur nisi de eo quod est."

34 I have used this translation in order to be able to distinguish the indefinite verb '*non currit*' from the indefinite participle '*non-currens*', translated in English as 'not-running'.

Indefinite nouns, on the other hand, are only applicable to beings, that is, beings that are not presented as qualified in any way, because it all qualification is removed by the prefix 'non'.

After this introduction to his topic, John first extensively deals with the negation applied to nouns.

4.121 On the negation that makes a noun indefinite

According to John, not all nouns can be made indefinite. In order to illustrate his position he explains what happens when we make a noun such as 'man' (*homo*) indefinite. The noun 'man', signifies a substance with a specific quality. Now apart from that, in virtue of the fact that it is a noun, it also signifies a general quality concerning a substance. What the addition 'not' in the combination 'non-man' (*non-homo*) does, then, is to remove the specific quality of being human from the substance, leaving the general one with the substance intact.[35] Clearly then only nouns that signify a specific quality with a substance can be made indefinite.

The requirement of a specific quality as a condition enabling a noun to be made indefinite properly speaking is missing in the noun 'being' (*ens*). The reason for this absence is that the noun 'being' lacks the double signification other, *i.e.* specific, nouns have. 'Being' only has a general signification: it only signifies a general composition of quality with a substance.[36] However, we can extend the definition of 'to make indefinite' a little bit, so that it includes two ways of making a noun indefinite: first of all in the way of privation in which case only a specific quality is removed so that only substance is left, and secondly as a negation in which case both substance and quality are removed so that nothing is left. It is quite obvious that 'being', a noun which contains no specific quality, can only be made indefinite in the second way.[37]

Finally, John goes into the problem whether nouns designating fictitious entities can be made indefinite or not. It would appear that a noun like 'chimaera' cannot be made indefinite, for by

---

35 Braakhuis [1979], Vol. I, p. 225:
"Dicimus ergo quod duplex est qualitas: generalis et specialis. Hoc enim nomen 'homo' significat substantiam cum qualitate et significat specialem qualitatem circa substantiam; et hec specialis qualitas potest removeri et privari per nomen infinitum. Sed generalis qualitas non potest privari; cum enim dicitur 'non homo', privatur qualitas specialis sed non privatur qualitas generalis, sed remanet significatio qualitatis generalis."

36 *Ibid.*, p. 226:
"Ad primum dicendum quod sumendo proprie infinitum non potest infinitari hoc nomen 'ens' nec nomina consimilia significantia generales substantias cum generalibus intentionibus."

37 *Ibid.*:
"Dicimus tamen quod extensa ratione infiniti bene potest. Negatio enim addita termino infinito potest facere compositionem secundum privationem aut oppositionem secundum contradictionem . . . vel sicut negatio vel sicut privatio; si summatur sicut privatio, non est negatio solum, immo ponit substantiam, si summatur sicut negatio solum, nichil ponit . . .. Hoc ultimo modo potest hoc nomen 'ens' infinitari et non primo modo."

making it indefinite, the quality of being-a-chimaera is removed from something that was not even there to begin with, *viz.* a substance. To be sure, John has just said that an indefinite noun indeed leaves a substance, and that substance can only be said of something that actually is. In his analysis of the indefinite expression 'non-chimaera', however, he modifies his view. The substance that is left, he explains, is the substance signified by the noun the corresponding indefinite noun derives from. Now this substance need not be an actual being. Certainly the substance belonging to the noun 'man' is an actual being and so the substance remaining after the noun has been made indefinite is an actual being as well. On the other hand, the substance contained in the word 'chimaera' is not an actual being, but a mental being only. Accordingly the remaining substance in the indefinite 'non-chimaera' is a mental being only as well.[38] In other words, nouns that indicate mental beings can be made indefinite as well, but one must keep in mind that the result can only refer to mental beings.

Le Page has made a very interesting semantic point here: words like 'non-man', that is, words that signify a composition of a quality with a substance presented as an actual being, can accordingly be used to refer to actual beings only. Therefore it would not do to call a centaur a 'non-man', for example. On the other hand, it is equally wrong to use the word 'non-chimaera' to refer to a man, because words like 'chimaera' only involve mental beings to begin with. Thus the scope of the negation in indefinite nouns in the sense of privations includes only the specific qualities signified by the nouns in question, leaving untouched the general composition of quality with substance such that whether the substance in question is an actual being or a mental one, the substance of the indefinite will be either one accordingly.

We must not forget, however, that a noun of the form 'non-A' does not always answer to the conditions mentioned above, for as we have seen, Le Page makes a distinction between privative and negative indefiniteness. The conditions at issue only concern privation, not negation. In the latter case no matter what the noun, there will not be a being left at all. In that respect Peter of Spain's discussion of the indefinite noun much resembles Le Page's: both have two kinds of indefiniteness in the form of privation and negation respectively. However, the latter more than the former appears to insist that properly speaking indefinite nouns can be used for beings only

---

[38] *Ibid.*:
"Ad aliud dicendum quod hoc nomen 'chimera' potest infinitari cum dicitur 'non chimera' Sed non oportet quod hoc nomen <'non> chimera' relinquat ens. Cum enim dicitur quod nomen infinitum ponit substantiam, intelligendum est de substantia quam suum finitum significat. Unde hoc nomen 'non homo' relinquit substantiam significata per hoc nomen 'homo'; similiter hoc nomen <'non> chimera' relinquit substantiam <significatam> per illud nomen. Si autem substantia significata per nomina finita est ens actu, sicut substantia significata per hoc nomen 'homo', tunc nomina infinita opposita istis relinquunt substantiam entem actu; si autem substantia significata per illa nomina finita non est ens actu, sed secundum animam tantum, ut substantia significata per hoc nomen 'chimera', tunc nomina infinita opposita illis non relinquant substantiam entem actu, sed secundum animam tantum."

(depending on the specific quality it is supposed to remove and the kind of 'substance' the corresponding definite noun indicates). Peter's analysis does not show any such sophistications. He too makes the distinction between the two different ways in which a noun can be made indefinite, but he does not, like Le Page, let the application-domain of the privative nouns depend on the specific quality indicated by the corresponding positive noun. So Peter of Spain cannot say that the noun 'non-man' can be used for actual beings only. As we shall see later on (see below, 4.52), Robert Bacon goes even further in distinguishing between different types of indefiniteness.

4.122 On composite negative expressions

Not only the noun and the verb separately but also complete expressions can be provided with a negation: this is what John calls the negation that is opposite to the composition of an act with a substance signified externally. There are different ways in which this type of negation can occur in expressions, namely by itself (by means of the word 'not'), in combination (as in 'nothing', 'no one', etc.) and in the verb (as in 'does-not-know').[39]

4.123 On negation as opposed to propositional composition

What concerns us next is what Le Page has to say on negative sentences and particularly his account of what the negation does in that connection. Le Page introduces his topic by concentrating on the question in what way a negation when opposed to a sentence produces a contradiction.[40] This is an important question for him because assuming that negation is the opposite of composition what the negation would have to do is to destroy the composition. Unfortunately, destruction or removal of the composition would involve destroying the very basis of the proposition itself.

As we have seen in Peter of Spain, the people who base the negation completely on composition (that is to say, the negation is said to be opposite to composition) have one concern: if one explains the basis of the proposition in terms of composition and at the same time regards the negation as the destructive force removing that very composition, one is forced to account for the fact that the negation is no threat to the being of the proposition.

---

[39] *Ibid.*, p. 227:
"Notandum ergo quod huiusmodi negatio quandoque significatur in compositione, quandoque per se. Per se, ut per hanc dictionem 'non'; in compositione, ut in hac dictione 'nichil', 'nullus' et similibus, quandoque significatur cum predicato, ut in hoc verbo 'nescit'."

[40] *Ibid.*, p. 228:
"Consequenter queritur qualiter negatio opposita orationi faciat contradictionem. Et videtur in principio quod negatio non potest facere contradictionem nisi removeat compositionem."

John Le Page is very consistent in his analysis of the negation, making use of the distinction between the general and specific signification of words which he then applies to the composition found in propositions. The noun 'man' (*homo*), he says, has both a general and a specific signification. The general one is the signification of a substance with a quality, whereas the specific one is that of a substance that falls under a specific quality, *viz.* the quality of *being-human*. The same dual signification can be found in the verb *viz.* an act or being-acted-upon (the general one) and this particular act or being-acted-upon (the specific one). Finally, these two types of signification also feature in composition: composition has a specific signification in virtue of the extremes involved in that composition whereas it has a general one in virtue of itself.[41] Now the negation found in the proposition does not concern the general composition. The general composition remains intact, but the special one does not. The latter is removed by the negation and that is what the negation is opposed to when one frames a contradiction. In virtue of the fact that the basis of the proposition remains, that is the general composition, it is possible both to have negations and to frame contradictions.[42]

The *Syncategoreumata* is not the only work in which the relationship between affirmation and negation comes up for discussion. At a certain point in the *Appellationes*[43] John deals with the question whether restriction of terms in a negative proposition of a certain form is the same as their restriction in the corresponding affirmative proposition.[44] The reason for such a problem to come up is that it would appear that by adding a negative particle to an affirmative sentence, the

---

[41] *Ibid.*, p. 228:
"Ad hoc dicendum quod duplex est significatio: generalis et specialis. Quod patet in hoc nomine 'homo'; dicimus enim quod hoc nomen 'homo' significat substantiam cum qualitate, et hec est sua generalis significatio; iterum significat substantiam que est sub qualitate que est humanitas, et hec est significatio specialis; quod patet. . . . Similiter in verbo dicimus esse duplicem significationem . . . Et significare actum vel passionem est generalis significatio verbi, sed significare hunc actum vel passionem est significatio specialis. Similiter est significatio generalis et specialis <compositionis> [<compositionis> *om. b*]; sed quod sit specialis non habet a se sed ab extremis, sed quod sit generalis significatio ex se contingit habere."

[42] *Ibid.*, p. 229:
"Dicimus ergo quod negatio non removet significationem que est principium orationis congruitatis, quoniam non removet congruitatem. Unde negatio addita termino infinito removet specialem significationem et non generalem; quod patet cum dicitur 'non homo'; similiter addita verbo ratione compositionis removet compositionem specialem et non generalem.Unde in oratione negativa relinquitur compositio generalis, sicut in nomine infinito relinquitur substantia generalis et qualitas generalis. Secundum hoc ergo dicimus quod negatio non removet substantiam cui accidit; non enim accidit compositioni speciali, sed opponitur illi, sed compositioni generali accidit; et illam non removet."

[43] A. de Libéra ed.,'Les *Appellationes* de Jean le Page', in *Archives d'histoire doctrinale et littéraire du moyen-âge* 51 (1984), pp. 193-207; pp. 208-255.

[44] *Appellationes* 10, p. 228 9 (ed. A. de Libera):
"Et queritur in principio utrum restringatur ad presentes in negativa sicut in affirmativa."

restriction of terms be changed. John first discusses a number of arguments *pro* and *contra* the position at issue and eventually comes up with his own view. The terms in the negative proposition, he says, have the same restriction as in the corresponding affirmative one. If this were not the case, then a negative proposition could never be the contradiction of the corresponding affirmative one.[45] In other words, what he is ultimately suggesting, is that a negative proposition entirely depends on the corresponding affirmative one.

This interpretation is confirmed by what is said a little further on. A negation after which a proposition is called a negative one, Le Page explains, is only added to that composition which has extremes already determined and defined. A negation is nothing other than the denial of what the affirmation affirms, and therefore the extremes of the composition involved in the affirmative proposition are understood in exactly the same way in both the negative and affirmative proposition. For the composition is not in some way the principle for understanding the subject or predicate but rather the subject and predicate (*hec*) are the priciples of understanding the composition. And therefore the understanding of the subject (*i.e.* the composition) is not changed owing to a change into a negation of the subject.[46]

From what John has said on negation we may draw the following conclusion as regards his view on composition. As to the indefinite verb: the negation added to a verb denies a specific act. Now because of the fact that a denied act does not require a substance for it to inhere in, it can be said equally of both being and non-being. Again, in denied propositions the basis of the proposition, *i.e.* the general composition, is left untouched. Thus the proposition is not destroyed; in other words, what remains is the subject-substrate of the negation.

What happens in a negative proposition then may be illustrated with the following example 'Socrates does not run' (*Sortes non currit*): the negation removes the specific composition, namely that Socrates is running (*Sortem currere*). Thus the deep structure, so to speak, of a negative proposition is the following: 'It is not the case that such and such is so and so', in our example, 'It is not the case that Socrates is running' (*non est [Sortem currere]*). Thus the general

---

45 *Ibid.*, 22, p. 232:
"Ad primum dicendum quod terminus communis positus in negativa propositione de presenti restringitur similiter sicut in affirmativa, aliter enim non esset contradictio."

46 *Ibid.*, 26, p. 234:
". . . negatio a qua dicitur negativa propositio non additur nisi compositioni habenti extrema iam determinata et finita. Non enim est negatio nisi eius quod affirmat affirmatio. Intelligitur enim affirmatio in negatione, et propter hoc extrema compositionis affirmative compositionis intelliguntur omnino similiter in negativa propositione et in affirmativa. Non enim est compositio aliquo modo principium intelligendi subiectum vel predicatum sed hec sunt principia intelligendi compositionem; et propter hoc <non> mutatur intellectus subiecti ex immutatione negationis ad subiectum."

composition must be interpreted as the grammatical basis of negative propositions.[47] The assertion is not what is removed by the negation, but rather the negation acts on the content (= *pragma*) of that assertion.

4.2 Nicholas of Paris

Another thirteenth century author who has written a treatise on syncategorematic words[48] is the *magister* Nicholas of Paris, probably master in Paris round about the beginning of the forties.[49] Braakhuis has suggested that there is probably a link between John le Page and our master, tracing it down to a number of similarities to be found as regards their opinions discussed in their respective treatises.[50] Indeed there are definitely similarities in their works, but there are a number of arguments presented by Braakhuis to justify the claim that John le Page and Nicholas of Paris are to be contrasted with Peter of Spain that need careful consideration.

One of the most important issues relevant to our subject is Nicholas of Paris' way of dealing with the word 'is' (*est*). Like Peter of Spain, the author considers the words 'is' and 'not' (*non*) to form the basis of the meaning or signification of all other syncategorematic words. He is even more specific about this particular relationship than Peter is and often directly goes into the question of how the meaning of 'is' and 'not' bear on the meanings of other syncategorematic words.[51] It would in fact be correct to suppose that Nicholas of Paris has developed his treatise farther along the same lines as Peter had done before him, a development which can also be seen in Henry of Ghent.[52] One of the elements already strongly covered by Peter of Spain (yet featuring in a much different way in Nicholas of Paris' treatise, as we shall see later on) is the subject of composition, introduced immediately after having stated (once again) that the word 'is' is the one that comes up for discussion first. It is important that we take account of what he has to say on the matter.

---

[47] Cf. Peter of Spain and Nicholas of Paris who also make the distinction between the general and specific composition (see above, our chapter III, 3.4)

[48] For a translation of selections from Nicholas of Paris' *Syncategoreumata* see Normann Kretzmann, Eleonore Stump eds., *The Cambridge Translations of Medieval Philosophical Texts*, Vol. I, *Logic and the Philosophy of Language*, Cambridge *etc.*,1988; pp. 175-216.

[49] See Braakhuis [1979], Vol I, p. 327.

[50] *Ibid.*, p. 328.

[51] Cf. *ibid.*, p. 329.

[52] *Ibid.*.

4.21 *'Composition' in Nicholas of Paris*

Like in Peter of Spain (and John le Page) composition comes up when discussing the meaning of the word 'is'. Now Nicholas apparently wishes to emphasize that 'is' simply speaking (*simpliciter loquendo*) is not a syncategorematic word but only in a certain sense (*secundum quid*). What does he mean? Well, according to Nicholas, 'is' has its own way of signifying unlike other syncategorematic words, such as 'only'; properly speaking it is a verb, and verbs are not such as to qualify for a syncategorematic status. The latter, Nicholas tells us, are strictly only those words that do not have a specific nature *per se*, but only an indefinite one.[53] On the other hand, if we consider 'is' from the viewpoint of what *res* it signifies, then there are also two ways of looking at it: first of all according to the substance of each thing it signifies, and thus it has the mode of a syncategorematic word (because, broadly speaking, a word is syncategorematic if it can be explained or defined in different ways),[54] or, secondly, according to the composition it signifies, a composition that as such is indefinite, but only made definite by the extremes.[55] The main reason then, according to Nicholas of Paris, for calling 'is' a syncategorematic word is that when explaining what it refers to that particular word by itself does not provide sufficient information and, accordingly, can only consignify (*consignificare*). This also explains why other verbs (except 'it begins' (*incipit*) and 'it ceases' (*desinit*)) are not syncategorematic: others verbs do contain information such that their meaning is defined.[56]

---

53 H.A.G. Braakhuis ed., *Nicolaas van Parijs'* Syncategoreumata, (= Braakhuis [1979], Vol II, hereafter cited as Nicolas of Paris' *Syncategoreumata*), p. 247(14-15):
". . . stricte . . . dicitur dictio sincategoreumatica solum illa que non habet aliquam specialem naturam per se nisi infinitam . . .."

54 *Ibid.*, p. 247(17-18):
". . . large . . . dicitur dictio sincatgoreumatica etiam illa que diversis modis habet exponi."

55 *Ibid.*, pp. 10(12)-11(3):
"Dicendum quod duobus modis est considerare hoc verbum 'est': secundum modum significandi quem habet, per quem reducitur in speciem partis, et sic non est sincategoreuma; vel secundum rem significatam, et adhuc dupliciter: vel secundum substantiam quam generaliter uniuscuiusque rei significat, que, cum sit in se generalis, trahitur in partem per adiuncta . . . et hoc modo modum habet sincategoreumaticis non tamen virtutem; vel secundum compositionem quam significat, que compositio, quantum est de se, infinita est et finitur per adiuncta. Propter quod dicimus quod hoc verbum 'est' simpliciter loquendo sincategoreuma non est, sed secundumk quid tamen est, idest secundum modum se habendi."

56 *Ibid.*, p. 11(4-10):
"Si ergo queritur, cum hoc verbum 'est' sit de substantia uniuscuiusque verbi -- est enim radix omnium verborum ratione compositionis quam importat --, quare cetera verba non sunt sincategoreumata, dicendum quod verba adiectiva preter compositionem important formas accidentales per quas finitur compositio actu et specificatur generalis essentia, que est in verbo; et privatur illud quod erat causa sincategoreumatis."

Considering the exposé presented by Nicholas about the two ways in which the verb 'is' can be considered, one is inclined to wonder whether the distinction that can be made between the categorematic and syncategorematic use of 'is' has anything to do with the ways in which 'is' can come up in a proposition. To put it differently, our author is forced to answer the question whether 'is' really has different meanings in the two cases in which it can function in a sentence, *viz.* as a second ingredient (*secundum adiacens*; litt: 'adjacent as a second part of the proposition') or a third ingredient (*tertium adiacens*; litt.: 'adjacent as a third part of the proposition') in *e.g.* 'A man is' (*homo est*) and 'A man is an animal' (*homo est animal*) respectively. Nicholas takes this problem quite seriously and his answer is remarkable: 'is' does not change its meaning; both by itself and in combination it signifies what he calls the '*essentia*' of a thing, that is to say, when used as a *secundum adiacens* it signifies the '*essentia*' in general, and when used as a *tertium adiacens*, the '*essentia*' is signified in a specific way (*trahitur in speciem*).[57] As to Nicholas' use of the word 'essentia' in this connection, it seems to stand for the state of subsistent being or 'substantialness', a meaning of 'essentia' so frequently found from the twelfth century onwards.[58] In another context we also find Nicholas explaining 'essentia' as 'the principle of existence'.[59]

As to the composition signified by the verb 'is', Nicholas sets out to explain how we are to consider it. Like Peter of Spain, he makes a distinction between all different kinds of composition (without, however, saying to what part of 'reality' they belong) and tells us that from a grammarian's point of view, there are only two types of composition, namely the composition of a quality with a substance and that of an act with a substance (of which the former is signified by the noun and the latter by the participle and verb).[60]

---

57 *Ibid.*, p. 13 (4-6):
"Propter quod dicendum quod hoc verbum 'est' eiusdem rationis est, idest non equivoce accipitur, si per se vel si cum alio accipitur, et si cum alio: vel cum hoc vel cum illo."
Ibid., pp. 13(18)-14(2):
". . . hoc verbum 'est', ut habitum est, significat essentiam in generali, que, cum trahitur in speciem, non propter hoc equivocatur."

58 Cf. De Rijk [1985]; pp. 82-83.

59 *Syncategoreumata*, p. 18 (16-18):
". . . essentia est principium existendi rem . . .."

60 *Ibid.*, pp. 16(20)-17(13):
"Sed tamen, cum multiplex sit compositio, una que est partium in toto, ut domus ex tecto et pariete, alia que est forme et materie, ut anime et corporis in homine, alia que est differentiarum ad genus, ut in diffinitione, alia que est aggregatorum in acervo, ut unitatum in numero, alia que est ad proportionem, ut suppositi et appositi in oratione, subiecti et predicati in enuntiatione, et alie multe, tunc est questio quare non sint alique partes invente que significarent huiusmodi compositiones, sicut sunt alique que significant illam que est qualitatis ad substantiam vel que est actus ad substantiam. . . . Ad primum dicendum quod consituere partes orationis et eas discernere

Thus there are two types of composition that play a part in the distinction between different types of words, *viz.* the composition of a substance with a quality (*compositio qualitatis ad substantiam*) and that of substance with an act (*compositio actus ad substantiam*). There are not two, but three types of words, however: the noun, participle and verb. Now as there are only two types of composition, the division into types of composition alone cannot explain the division into types of words.

Nicholas goes into the difference between these words when dealing with the question how the compositions involved in the three types of words differ from each other.[61] Now it is said, Nicholas explains, that the difference between the composition of a substance with a quality and that of a substance with an act is that the former is signified by an incomplex expression, *i.e.* a noun, whereas the latter requires a complex expression such that one word signifies the act and the other the substance the act comes out of. However, explained thus there is still no need to have a participle, because in this account there is no difference between a participle and a verb. Therefore another explanation of the difference between the composition as found in the noun, in the participle and in the verb is required, this time in terms of the '*inclinatio animi*'. The composition of an act with a substance, Nicholas continues, is susceptible of an '*inclinatio*' of the mind, revealing the way in which the mind is affected: this is evident in verbs (both in finite and infinite moods), words that actuallly convey such an *inclinatio*, whereas participles only potentially have such an *inclinatio*; the composition of a substance with a quality, on the other hand, cannot receive such an *inclinatio* at all.[62] Another explanation of the different types of composition found in the noun, participle and verb has to do with truth and falsity, such that truth and falsity are to be found in the composition of a substance with an act only.[63]

---

ad invicem est de intentione grammatici, cuius non est considerare compositiones predictas nisi illam que est qualitatis ad substantiam, ut significet illud de quo dicatur aliud, aut illam que est actus ad substantiam, ut significet illud quod dicitur de alio."

61 *Ibid.*, p. 17(17-18):
"Hoc habito potest dubitari de differentia aliarum compositionum ad invicem."

62 *Ibid.*, pp. 17(19)-20(6):
"Ad hoc solet dici quod illa que <est> qualitatis ad substantiam per vocem incomplexum significatur, scilicet per nomen unum; illa vero que est actus ad substantiam exigit vocis complexionem, ut per alteram vocem significetur ipse actus, per alteram substantia a qua egreditur. Sed quia sic non differt ab ea que per participium significatur, ideo assignanda est alia differentia, secundum quod illa que est actus ad substantiam susceptiva est inclinationis animi affectus demonstrantis; quod patet in verbis finiti modi actualiter et finite, in verbis infiniti <modi> infinite, in participiis autem potentialiter, quia participia habent inclinationem potentialem; sed alia que est qualitatis ad substantiam non potest suscipere inclinationem huiusmodi."

63 *Ibid.*, p. 18(7-11):
"Item. Alia est differentia, scilicet quod illa que est actus ad substantiam susceptiva est veritatis et falsitatis, sicut patet cum dico: 'Sortes currit', propter quod dicit Aristotiles quod circa compositionem veritas falitasque consistit; sed circa eam que est qualitatis ad substantiam non est

From Nicholas' response it appears that he favours a conception of the difference between the different types of composition in terms of truth and falsity. Such an explanation does lead to a problem, however, in that one has to account for the fact that only verbs apply for truth and falsity, and not nouns as well. The reason that such a difficulty arises is that 'being' and 'true' have the same application-range; in Mediaeval terminology: 'being and true are convertible' (*ens et verum convertuntur*). Now 'being' applies to the composition of a substance with a quality as well, thus *eo ipso* the application of 'true' would not be limited to the composition of a substance with an act.[64] According to Nicholas, 'being' and 'true' are in fact interchangeable, but one has to be careful not to confuse the meanings of the word 'true'. Truth and falsity, he tells us, are twofold: there is truth of the incomplex and truth of the complex. Truth of what is incomplex (being) concerns its essence (*essentia*) to which all things owe their being.[65] Another type of truth is the truth of a complex, namely the truth found in the expression, which is based on the truth of a *pragma* (*quia primo est in re*); this type of truth, the truth of an expression, arises from the agreement of subject and predicate in a proposition.[66] Now the latter type of truth is precisely what sets the composition as found in the verb apart from that found in the noun: it is the latter which is the bearer of truth and falsity in the second sense.[67] Thus only a complex containing a subject and a predicate is capable of expressing a truth or falsehood.

As we have just said, it appears that Nicholas of Paris considers the property of 'truth-bearing' to be a vital feature of the composition found in the verb. For Peter of Spain this property cannot be essential to the composition expressed by the verb as such, but merely insofar as verbs of the indicative mood are concerned.[68] Nicholas Paris would certainly agree with Peter on that score, for he actually bases the difference between the noun and verb on the difference between their respective types of composition, of which only the latter (*i.e.* the composition involved in the verb)

---

veritas nec falsitas."

64 *Ibid.*, p. 18(12-14):
"Sed contra: habetur in *Metaphysicis* quod unumquodque, sicut se habet ad esse, ita ad verum; sed huiusmodi compositio est; ergo est vera."

65 *Ibid.*, p. 18(16-17):
"Veritas incomplexi est idem quod essentia, qua est unumquodque id quod est."

66 *Ibid.*, p. 19(5-10):
"Est alia veritas que est veritas complexi, que ideo est in voce, quia est primo in re; de qua dicit Aristotiles quod eo quod res est vel non est, est oratio vera vel falsa. Et de ista hic intelligimus, que provenit ex convenientia predicati ad subiectum; de qua dicit Ysaac in libro *De diffinitione* quod veritas est adaequatio rei et intellectus."

67 It is interesting that Nicholas of Paris goes into the application of the transcendent terms in this connection. Thomas Aquinas deals with the *transcendentia* quite extensively in his *Quaestiones disputatae de veritate*, one of which we shall include in our discussion on Thomas later on (see below, 4.3).

68 *PSCN*, 1,24.

is susceptible (*susceptiva*) of truth and falsity, whereas the one found in the noun is not. In other words, he does not say that the composition involved in the verb actually bears truth or falsity, something Peter of Spain was probably arguing against when he made his objection. Moreover, Nicholas has also mentioned the analysis of the difference between the types of composition as found in the noun, participle and verb in terms of the different *inclinationes animi*, respectively. (The only thing he does not go into, however, is how the *inclinatio* involved in the verb is related to the way in which the composition of an act towards substance is susceptible of truth and falsity, a subject Peter of Spain discusses extensively.) Finally, more evidence that Nicholas of Paris does not consider the property of actually bearing truth or falsity as the basic element involved in the composition of the verb can be found in connection with what he has to say on substantial modes of signifying as opposed to accidental ones. Nicholas brings up this distinction between substantial and accidental modes of signifying when he deals with the problem whether it is possible that a composition of a substance with a quality be signified in two ways, in analogy with the double signification of a substance with an act, *viz.* as taken apart (from a substance) and as united (with a substance).[69] If that were to be the case, then we would be in need of a fourth type of word that would signify the composition of a quality with a substance as taken apart.[70]

Nicholas of Paris answers that a quality can never be signified as taken apart from a substance, that is, it can never be signified *per se*.[71] An act, on the other hand, can be signified as such; that is to say, an act can be signified such that the word indicating that act does not *signify* the substance, although in fact the substance is understood in the form of a verb actually used; for instance, the verb *'lego'* ('I read') indeed gives to understand the first person singular, but the first person singular is not *signified* by that word.[72] To this explanation he adds the remark that he is not speaking of a substantial mode of signifying, but an accidental one. The difference between a substantial and an accidental mode of signifying is that the former is a criterion for deciding which species of words (*i.e.* a noun, verb or otherwise) the word involved belongs to, whereas the latter follows from the substantial mode of signifying and is a criterion for deciding in

---

69 *Syncategoreumata*, pp. 15(9)-(11):
"Sed posset dubitari utrum similiter dupliciter contingat hanc compositionem significare sicut eam que est actus ad substantiam, scilicet cum distantia et sine."

70 *Ibid.*, p. 15(17-19):
"Quare querendum est quare non sit inventa quarta, que significaret quartum genus compositionis, scilicet qualitatis ad substantiam per distantiam."

71 *Ibid.*, pp. 15(20)-16(1):
"Ad hoc dicendum quod non potuit esse, quia maior est unio inter qualitatem et substantiam quam actus ad substantiam. Qualitas enim per se non potuit significari."

72 *Ibid.*, p. 16(5-9):
"Sed actus per se potest significari, 'per se', inquam, ita quod substantia sit de intellectu actionis, ut, cum dicitur 'lego', intelligitur 'ego', non tamen per hanc vocem significatur."

which way the words in an expression are to be mutually constructed. (Thus the accidental modes of signifying have to do with gender, number, person, case, etc..)[73]

Returning to the question of how basic the property of expressing a truth or falsehood is for setting apart the verb from the noun it is useful to consider how Nicholas of Paris answers the question whether the composition involved in the verb 'is' is a substantial or accidental mode of signifying.[74] Nicholas of Paris explains that the answer to this question depends on what you mean by 'composition': if it is the actual composition you are talking about, composition is an accidental mode of signifying of the word 'is'.[75] In other words, the composition of a specific act with a specific substance is not essential to the meaning of the word 'is', but it is accidental. The composition when taken *in potentia* or in aptitude, however, is an essential mode of signifying of the word 'is'.[76]

As to this difference between the actual composition and the potential one, Braakhuis takes this remark to confirm his suggestion that in Nicholas of Paris' view *'est'* always expresses existence in some way or other (see Braakhuis [1979], Vol. I, pp. 335-336). In my opinion, however, Braakhuis is misled by the word *potentia* used by Nicholas in this connection, and thus interprets this paragraph to mean that *'est'* does not always actually signify a composition but always has the capacity to do so, and therefore always involves 'existence'. I would rather suggest that the distinction is to be explained along the same lines as the distinction made by both John le Page and Peter of Spain (see our Ch. III, 3.4 and above, 4.123) between the *significatio generalis* and *significatio specialis* of a word, such that we can always say that the word 'is' signifies a composition (in its mere capacity to be used as a 'functor', one could say), but we can never say that it essentially, *i.e.* as such, signifies this or that particular composition.

---

73 *Ibid.*, p. 16(9-18):
"Et loquor de modo significandi substantiali. Quia duplex est modus significandi: alter substantialis, alter accidentalis. Substantialis est per quem partes orationis discernuntur a se invicem et a quo habent esse in specie, sicut significare substantiam cum qualitate est id quod efficit nomen esse nomen. Accidentalis est qui sequitur substantialem, a quo causatur constructio inter partes orationis secundum convenientiam, ut est genus, numerus, persona, casus, etc.."

74 *Ibid.*, p. 19(11-12):
"De hac ergo compositione quam importat hoc verbum 'est' potest dubitari utrum sit de substantia eius vel accidens eius."

75 *Ibid.*, p. 20(7-8):
"Dicendum quod dupliciter est loqui de compositione huius verbi 'est': vel actu, sic est ei accidentalis, quia sic perficit suam significationem ab adiunctis . . .."

76 *Ibid.*, p. 20(11-12):
". . . vel potentia vel aptitudine, sic est ei substantialis, quia sua significatio compositio talis est."

In the previous dicusssion Nicholas has concentrated on what role composition has to play as regards the meaning of the word 'is'. The outcome of this discussion was that the word 'is' as such has the potency to signify some composition. What specific composition is signified, on the other hand, is only an accidental feature of the word 'is'.

It is extremely important to keep in mind that Nicholas uses the phrase *'in actu'* to refer to an actual combination brought about by the verb 'is'.[77] What he says then is that use of the word 'is' always involves some actualized being, and not, as Braakhuis would have it, that 'is' always expresses existence in some way or other. It is the same use of *'in actu'*, (that is, as 'actually used' or 'actualized') that features again in the discussion immediately following the considerations on the composition found in the word 'is', *viz.* a discussion on what we might call the status of the composition brought about by the verb 'is'.[78]

*4.211 Whether the composition expressed by the verb 'is' is real (*in re*) or a mental being only (*in anima tantum*)*[79]

Nicholas starts off the discussion by presenting an argument suggesting that the composition involved in the word 'is' is not *in re*. The argument runs as follows: nothing which is neutral as regards being and non-being is actually real (*actu in re*); now the composition brought about by the word 'is' is neutral as regards the truth and falsity of which it is the subject. That the composition in question is neutral as regards being and non-being is evident from the expressions 'A man is an animal' and 'A man is an ass'. Now something true (*verum*) is a being whereas something false (*falsum*) is not. Therefore the composition brought about by the verb 'is' is not *in re*.[80]

In opposition to the contention that the composition brought about by the verb 'is' is not a real one it is argued that the *componibilia* derive their being from the composition, because the composition is the form of the *componibilia*, and therefore, if the composition is not real, the *componibilia* will not be real beings either. This would lead to the consequence that the sentence

---

77 See above, n. 74.

78 We have come across a similar discussion with a similar solution in John le Page, see above 4.11.

79 *Syncategoreumata*, p. 20(14-15):
"Potest querere de compositione importata per hoc verbum, utrum sit in re vel in anima tantum."

80 *Ibid.*, pp. 20(16)-21(3):
"Quod non sit in re videtur, quia nichil se habens per indifferentiam ad hoc quod est vel non est, est actu in re; sed compositio importata per hoc verbum 'est' se habet per indifferentiam ad verum et falsum, quorum est subiectum; quod patet cum dicitur: 'homo est animal', 'homo est asinus'; sed verum est ens, falsum vero non ens; ergo compositio importata per hoc verbum 'est' non est in re."

'The Antichrist is a man' is true, because in virtue of the fact that the composition is not real, it is not required that the term 'man' stands for a man who actually is (*homo ens actu*).[81]

In answer to the question whether the composition involved in the verb 'is'is real or not, the author answers that this composition

> "is not only a mental being, but a real one as well. For this composition is common by the same community by which the word 'is'is common, with this difference that the noun 'being' says <something> absolutely, the verb 'is' says <something> in relation to the *componibilia*. And this is what Aristotle is talking about when he says that it signifies some composition that cannot be thought of without extremes, because this composition is indefinite in itself, but can be made definite by the adjuncts, and when it is actual and real, it is united with *componibilia*. And this is evident when one says 'Socrates is a man'."[82]

In my opinion, what Nicholas is trying to say here is two things: first of all, the composition involved in the verb 'is' when taken as *compositio generalis* refers to an abstract (mental) being. On the other hand, when the *compositio* is specified it is *eo ipso* materialized in reality. However, the fact that the *compositio specialis* is real as such does not imply its facticity: it only means that such a composition has actuality, or rather, that in it there is some actualized being.

The expression '*actu et in re*' used to describe the specified composition is thus not meant to suggest its having factual being. That this indeed cannot be the case is confirmed in what immediately follows the discussion concerning the status of the composition. In this part of his work Nicholas deals with a possible objection against the claim that "the word 'is' involves a composition actually being and being at present" (*per hoc verbum 'est' importatur compositio actu ens et in presenti ens*). If every use of the word 'is' were to involve some actual present being, he argues, it would follow that every sentence of the form 'S is P' expresses a truth, because all that *is* (that is, every being) is true. Consequently, the sentence 'A man is an ass' would be true of necessity, because the composition in question is the essence (*essentia*) and truth (*veritas*) of the

---

[81] *Ibid.*, p. 21(4-9):
"Sed contra: omne trahens esse suum ab alio secundum exigentiam eius est a quo est; sed componibilia trahunt suum esse a compositione, cum compositio sit forma componibilium; ergo, si compositio non est in re, neque componibilia erunt in re; ergo hec erit vera 'Antichristus est homo', cum non exigatur quod ille terminus 'homo' supponat pro homine enti actu."

[82] *Ibid.*, p. 20(10-18):
"Dicendum quod compositio importata per hoc verbum 'est' non <solum> est in re sed <etiam> in anima. Est enim communis ea communitate qua commune est hoc nomen 'ens', hoc differente quod hoc nomen 'ens' absolute dicit, hoc verbum 'est' in comparatione ad componibilia; quod innuit Aritotiles dicens quod significat quandam compositionem, quam sine compositis non est intelligere, quia illa compositio infinita est quantum est de se, sd finibilis per adiuncta, et actu et in re est unita componibilibus; quod patet cum dicitur 'Sortes est homo'."

things united.[83] Again, the author continues, the being of a whole consists in the actual conjunction and ordering of the parts in that whole. Now the parts of the whole in the expression 'A man is an ass' *are* and are ordered in the sentence involved. Therefore the sentence actually *is* and hence it is actually 'true'.[84] (A similar argument, incidentally, is also found in Peter of Spain in the section where he goes into the problem whether the composition *is* if the extremes *are*.)[85]

Nicholas of Paris solves the problem by telling us that certainly use of the word 'is' always involves being. However, there are two levels of being involved in an expression containing the word 'is': in the first place there is being on the level of speech, *i.e.* the being <of something> according to its being said; and as regards this type of being the expression 'true' applies to a verbal expression when it is uttered and, accordingly, truly is. In other words, in this case what is said truly is being said if it is uttered (or if 'its being said is a fact'). This type of being is called the *esse prolocutionis*. Secondly, there is the being of the real content which is signified by the verbal expression; this type of being is called

re-al being or being in reality. According to the latter level of being the verbal expression is true if it signifies that which is such as it is.[86]

What Nicholas is saying here, in my opinion, is the following. First of all, if an expression is in fact uttered, we can say that it truly is. Thus we have a true expression, in the sense of a genuine expression. However, the fact that the expression truly is does not mean that it is a true expression in the sense that it expresses something that is really true. (Of course, we are reminded of Anselm, *De veritate*.)[87] For in order to apply for the qualification 'true' in the latter sense, the content of the expression must be true; and the content of an expression is true if it states something to be such as it is.

---

83 *Ibid.*, pp.21(20)-22(2):
"Sed tunc queritur: cum dicitur: 'homo est asinus', per hoc verbum 'est' importatur actu ens et in presenti ens; sed omne quod est in presenti simpliciter est, et omne quod est est verum, quia 'verum' et 'ens' convertuntur; ergo illa compositio est vera; ergo de necessitate hec oratio 'homo est asinus' est vera, cum ipsa compositio sit essentia et veritas ipsorum compositorum."

84 *Ibid.*, p. 22(3-6):
"Item. Esse totius est in actuali coniunctione et ordinatione partium in toto; sed partes huius enuntiationis actualiter sunt et ordinantur ipsa; ergo ipsa enuntiatio actualiter est; ergo actualiter est vera, quia esse et esse verum convertuntur."

85 Cf. *PSCN*, 1,45-56.

86 *Syncategoreumata*, p. 22(12-17):
"Dicendum quod dupliciter est esse in sermone, scilicet esse prolocutionis, quod dicitur esse secundum dici, et de hoc esse est verum quod tunc est sermo, cum profertur et vere est; aliud est esse essentie rei, quod significat ipse sermo, quod dicitur esse secundum rem. Et de tali esse est sermo verus, cum significat id quod est ita quod est."

87 *De veritate*, ed. F.C. Schmitt, Stuttgart, 1966. See for a detailed discussion of Anselm's notion of 'truth' Aertsen [1987].

Thus indeed the word 'est' always involves real being. But real being, as Nicholas has just argued, does not equal actual existence. One might say that any sentence whether true or false always states something to be, but that the fact that the sentence expresses something to be does not necessarily make it a true expression. Only those sentences are true that state something to be such as it really is.

Once again it is interesting that Nicholas of Paris goes into the meaning of the words 'true' and 'being' to explain his view in this connection. He thus discusses the relationship between 'composition' and 'being' in a way quite different from Peter of Spain, when concentrating on semantic questions concerning the transcendent terms 'true' and 'being'. (I would say that Nicholas' views on the relationship in question much resemble Peter of Spain's but Nicholas has a more lucid way of putting things, carefully separating the different levels of being.)

From what has been said it appears that for Nicholas of Paris use of the word 'is' always involves actual being. This does not mean, however, that for a sentence to be meaningful what the expression concerns must actually be the case, but merely that what it concerns must be said (*i.e.* asserted or affirmed) to be the case. This explains why we can have meaningful sentences concerning non-beings, such as 'Caesar is not the Antichrist', for in order to deny one thing of another it is not necessary that the one thing and the other exist but it is sufficient that they be treated as if they were actual beings (*ponantur in esse*).[88]

As to the relationship between 'composition' and 'being', Braakhuis suggests that further proof of Nicholas' view that 'composition' always involves actual being (Braakhuis has 'existence') can be found in his claim that '*Sortes currit*' ('Socrates runs') is to be understood as '*Sortes est quoddam ens in quo est cursus*' ('Socrates is a being in which is <the act of> running').[89] However, one must keep in mind that Peter of Spain has a similar analysis, for he says that '*currit*' (runs) equals '*qui est currens*' ('<he> who is running').[90] In other words, the fact that for an author 'composition'

---

88 See *Syncategoreumata*, p. 36, where Nicholas deals with the question whether the *divisio* the word 'not' signifies is a dividing act (*actus dividens*) or a mode of the 'divided' *res* (*passio rei divise*) or something else. Nicholas answers that indeed, the *divisio* is a mode of the 'divided' *res*: in order for this to be possible it is not necessary that the divided things (*divisa*) are beings (*sint in esse*) but merely that they are posited in being (*ponantur in esse*); p. 36(2-14):
"Quia ergo dicitur communiter quod hec dictio 'non' significat divisionem, querendum utrum illa divisio sit actus dividens vel passio rei divise vel quid aliud. Quod sit passsio divisorum videtur, quia 'homo non est asinus' per hanc negationem dividitur esse asinum ab eo quod est homo. Sed contra: non entium nulla est passio; sed, sive res subiecti sit, sive non sit, similiter et predicati, nihilominus tamen dividitur predicatum a subiecto per negationem; quod patet, cum dicitur 'Caesar non est Antichristus' quorum neutrum est; ergo divisio importata per hanc divisionem 'non' <non> est passio divisorum. Ad hoc dicendum quod immo. Nec propter hoc exigitur quod divisa sint in esse, sed sufficit quod ponantur in esse."

89 Braakhuis [1979], Vol. I, p. 337.

90 See *PSCN*, 1,21.

involves actual being does not mean a thing as regards its existential import. Rather it is how such a being or *res* is interpreted which eventually decides what kind of a picture of reality someone has in mind.

One final point worth noting in this section on the relationship between composition and being concerns Nicholas' use of the expression *esse essentie rei*[91] for the being a true sentence is about. What he means by *'essentia'* in such cases is definitely not essences taken apart from their actualization, but rather enmattered forms either existing or presented as existing in the outside world,[92] as will be shown later on in the section on negation.

Nicholas of Paris completes his discussion on the relationship between composition and being by considering the question whether the composition brought about by the verb 'is' falls in one of the ten Aristotelian categories or not, and if so, in which one.[93] The answer to the first part of the question, he tells us, depends on what we mean by 'composition'. We may use it in the abstract sense and in that way the composition does not fall into one of the ten categories but rather it transcends these categories (like 'one' (*unum*) and 'something' (*aliquid*)). On the other hand, we could use it in a concrete sense, (that is, we could be speaking of some concrete composition, such as 'A man is an animal' (*homo est animal*)): in that case the composition belongs to the same category as the one the composition deals with belongs to.[94] There is a way, he continues, in which we can say that a composition is a relative (*ad aliquid*) and that is if we consider its relationship to the things that can be united (*componibilia*).[95]

---

91 *Syncategoreumata*, p. 22(14-15):
"Dicendum quod dupliciter est esse in sermone: scilicet esse prolocutionis, quod dicitur esse secundum dici, et de hoc esse est verum quod tunc est sermo, cum profertur et vere est; aliud est esse essentie rei, quod significat ipse sermo, quod dicitur esse secundum rem."

92 Cf. De Rijk's discussion concerning the distinction between 'actuality' and 'facticity' in De Rijk [1981], pp. 1-58.

93 *Syncategoreumata*, p. 23(6-7):
"Potest queri de compositione importata per hoc verbum 'est', utrum sit in genere vel extra genus, et si in genere: queritur in quo."

94 *Ibid.*, p. 24(11-19):
"Dicendum ad hoc quod dupliciter est loqui de compositione importata per hoc verbum 'est', scilicet secundum esse abstractum et secundum esse concretum. Si fiat sermo secundum quod concernitur: sic est in genere, non determinato sed in eo in quo est illud per quod concernitur; quod significavit Priscianus, si quis inspiciat, quod hoc verbum 'est' significat propriam substantiam uniuscuiusque. Si vero loquimur de hac compositione secundum intellectum abstractionis: sic non est in genere, sed est de analogis sicut 'ens', 'unum', et 'aliquid', et circuit omne genus, quia ab eadem forma imponitur ens et esse."

95 *Ibid.*, p. 25(18-21):
". . . dicendum quod . . . potest considerari compositio . . . secundum respectum quam habet ad componibilia, que quia, quantum est de se equaliter respicit, propterea secundum hoc cadit in predicamento *ad aliquid* . . .."

From what we have seen it is obvious that Nicholas of Paris does not always use 'composition' on one and the same level. However, in his discussion following the introduction (*Syncategoreumata*, pp. 26ff.) Nicholas does concentrate on 'composition' in the logico-syntactical sense, *i.e.* the combination of words that expresses a *pragma* (*res*). This is especially clear from his remark that "composition is the form of an expression, *viz.* the union of subject and predicate" (*compositio est forma enuntiationis . . . compositio est forma unionis eorum* <*i.e. subiecti et predicati*>).[96] One must keep in mind, however, that the composition's obtaining or not-obtaining is quite another thing.

Let us sum up our findings on composition as discussed by Nicholas of Paris. Many of the topics he deals with can be found in Peter of Spain, *e.g.* composition as found in singular terms and in propositions and also his discussion on how to consider composition as found in the proposition. However, there are remarkable differences as well. First of all, Peter of Spain does not even mention the use of 'is' as a second ingredient (*secundum adiacens*), whereas Nicholas of Paris considers 'is' as a third ingredient (*tertium adiacens*) to be based on the former. Secondly, Nicholas mentions the *transcendentia* to explain the special status of the composition while Peter of Spain does no such thing. Furthermore, Nicholas shows a more semantic approach than Peter of Spain in that he tends to go into problems by analysing the meanings of the words at issue. Again, he is far more careful than Peter of Spain to keep the different levels of being well apart (namely the levels of language, thought and extramental reality). Finally, and this is very important, more than Peter of Spain, Nicholas of Paris suggests that the use of the verb 'is' always involves some actual being, which as such is by no means equivalent to extramental reality; rather it concerns 'actualized' being. As we shall see later on (see below, 4.221), Nicholas associates actual being with the feature of concreteness that characterizes individuals rather than abstract essences or forms, although it by no means implies real existence either.

4.22 Negation in Nicholas of Paris

Immediately after the discussion on composition in connection with the meaning of 'is' Nicholas deals with the adverb 'not' (*non*). In the same way as the word 'is' brings about a composition the adverb 'not' produces a division. Once again Nicholas of Paris discusses the different uses of the word 'not' in the same order as Peter of Spain, starting off with the negation of terms and subsequently dealing with negative propositions. Unlike Peter of Spain and John le Page, the author does not use the word 'negation' to describe the function of the negative particle, but more frequently speaks of 'division' (*divisio*). This word is rather meant to describe a function than a

---

[96] *Ibid.*, pp. 26(18)-27(5).

meaning: what a negative particle does is to bring about a division. However, Nicholas, admittedly, introduces his account of 'not' in terms of its signification (. . . *quid significet hoc adverbium 'non'*). Moreover, in what follows Nicholas explicitly says that 'not' signifies a division, but then again he goes on to explain this division as that by which the subject is divided from the predicate.[97]

Now to divide the predicate from the subject is not the only thing 'not' can do. As Nicholas of Paris had said at the beginning of his discussion, division is opposite to composition and there are as many types of division as there are of composition.[98] Now as there are two main types of composition, *i.e.* of a quality with a substance and of an act with a substance, there accordingly will be two types of workings of the negative particle: a. to divide a quality from a substance producing an indefinite noun, and b. to divide an act from a substance producing either an indefinite verb (or participle) or a negative sentence.[99]

What once again is interesting in order to compare the different views the authors have as regards the relationship between language and reality is to consider Nicholas' ideas concerning the application-range of indefinite terms. As in John le Page and Peter of Spain, the issue is presented in the form of the question whether indefinite terms can equally be said of both being and non-being. First of all the indefinite verb is dealt with.

4.221 The negation that makes the verb indefinite

According to Nicholas of Paris, the verb contains two elements, *viz.* composition and that which is predicated (the *res predicata*). Now as far as the former is concerned, a composition as such (in the verb, that is) is no guarantee that the things combined really *are*. In this all authors agree. For example, one may have the composition 'A man is an ass (*homo est asinus*) or 'A man is an animal' (*homo est animal*), and as we can see, the fact that there is a composition does not necessarily mean that the subject of the composition is. The only thing that functions as a

---

97 *Ibid.*, p. 36(15-16):
"Hiis viis patet quid significet hec dictio 'non', quia divisionem per quam dividitur predicatum a subiecto."
Cf. G. Nuchelmans [1988], pp. 70-71.

98 *Syncategoreumata*, p. 35(1-5):
". . . ut dixit Boethius, tot modis sumitur divisio quot modis sumitur compositio, testante Aristotile qui dicit: si unum oppositorum est multiplex, et reliquum, et quotiens unum dicitur et reliquum . . .."

99 *Ibid.*, p. 37(9-17):
"Preterea queritur, cum ita soleat dici quod sicut duplex est compositio: una que est qualitatis ad substantiam, et alia que est actus ad substantiam, ita solum duplex est divisio: una in que ponitur negatio infinitans dividens qualitatem a substantia sed cedens in eandem partem in specie, ut patet de nominibus infinitis . . .; alia que dividet actum a substantia, et hoc dupliciter: vel ut infinitans, quod patet in verbis infinitis et participiis . . .; et alia negans que facit orationem negativam . . .."

criterion to determine whether the subject *is* or *is not* (in true sentences) is the predicate.[100] Again, if the *res predicata* (expressed in a true sentence) is not an actually existing thing, Nicholas continues, the subject is not either. For example, in the sentence 'The Antichrist can be a man' (*Antichristus potest esse homo*), what is predicated is a potency, not an actual being (namely the potency to be a man, not the being of a man). On the other hand, if the *res predicata* is an existent thing, the subject will have to be an existent thing as well. Hence the proposition 'The Antichrist is a man' (*Antichristus est homo*) is false, because the Antichrist does not exist. From this analysis it is evident that a verb can be said equally of both being and non-being.[101]

The explanation of how the being of the composition is no guarantee for the being of the subject under discussion is very much like Peter of Spain's arguments on the relationship between the being of the composition and the being of the extremes. There is one striking difference, however. Both authors come up with the sentence 'The Antichrist is a man' at this stage. Again, both agree that the *res predicata* decides what realm the subject in question belongs to. Nevertheless they disagree on the proposition's truth-value. Peter of Spain considers the sentence *simpliciter* true, as he says, and the extremes are beings *simpliciter*.[102] Nicholas, on the other hand, rejects it on the grounds that 'man' (*homo*) stands for an existent entity while 'the Antichrist' (*Antichristus*) does not. This difference of opinion is in my view positive evidence that Peter of Spain's conception of being is quite distinct from Nicholas' to the extent that Peter accepts such beings as essences or forms in the inventory of the world, whereas Nicholas does not. For Peter of Spain, then, the sentence at issue must be regarded as a judgement concerning the nature or form the Antichrist as conceived of possesses. For Nicholas, on the other hand, it seems

---

[100] *Ibid.*, p. 41(9-14):
"Dicendum ad hoc quod in verbo duo sunt: compositio et res predicata. Compositio autem se habet equaliter ad ens et ad non ens, sicut supra habitum est, ut patet cum dicitur 'homo est animal' et 'homo est asinus', unde compositio non est causa subiectum essendi in esse, sed predicatum; ut significat illa vulgaris [vulgalis *!* *b*] propositio 'talia sunt subiecta qualia permittunt esse predicata'." Cf. the discussion in *PSCN*, 1,46-56.

[101] *Syncategoreumata*, p. 41(15-22):
"Quod patet cum dicitur 'Antichristus potest esse homo', quia enim potentia, que est res predicata [predicati *b*], se habet per indifferentiam ad ens et ad non ens, propterea non trahit subiectum ad hoc quod supponat pro enti actu; sed cum dicitur 'Antichristus est homo', quia homo est res existens, trahit hunc terminum 'Antichristus' ut supponat pro enti et, cum sit non ens, oratio est falsa. Cum ergo verbum infinitum sequatur compositionem, manifestum quod poterit eque dici de enti et non enti."

[102] *PSCN*, 1,50.

more of an identity-statement concerning two real beings (which in fact it is not, because there is no such thing as the Antichrist).[103]

4.222 The negation that makes the noun indefinite

Not only verbs, but nouns also can be made indefinite, and once again the question is whether they can be said equally of both beings and non-beings. The arguments *pro* and *contra* are familiar to us, as we have seen similar ones in Peter of Spain and John le Page. Let us consider Nicholas' answer closely. The nature of an indefinite term, he tells us (in other words, their function) is to posit something and at the same time to deprive: it removes the specific form the corresponding definite noun posits. What an indefinite noun posits is some possible being, possible, that is, in relation to any form other than the one removed, but not any particular form among the latter group. So from 'Caesar is a non-man' (*Cesar est non homo*) follows 'Caesar is something other than a man' (*Cesar est aliud ab homine*). This means that the first sentence is false if Caesar does not exist.[104]

This is not all there is to it, however. The expression 'non-man' (*non homo*) need not be an indefinite term but it can also be regarded as a pure negation (*negatio*) in which case it does not posit anything. The reason that it does not posit anything in the latter case is that the denial 'not' or 'non' destroys (*distrahit*, litt. 'distracts') the presentiality expressed by the verb (*presentialitas verbi*). Considered thus the expression 'non man' need have no reference at all.[105]

---

[103] I have explained that contrary to Braakhuis I do not take the expression '*simpliciter*' Peter uses in this particular connection as based on *suppositio simplex*: for Peter contradistinguishes '*entia simpliciter*' and '*vera simpliciter*' with '*entia quodammodo*' and '*vera quodammodo*'. See above, Chapter II, 2.5.

[104] *Syncategoreumata*, p. 44(1-11):
"Si aliqua duo convertibilia sint, de quo non predicabitur unum neque reliquum; sed 'non-homo' et 'aliud <ab> homine' convertuntur; ergo de quo non predicabitur 'aliud ab homine' de eo non predicabitur 'non-homo'; sed hec est falsa 'Cesar est aliud ab homine'; ergo et hec 'Cesar est non homo'. Quod concedimus, quia natura termini infiniti est quod ponat et privet; privat scilicet formam specialem ad quam nomen finitum, quod est pars eius, ponebatur, ponit autem ens possibile ad omnem formam aliam sed ad nullam determinatum, propter quod nomen infinitum dicitur; ideoque ex hac sequitur 'Cesar est non homo; ergo Cesar est aliquid quod non est homo'."

[105] *Ibid.*, p. 44(12-18):
"Ad obiecta dicimus quod 'non homo' potest duobus modis intelligi: sicut terminus infinitus vel negatio. Et inquantum est negatio: nichil ponit, et secundum hoc potest dici de imperatore qui non est, quia per ipsum distahitur presentialitas verbi, sicut si diceretur 'Cesar nichil est'; similiter potest dici 'Cesar non homo est', idest 'nichil quod sit homo est', et sic intellexit Boethius, et sic contradicit ei quod est 'homo'."

At first glance the author's line of reasoning on the matter at issue exactly matches Peter of Spain's. The latter expresses himself somewhat differently though, saying that an indefinite noun can be taken both as a privation and as a negation (or denial).[106] Well, the fact that Peter does not use Nicholas' phraseology is proof that the authors do have quite a different opinion on what indefinite nouns are supposed to refer to. If we study Nicholas of Paris closely, it becomes obvious that he does not assign two different functions to the indefinite noun properly speaking. Rather he says that an expression like 'non man' can be interpreted as an indefinite noun or as a denial. Moreover, it is not a coincidence that the two propositions he mentions in this connection each have a different word order: the example illustrating that 'non man' posits something runs *'Cesar est non-homo'*, whereas the example of negation runs *'Cesar non- homo est'*, which should be carefully distinguished from the usual formula *'Cesar non est homo'* (or *'Cesar homo non est'*). One should notice that the first two propositions are affirmative whereas the third one (and the one in brackets as well) is negative. In English one would render the first as 'Caesar is a non-man', the second as 'Caesar is nothing human' ('is nothing that is a man': *'nichil quod sit homo est'*, where the subjunctive mood has a consecutive meaning, *viz.* 'nothing of such a kind as to be a man') and the third one runs in English 'Caesar is not a man'.[107]

The discussion on indefinite nouns concludes with the subject of what types of words can be made indefinite. This discussion leads to a definition of what indefiniteness amounts to: only that can be made indefinite which is definite to begin with, for to make indefinite is the privation of the definiteness which derives from the form. Therefore nouns that are indefinite as regards their form cannot be made indefinite. Nouns of this type are 'being', 'something', etc..[108]

The next section on the particle 'not' deals with what Nicholas of Paris calls the 'denying negation' (*negatio negans*) as contrasted with the 'indefinating negation' (*negatio infinitans*).

4.223 Denials

According to the author there are two ways in which the denying negation can be signified, *viz.* by itself (*per se*), by the particle 'not', or in combination with other elements, by nouns ('no one',

---

106 Cf. *PSCN*, 2,24.

107 See *Syncategoreumata*, p. 44(5) and p. 44(16).

108 *Ibid.*, pp. 49(18)-50(2):
"Ad solutionem harum et similium questionum dici potest quod infinitari non potest nisi quod finitum est, quia infinitatio est privatio finitatis que est a forma. Unde nomina que infinita sunt secundum qualitatem et substantiam, ut 'ens', 'aliquid' et similia, infinitari non possunt nec differt in negatione et infinitatione eorum."
Cf. *PSCN*, 2,25 and for John le Page, 4.121 above.

'no', 'neither', etc.), verbs ('to deny', 'to not know', etc.) and adverbs ('never', nowhere', etc.).[109] There might be an objection against the thesis that the negation can be signified by itself (*per se*), Nicholas says. There are a number of reasons for someone to counter this possibility. First of all, if one compares negation with composition, the latter would more likely be signified by itself than negation, because a composition expresses something intelligible, whereas a negation does not. Now even a composition cannot be signified *per se*, so surely the negation cannot be either.[110] Moreover, affirmation and negation are two types of expression, and the question is, why would negation have a separate feature when affirmation does not?[111]

Our author answers these objections as follows. To act and be acted upon (*i.e.* that which is signified by the verb) is a property of a substance and thus naturally always has to be or to become in a substance (*habet fieri et esse in substantia*). A composition therefore owes its being to the union of an act with a substance and hence cannot be signified by itself. Now a division[112] does have a separated being because that which divides is naturally separated from that which it divides. Thus the negation can be signified by itself. Indeed, a negation is indefinite according to its being, but not according to its structure (*ratio*).[113] The answer to the second problem is that a verb possesses the feature of saying something of something else and so in itself it always has the

---

[109] *Syncategoreumata*, p. 55(14-19):
"Habito de negatione infinitante sequitur de negatio negante. Notandum ergo quod negatio negans duobus modis potest significari: aut per se, ut in hac dictione 'non' et in equivalentibus; aut in compositione, et hoc: vel nomine, ut 'nemo', 'nullus', neuter', vel verbo, ut 'nego', 'nescio', et similia, vel adverbio, ut 'numquam', 'nusquam', et similia."

[110] *Ibid.*, p. 56(2-9):
"Sed dubitari potest utrum negatio per se potest significari. Et videtur quod non, quia, sicut magis videtur inesse non inest, neque quod minus; sed magis videtur quod compositio per se possit significari quam negatio, cum compositio dicat aliquid finitum et intelligibile, negatio vero dicat infinitum et non intelligibile; sed compositio per se non potest significari, ut patet satis, cuius causa est quia sine compositis non potest intellegi; ergo neque negatio per se significabitur."

[111] *Ibid.*, p. 56(10-12):
"Vel potest queri quare negatio per se significatur et non compositio. Vel queritur, cum affirmatio et negatio sint due conditiones ewnuntiationis, quare negatio habet a se notam, affirmatio vero non."

[112] Of course, in opposition to *compositio*, the expression '*divisio*' has the same sense as in '*fallacia secundum divisionem*' where '*divisio*' stands for separation, or setting apart.

[113] *Syncategoreumata*, pp. 56(17)-57(5):
"Ad primum dicendum quod agere vel pati est proprium substantie et per naturam semper habet fieri et esse in substantia; quia ergo compositio suum esse trahit ab unione actus ad substantiam, propterea non potuit compositio per se significari. Divisio vero, que dividit illam compositionem, separatum esse habet, quia sicut significatur in libro *Physicorum*, omne dividens divisum est per naturam ab eis que dividit; propter <quod> negatio per se significari potuit. Ad obiectum dicimus quod negatio infinita est quantum ad esse rei, quantum vero ad esse rationis non."

mark of an affirmation (*ex se portendit notam assertionis*).[114] Every verb in itself is affirmative (even so-called negative verbs like 'to deny', for they always affirm their own negation). Thus there is no separate word (*nomen*) for the affirmation. Now a negation, on the other hand, is never implied in a verb nor in what is signified and that is why negation requires a separate word.[115]

Now from the discussion presented it is quite obvious that Nicholas is not referring to the signification of the word 'not', although he does use that word. He cannot possibly mean to say, for example, that as opposed to composition, negation can be *signified* by itself, in other words that 'not' should refer to some negative state of affairs. If that were the case, the first argument *contra* the position that 'a negation can be signified *per se*' would be very reasonable. It is more likely that Nicholas is saying here that the *function* of affirmation or composition (in this connection the author uses the two words interchangeably, in my opinion) is not a separate one, for it is always embedded in a verb. An affirmation does not require a separate functor. The function of negation (or division), on the other hand, does require a separate functor, for no verb in itself contains its own negation. The function of negation, namely the function that brings about a 'division' or 'separation', always has an object, *viz.* some composition.[116]

Having settled any uneasiness one might have as regards the special status of the negation, Nicholas of Paris proceeds to examine what it is the negation can 'divide', in other words, to consider the question: how potent is the negation?

The author explains that a 'division' has one object only, a composition, and not just any composition, but a composition that derives from a state of affairs (*eius que est a re*) or merely from the intellect (*ab intellectu*). So when there is no apt composition, no division can take place either. This analysis of the negation rules out the possibility of the negation removing an

---

[114] The Latin '*assertio*' is equivalent to '*affirmatio*' and equally ambiguous: both terms may stand for merely uttering an affirmative formula as well as for actually asserting something.

[115] *Syncategoreumata*, p. 57(6-13):
"Ad secundum <dicendum> quod, <quia> ipsum verbum importat notam dicendi de altero, ut dicitur in *Periarmeneias*, ex se portendit notam assertionis; ipsum enim verbum de se affirmativa est, nisi negationem importet per negationem vel per significationem, ut 'nescio', 'infitior', 'nego', que tamen, quantum est de se, suam negationem affirmant; et ideo non oportuit esse nomen affirmationis. Sed quia negationem non importat neque in voce neque in significato, propter hoc oportuit negationem habere nomen."

[116] *Ibid.*, p. 57(14-19):
"Ad tertium dicendum quod divisio que importatur per hanc dictionem 'non' semper est alicuius compositionis, que compositio est actus huius verbi 'sum, es, est'; ideoque, sive illa compositio sit substantie ad substantiam sive qualitatis ad substantiam vel quocumque alio modo, semper importetur divisio per adverbium, quod dicit modum verbi."

unwellformedness (*incongruitas*) from a proposition:[117] a negation cannot remove the incongruity from an unwellformed sentence.[118] The basis for a negation then is a composition that makes sense expressed in a wellformed sentence. If a negation is added to something that does not make sense, nothing happens. To put it differently, something must be affirmed congruously and genuinely in order for it to be denied.

Although Nicholas persistently uses the word *'divisio'* in connection with negation, it is not at all certain whether he actually means that a negation actually 'divides' two things, *viz.* subject and predicate. A little further on in his section on negation it becomes evident that, in his opinion, even in a denial some sort of composition remains. If it did not it would not be possible to have denials, for negation is in fact a disposition of a composition and a disposition cannot possibly remove that which it is a disposition of.[119]

Indeed the composition the negation belongs to cannot be removed. In order to save it Nicholas of Paris, like John le Page and Peter of Spain, comes up with the distinction between the general and specific signification of words. The general signification of a word is that for which the particular type of word has been established and in virtue of which it differs from other types of words; it is this signification that is the grammatical principle of wellformedness (*congruitas*) in a sentence.[120] Then there is the specific signification of a word by which one species differs from another. The latter type of signification is the principle of truth in a complex expression (*oratio*) resulting from the agreement of the subject- and predicate-concepts (*ex convenientia intellectuum*).[121] Now the negation only removes the special composition, not the general one. As to

---

117 *Ibid.*, p. 60(17-23):
"Ad hoc dicendum quod, ubi non est compositio, ibi non potest esse divisio, ut dicit Augustinus. Quia hec dictio 'non' nota est facere divisionem non cuiuscumque compositionis sed eius que est a re vel ab intellectu, idcirco, ubi non est compositio neque re neque intellectu, non potest esse divisio. Sed in incongrua constructione non est compositio neque rei neque intellectus, ut patet satis; quare manifestum est quod per negationem non potest amoveri incongruitas."

118 For example, the sentence '**vir non est alba*' does not have the sense 'you are not allowed to say "*vir est alba*"' and thus it does not stand for 'a man is not a female white thing', which would be a congruous (and true) proposition.

119 *Syncategoreumata*, p. 66(3-6):
"Sed quod negatio non possit amovere compositionem videtur: nulla enim dispositio removet illud cuius est dispositio; sed negatio est dispositio compositionis; ergo non removet compositionem."

120 *Ibid.*, p. 66(19-23):
"Solutio. Dicendum quod duplex est significatio in partibus orationis, scilicet: generalis et specialis. Generalis est ad quam pars ipsa instituituret per quam differt ab aliis, que est principium congruitatis ex convenientia, et incongruitatis ex inconvenientia."

121 *Ibid.*, pp. 66(22)-67(2):
"Est alia significatio que est specialis, ad quam partes speciales insituuntur, per quam differt una species partis ab alia specie eiusdem, que est principium in oratione veritatis <ex> convenientia intellectuum et falsitatis ex disconvenientia."

the verb, it is not the general composition that is removed by the negation, but the *res verbi*, the principle of truth and falsity. And so it is evident that the negation does not remove the composition, but rather the affirmation.[122]

In the paragraphs dealt with above, Nicholas of Paris speaks of the 'subject of the negation'. The expression in question (in which 'subject' has the sense of *hypokeimenon*, (*i.e.* 'substrate') stands for the general composition. On the other hand, he also says that the negation removes the *res verbi* from the verb. Normally we would associate the expression *res verbi* with the meaning of a verb only, such that '*cursus*' ('the running'), for example, is the *res verbi* of the verb '*currere*' ('to run'). However, from the paragraph we have quoted (see above, note 120) it is obvious that the *res verbi* should not be associated with the verb only, for what Nicholas says is that 'the *res verbi* is the principle of truth and falsity, on account of which a contradiction is caused which is based on being and non being.' Well, he has only just said that the specific composition was the principle of truth and falsity (see above, note 119), and therefore the *res verbi* and the special composition must be one and the same thing. The special composition or *res verbi* is the *pragma*, or a state of affairs; so a negation 'does not remove the subject (*i.e.* the general composition) it is a disposition of, but it removes its (that is, the negation's) opposite, which concerned that composition, namely the affirmation.' In other words, if we analyse the negation '*Sortes non currit*' ('Socrates does not run'), what the negation does is to remove the special composition or *res verbi*, namely the affirmation (or being) of Socrates running, such that we have the denial of the state of affairs that-Socrates-is-running (*Sortem currere*).

The relationship between affirmation (confirmation) and negation is further explored in the following section.

4.23 Negation as opposed to affirmation

The first question in which Nicholas gives us more details as to the precise relationship between affirmation and negation concerns the denial of the so-called *propositio plures*. The subject-matter derives from Aristotle's *De interpretatione*, chapter 11, in which propositions are discussed that affirm more than one 'thing' of a subject: if you say more than one accidental thing of some one thing, Aristotle says, the things said will not be one (21a27ff.).

---

[122] *Ibid.*, p. 67(5-14):
"Quia ergo negatio non amovet generalem significationem partis . . . sed amovet specialem, . . . ita similiter facit in verbo negatio amovere rem verbi, que est principium veritatis vel falsitatis, ab ipso verbo. Propter quod causatur contradictio que est ex esse et non esse. Sic ergo patet quod non amovet subiectum cuius est dispositio sed suum oppositum, quod erat circa illus subiectum, scilicet affirmationem."

What interests Nicholas of Paris, as it did John le Page before him, is how one affirmation in which more than one accidental thing is said of another relates to its negation, or rather, how we are to accomplish a denial of such a *propositio plures*. The example Nicholas discusses is '*Socrates is (a) grammarian-musician' (*Sortes est grammaticus musicus*).[123] The first question, then, is whether such an affirmation can be denied in such a way that we can get its contradictory opposite, and secondly, if the answer is yes, whether the sentence has more than one contradictory opposite.[124] Nicholas explains that a *propositio plures* can in fact be denied by adding one negation only. Thus the contradiction of the sentence presented above is '*Socrates is not (a) grammarian-musician' (*Sortes non est grammaticus musicus*).[125] However, the negation in such a contradiction can be taken in two different ways. In the first way the negation denies each and every composition it finds and thus is equivalent to 'Sortes is neither (a) grammarian nor (a) musician' (*Sortes nec musicus est nec grammaticus*); in the second way the negation can be read such that it is equivalent to 'It is not true what is said by the following "*Socrates is (a) grammarian-musician"'(*non est verum quod per hanc dicitur 'Sortes est grammaticus musicus'*),[126] an expression that leaves undecided whether both parts of the composite predicate or only one of them (and if so, which one) is to be denied.

---

[123] In English it is impossible to have such a sentence, but we may think of sentences like 'Socrates is a grammarian-and-musician' or 'Socrates is a combination of grammarian and musician'. The drift of the problem presented here is that more than one thing is attributed to Sortes in what appears to be a single predicate, such that the corresponding denial is susceptible of more than one interpretation.

[124] *Syncategoreumata*, p. 67(17-20):
"Item. Potest queri, cum due sint enuntiationis differentie: alia una, alia plures, utrum contingat propositionem <que est> [<que est> *om. b*] plures habere contradictionem sicut eam que est una; et si sic, utrum unam contradictoriam vel pluras contradictorias."

[125] *Ibid.*, p. 69(6-12):
"Dicendum ad hoc quod propositio plures potest habere contradictionem preposita negatione ei; a quo est enuntiatio que inquantum negatio dividit compositionem illam communem qua componebatur multa uni vel unum multis vel multa multis, ut huius 'Sortes est grammaticus musicus' hec est contradictoria 'Sortes non est grammaticus musicus', ut probant rationes."

[126] *Ibid.*, pp. 69(18)-70(6):
"Ad secundum quesitum, dicendum quod duobus modis potest esse negatio in propositione plures: vel ad hoc quod dividat quacumque compositionem ibi inventam, et tunc quot sunt ibi compositiones tot oportet esse divisiones, ut huius 'Sortes est grammaticus musicus' hec 'Sortes nec musicus est nec grammaticus'; vel ad formandum contradictoriam affirmative, et tunc semel oportet sumi negationem, ut huius 'Sortes est grammaticus musicus' hec est contradictoria 'Sortes non est grammaticus musicus', et est sensus: 'non est verum quod per hanc dicitur "Sortes est grammaticus musicus"'."

The discussion presented above more or less resembles what John le Page says.[127] (Peter of Spain and Henry of Ghent have nothing to say on the matter).

The relationship between affirmation and negation once again comes up for discussion in another section of the author's *Syncategoreumata*, in the *questio* that deals with the rule 'two negations concerning the same verb produce one affirmation'. A similar discussion is found in both John le Page and Peter of Spain. Like the former Nicholas makes use of the distinction between a negation *simpliciter* and a negation *quoad quid*, saying that *'non: homo non currit'* is *simpliciter* a negative sentence, but in a certain sense (*quoad quid*) it is an affirmative one, for it equals the affirmative sentence *'quilibet homo currit'*. In order to make himself clear he introduces a related distinction, saying that a sentence can be negative in a twofold way. There are expressions that are both negative *qua* expression (*secundum vocem*) as well as *qua* content (*secundum rem*)[128], *e.g.* 'A man does not run' (*homo non currit*). There are also expressions that are negative *qua* expression and *qua* meaning (*penes intellectus*), but affirmative by inference (*ex consequenti*), such as 'Not: a man does not run' (*non homo non currit*), which has a negative meaning ('it is not the case that a man is not running') but is affirmative by implication (*'nullum hominem non currere'* implies *'quemlibet* <*hominem*> *currere'*).[129] Therefore there is a difference between the sentences 'Socrates runs' (*Sortes currit*) and 'Not: Socrates does not run' (*non Sortes non currit*), *viz.* a difference *qua* expression and *qua* way of affirming (*in modo affirmandi*), but not *qua* affirmed content (*in re affirmata*).[130]

As we have seen, Peter of Spain also uses the expression *res affirmata*,[131] and he identifies it with the composition. In his view the composition is always some positive state of affairs, which can be either affirmed or denied. We have found a similar view in Nicholas of Paris. What is

---

[127] See Braakhuis [1979], Vol. I, pp. 229-231. John le Page speaks of two types of predication, *viz. 'predicatio secundum formam et materiam'* and *'predicatio secundum materiam'* (referring to nouns and verbs respectively); Nicholas of Paris mentions *'predicata materialia'* (nouns) and *'predicata formalia'*. I have not come across these expressions anywhere else.

[128] In this connection *'res'* (= 'content') is opposed to *'vox'* which refers to the corresponding linguistic entity.

[129] *Syncategoreumata*, p. 78(10-16):
"Quod concedimus [scil. quod 'non homo non currit' est negativa] dicentes quod simpliciter est negativa, sed quoad quid affirmativa, scilicet per equipollentiam. Vel potest dici quod dupliciter esse orationem neagativam: vel secundum vocem et secundum rem, et sic est illa negativa 'homo non currit'; vel secundum vocem et penes intellectus, et sic est illa negativa 'non homo non currit', ex consequenti tamen est affirmativa, quia in hoc quod dicitur 'nullum hominem non currere' affirmatur quemlibet currere."

[130] *Ibid.*, pp. 78(20)-79(3):
". . . ergo, si isti 'Sortes currit' contradicit hec 'Sortes non currit', videtur ergo quod hec 'non Sortes non currit' non contradicat: dicendum quod ille due 'Sortes currit', 'non Sortes non currit' due sint in voce, una sunt in re affirmata etsi non in modo affirmandi."

[131] *PSCN*, 2,49.

remarkable here is that he uses the expression *negativa secundum rem*. We have rendered this expression neutrally as 'negative *qua* content', for there is no indication that he has a negative state of affairs in mind. Rather Nicholas describes negation in terms of a function: it is an operator that works on the composition it finds, and that composition is always an affirmative one.

4.24 Concluding remarks

From what we have discussed on Nicholas of Paris it has become quite clear that of the two continental authors preceding him, John le Page is the one that has influenced him most. Of course we have not covered all parts of the different *Syncategoreumata* treatises,[132] but there are definitely more resemblances between John le Page and Nicholas of Paris than there are between either of the two and Peter of Spain. (Moreover, Peter of Spain is quite unique in paying so much attention to the mental aspects of language.)

4.3 Thomas Aquinas

It might seem odd to add a discussion on Thomas Aquinas' views on composition and negation in a study that essentially deals with people who have each written a separate treatise on syncategorematic words, or at least who can more seriously be described as logicians (besides anything else) than Thomas Aquinas. As Weidemann has pointed out, in order to figure out what Aquinas' views are as regards the semantics of the verb 'to be' one has to gather up the bits and pieces scattered in his works and attempt to put them together like a jigsaw puzzle.[133] However, in spite of the fact that Aquinas' way of dealing with the subject in question is altogether different from the authors' presented so far, he is certainly worth paying attention to because his views in that respect sometimes show a remarkable resemblance to Peter of Spain's. It has been suggested by Braakhuis that Aquinas, one of the adherents of the so-called 'composition' theory of propositions, may have been influenced by Peter of Spain.[134] It might therefore be a good idea to study Aquinas' views on composition more closely, concentrating on the following items: first, on what grounds can Aquinas be compared with Peter of Spain; secondly, do Aquinas' views neatly match Peter's or are there significant differences, and if so, what are the divergencies between the two; and, finally, how are we to judge the relationship between Peter and Thomas in terms of influence?

---

[132] For more details see Spruyt [forthcoming].

[133] Weidemann [1986], p. 181.

[134] Braakhuis [1987], pp. 100-101; p. 110.

4.31 Similarities between Peter's and Thomas' views

As we have seen, Peter of Spain introduces the topic of *Syncategoreumata* telling us that syncategorematic words play a decisive role in deciding whether a proposition is true or false.[135] In order to fit in with Aristotle's definition of truth, Peter says, syncategorematic words must signify *res* of a certain type: they signify dispositions of *res*. Now according to Thomas Aquinas, in his Commentary on Aristotle's *Metaphysics*, truth and falsity in propositions and opinions are caused by dispositions of *res*.[136] Moreover, the two authors are also very explicit about the fact that the *res* outside is the basis for judging truth and falsity in a proposition: Peter says that a very important factor in that decision is that the extremes in a proposition (*i.e.* in a proposition of the form 'S is P') *are*. Aquinas has another way of putting it: in composite substances the composition of form with matter corresponds with the composition of an accident with a subject as the very basis or cause of the truth of the mental composition.[137] Finally, like Peter of Spain, Aquinas appears not only to have a notion of the copulative function of the verb 'to be': in sentences of the form 'S is P' 'is' is the speech sign that expresses the composition of the proposition, a sign the mind additionally invented when uniting a predicate to a subject;[138] he also claims that 'is' signifies the truth of a proposition.[139] As to the latter, as Weidemann suggests, Aquinas must have an assertive function of the verb 'is' in mind, such that a sentence of the form 'S is P' would equal 'It is the case that S is P'.[140] Incidentally, Peter of Spain does not express himself in these words, but as we have tried to argue, he also must have some conception of the assertive or affirmative function of the verb 'is'.

These three similarities, then, indeed provide ample reason for maintaining that Thomas has been influenced by Peter. However, there are points of divergence between the two authors. Before we go into these differences it might be interesting to dwell on an extremely important work by Thomas Aquinas, *De veritate, q.* 1, in which he explores a number of subjects pertaining to the notions of truth and, *eo ipso*, falsity. It is in this context that the notion of 'truth' is most explicitly linked up with that of 'being'.

---

135 *PSCN*, 0,1.

136 See Braakhuis [1987], p. 111, n. 5.

137 *Ibid.*.

138 Weidemann [1986], p. 184.

139 *Ibid.*.

140 *Ibid.*, p. 185.

According to Thomas, 'truth' and 'being' *qua* transcendent terms can stand for one and the same thing. If we can say that something *is*, we can also say that it *is true*. This does not mean that 'true' and 'being' have the same meaning: their denotations coincide, but they have different connotations. Thomas explains that the word 'true' does not express being as such; rather it expresses being in relation to some other being. Just as the word 'good' (another transcendent term) refers to a being in relation to the will, in the same way 'true' refers to a being insofar as it agrees with the intellect.[141] Thus what 'true' adds to being is the conformity of *res* and intellect (*adaequatio intellectus et rei*).

We shall leave the metaphysical considerations concerning the 'truth-formula' aside here, for to enter into details would be beyond the scope of this study.[142] What is of importance to us now is what Aquinas has to say on truth as it resides in the human mind, so to speak. To put it differently, how does he explain truth as it is expressed by true propositions?

As to truth in the human mind, Thomas distinguishes between two types of intellectual activities, quite in line with other Mediaeval authors, *viz.* the *simplex apprehensio* or the intellectual activity of grasping quiddities or essences and the *intellectus componens et dividens* or the intellectual activity of forming propositions concerning 'things'. The latter activity is also called judgement, but one must be careful with this word for Thomas also uses 'judgement' to indicate a certain activity of the senses.[143] Now formal perfection of truth is accomplished via the second activity of the mind. It is not until the mind has formed judgements as regards what it has grasped that we can speak of an *adaequatio*.[144]

What Thomas has said so far seems straightforward enough. What we need to know in connection with this study is what he exactly means by 'judgement'. We have already noted above that Thomas does not reserve the term 'judgement' (*iudicium*) for an activity of the mind only. Quite in line with Aristotle the term comes up in descriptions of what the sense can do. However, in *De veritate* it becomes apparent that 'sense judgements' do not have the same philosophical value as their mental counterparts.

---

141 *De ver.* I, a. 1c.

142 For a profound analysis of Aquinas' *Via veritatis*, see Aertsen [1988], pp. 141-190.

143 In my analysis of the two notions (see below, 3.2) I largely lean on what Joseph Owens has to say on the matter in Owens [1970].

144 *De ver.* I, a. 1c:
"Alio modo diffinitur secundum id in quo formaliter ratio veri perficitur, et sic dicit Ysaac quod 'veritas est adaequatio rei et intellectus'."
See also *De ver.* I, a. 3c.

4.33 Sense judgement and intellectual judgement

In Thomas' explanation of what the senses are capable of he actually presents a picture that runs parallel to the description of the two activities of the mind. Like the intellect, the senses can play both an active and a passive part in the process of acquiring knowledge: the passive part is merely the grasping of species, but the senses form some kind of activity in their 'judgement' of what they experience.[145] The judgement of the sense is not something merely received from the ouside, but it is an activity that originates from inside.[146]

Now if truth and falsity apply to 'judgement' could sense judgements be called true or false? Indeed, Aquinas says, the senses are capable of erring, but the question is in what way they can make a mistake. Well, as regards their own proper objects ('sensibles', *i.e. sensibilia*), the senses cannot make mistakes: sight cannot be mistaken as regards the experience of colour (except owing to some organic ailment). Mistakes can only come up when the senses somehow leave their own specific domain and judgements are made. Now each sense on its own cannot make judgements by leaving its own domain. For example, the eye cannot judge whether the black thing is the same as the soft thing (the latter experience belongs to the sense of touch). The judgements are made on a higher level, *viz.* by the *sensus communis*.

In any case, what happens, according to Owens, truth and falsity in connection with sense judgements only come on the scene when the *being* of objects is involved. Sense judgements that can bear the label 'true' or 'false' somehow concern the ways in which things *are*. In *De veritate* I, 11c. Aquinas compares sense judgements of this type with the estimative powers of animals: for example, sheep somehow 'decide' that the figure they experience in the distance is a predator or whatever. Of course, the sheep can be mistaken in their 'judgement'.

Apart from these sense judgements there are also intellectual judgements which may be expressed by propositions that qualify for the labels 'true' and 'false'. The main difference between the two types of judgements is that sense judgements as opposed to intellectual ones do not involve any kind of abstraction: they are always related to individual things directly present to the senses.[147]

---

145 Owens [1970], p. 143, quoting a passage from *Quodlibet* VIII: "Sensus autem exteriores suscipiunt tantum a rebus per modum patiendi, sine hoc quod aliquid cooperentur ad sui formationem; quamvis iam formati habeant propriam operationem, quae est iudicium de propriis obiectis." (*Quodl.* VIII, qu. 2, art. 1c.)

146 *Ibid.*.

147 Owens [1970], pp. 143ff..

It would seem that intellectual judgements can now easily be described. However, judging from the very diverse interpretations presented in different articles on Aquinas' views on the proposition, it seems rather difficult to establish a consistent analysis of what Thomas had in mind. One of the main conclusions these different evaluations of Aquinas' 'theory of the proposition' have in common is that the composition featuring in a proposition somehow corresponds with a composition in reality.

One interpretation of judgement in Thomas Aquinas is presented by Gerald B. Phelan, in his article '*Verum Sequitur Esse Rerum*',[148] a paper that deals with the convertibility of 'truth' and 'being'. According to Phelan, in Thomas' view a 'judgment is an affirmation of being, declaring that, that which is connoted [*sic!*] by the subject *is* that which is connoted by the predicate'.[149] Phelan does not explain this connection but first enters into a discussion concerning the terms of the relationship of truth (for 'true' is a relative, according to Aquinas). Phelan claims that these two *relata* are exactly the same ones as Aristotle had in mind in his definition of 'truth', namely the *intellectus* (or that which is said) on the one hand and the *res* (or that which is) on the other. The *res* contains two elements: being and essence. Knowledge of the *res* therefore must contain both these elements; in other words, knowledge of a *res* covers both the aspect of what a thing is and that it is. Knowledge of a *res* is acquired when the intellect judges that what it grasps is in reality.[150]

From the analysis presented above, Phelan now makes a remarkable step: he has Aquinas claim that we have true knowledge of something if 'what *is understood* [Phelan's italics] . . . *is real* . . . or again . . . the essence which has intentional existence in thought has physical (actual or possible) existence in reality.'[151] How, in Phelan's view, are we to check what is understood with the facts; for instance, how can we decide whether the judgement 'This paper is blue' is either true or false? Well, Phelan tells us, the judgement consists in the combining of two quiddities (*paper* and *blue*) such that the composition acquires existence in the mind. The proposition or judgement is true if and only if what I have combined in the mind is in fact combined in reality. If this is not the case, that is, if the quiddities *paper* and *blue* are not combined in reality, then the judgement (or proposition) is false. Judgement, says Phelan, 'consists in affirming existence (in the unity of real existence) of a thing in which two concepts united by the mind (in a unity of

---

148 Phelan [1939].

149 *Ibid.*, p. 11.

150 *Ibid.*, pp. 11-12.

151 *Ibid.*, p. 13.

intentional existence) are actually or possibly realized'.[152] This is what composition and division amounts to, according to Phelan.

Phelan sums up his discussion of Aquinas' conception of judgement as follows: 'to judge is to combine or to divide, to put together or to set apart, to affirm or to deny that two forms or essences which have been separately abstracted and which, therefore, up to the time or moment of judgment, have existed as two separate concepts in the mind, must be put together or set apart, as the case may be.'[153] Affirmation and denial concern the coexistence or non-coexistence of two essences in reality.

The analysis presented by Phelan boils down to the following. Things or *res* have two modes of existence, namely in the outside world and in the mind. In each of these two realms the *res* is identical. In its judgement the mind affirms that identity, or makes what exists in nature exist in thought.

Phelan's way of representing Thomas' position is open to criticism on a number of points. First of all, one may wonder about the way in which Phelan uses Thomas' texts. Moreover, Phelan's account in a number of places is absolutely incompatible with Mediaeval theories of supposition. Finally, it is not at all clear where negation fits in: Phelan's way of representing Thomas' views leaves no room for explaining denials.

As to Phelan's way of employing the texts found in Thomas, let us study some examples. Phelan explicitly argues that in Aquinas' view truth is primarily based on sense experience. Nevertheless, there are judgements not verifiable by the senses in which case one must turn to the 'first principles', for example the principle of non-contradiction. Phelan illustrates his contention with a passage taken from *De veritate* I, 1c: "Sicut in demonstrabilibus oportet fieri reductionem in aliqua principia per se nota, ita investigando quid est unumquodque."[154] This piece of information has entirely been taken out of context. All Thomas is saying here is that in order to investigate things properly (that is in a scientific way), we reduce them to the first priciples of knowledge (cf. Aristotle, *Anal. Post.*, *passim*). Another passage also adduced to confirm the thesis that when there is no sense experience we must rely on the first principles is taken from *De veritate* I, 4, ad 5: "Sicut enim a veritate intellectus divini effluunt in intellectum angelicum species rerum innatae secundum quas omnia cognoscit, ita a veritate intellectus divini exemplariter procedit in intellectum nostrum veritas primorum principiorum secundum quam de omnibus judicamus."[155] Once again, Phelan has misinterpreted the significance of this passage: while he uses it to demonstrate that

---

[152] *Ibid.*, p. 19.

[153] *Ibid.*, p. 19.

[154] *Ibid.*, p. 13, n. 24.

[155] *Ibid.*, pp. 13-14, n. 24.

when there is no sensory evidence to evaluate judgements we must rely on the first principles, this passage comes up in a completely different context. What Aquinas is dealing with in this connection is the question whether all truths are based on only one truth. Now the first principles are the propositions according to which we judge *all* things, not only the things that are not reducible to sensory experience. Finally we might add a passage Phelan quotes as in support of his claim that we first abstract forms from sense data and subsequently unite these forms once again in a judgement *S. th.* I, 85, 5c.: "(Intellectus humanus) primo apprehendit aliquid de ipsa (re) puta quidditatem ipsius rei, quae est primum et proprium objectum intellectus; deinde intelligit proprietates, et accidentia, et habitudines circumstantes rei essentiam et secundum hoc necesse habet unum apprehensum alii componere, vel dividere ex una compositione, vel divisione ad aliam procedere."[156] In my opinion Aquinas is merely suggesting here that Divine and human knowledge are not the same. Man cannot acquire knowledge directly but has to proceed step by step, whereas God has immediate cognitive access to all things. The text gives no information concerning the process itself of abstracting forms and then uniting them in a judgement.

Apart from the obviously careless way of dealing with Aquinas' material, there is another serious flaw in Phelan's interpretation of Aquinas' view of the proposition. As we have just seen, Phelan has Thomas claim that "truth [declares] that that which is *connoted* [my italics] by the subject is *connoted* by the predicate." To put it differently, Phelan ascribes the view to Thomas that truth involves the identity of the essences or connotations of the subject- and predicate-term. Now that claim definitely runs counter to Mediaeval theory of supposition: in a proposition like 'This paper is blue' the subject term 'this paper' has *suppositio personalis*, whereas the predicate term connotes some form, *blueness*. In this example it is claimed that this particular thing (which I have called 'paper') has an (in this case) accidental form *blue*. If the proposition were to express any kind of identity at all (as Ockham would have it), the identity could only concern that which both the subject-term and predicate-term refer to, never their connotations.

Besides conflicting with Mediaeval supposition theory (and therefore to be rejected) Phelan's interpretation also runs into difficulties as far as negative propositions are concerned. Consider once again the sentence 'This paper is blue', which, according to Phelan is to be analysed as expressing the unity or composition of the forms *paper* and *blue* in reality. How are we to analyse its negative counterpart, 'This paper is not blue'? Could it perhaps be the expression of the separateness of the forms *paper* and *blue* in reality? If so, what would this separateness or 'division' consist in? Could it be some negative reality? In other words, what is the *res* the negative proposition signifies?

---

156 *Ibid.*, p. 19, n. 49.

From what has been said it should be obvious that Phelan's interpretation of Aquinas is not a very plausible one. Especially the questions it leaves as regards the interpretation of negative sentences present too much of a problem.

Another attempt at interpreting Aquinas' views on the proposition has been made by Paul Wilpert in an article that deals with the compatibility of the definition *'veritas est adaequatio intellectus et rei'* presented by Aquinas on the one hand and the Aristotelian contention that truth is a property that belongs to a judgement or proposition on the other.[157] According to Wilpert, Aquinas does not let go of the Aristotelian claim that truth applies to a judgement (*iudicium*). However, it is not at all clear, Wilpert says, what Thomas precisely means by *'iudicium'*. A number of commentators have had different opinions on the matter. The controversies mainly centred around the question as to what Aquinas meant by equating 'composition' and 'division' on the one hand with 'to know the true' (*cognoscere verum*) on the other. There are two main positions on that matter: 1. truth primarily concerns thought and secondarily applies to judgement, a position held by the Princeps Thomistarum, Johannes Capreolus (d. 1444), and 2. truth is to know the truth of an expression (*enuntiatio*) and so it can be redefined thus: truth is an assent or dissent (concerning some truth or falsehood) brought about by (an act of) affirming or denying (*assensus vel dissensus circa aliquam veritatem vel falsitatem quae fit affirmando vel negando*). The latter position, held by another reputed Thomist, Johannes a Sancto Thoma (1589-1644), actually distinguishes two elements in truth, *viz.* an expression (*enuntiatio*) and the judgement (*iudicium*). Only in judgements can we speak of a formal fulfilment of the truth condition. Both Aquinas and Johannes a Sancto Thoma have a double use of the word *iudicium*: as a propositional content and the judgement of that which is expressed in a proposition, two meanings we can also discern in modern language.[158]

Now the vital question Wilpert tackles is whether truth in Aquinas occurs on the first level of *iudicium*, that is, on the level of a propositional content, or whether there must be an assent or dissent in order to properly speak of truth. In his article Wilpert attempts to answer that question by studying what Aquinas means by 'judgement' (*enuntiatio* or *iudicium*) as opposed to the 'knowing and saying the true' ascribed to the senses and conceptual thought.[159] As to the former, in *De ver.* Aquinas says that a *iudicium* is true when it corresponds with an external state of affairs (*quando adaequatur ei quod est extra in re dicitur iudicium verum*).[160] We can speak of intellectual judgements concerning the apprehended object, he continues, when the intellect declares something

[157] Wilpert, [1933].

[158] See *ibid.*, pp. 57-59, where the relevant texts may be found as well.

[159] *Ibid.*, p. 59.

[160] *De veritate* I, a. 3c..

to be or not to be; and this happens in the uniting or dividing intellect.[161]

Now what Johannes a Sancto Thoma says is that we can only judge something to be true if we take up a position as regards a sentence, that is, if we make a judgement as regards some propositional content (*enuntiatio*). Wilpert claims that such an analysis would only be necessary if we are to take *enuntiatio* solely in the sense of a combination of two concepts. Aquinas, however, does not seem to adhere to such an outlook: in his view, Wilpert says, there is more to it.[162]

In every proposition the intellect either assigns a form indicated by the predicate to the *res* referred to by the subject, or removes such a form from it.[163] Thus, Wilpert says, a composition for Aquinas is never entirely a combination of concepts only. Every composition in itself is already object-related.

The question remains, however, whether composition in itself is a judgement, or whether the latter requires more. To put it differently, judgement might still require assent or dissent. Wilpert adduces a passage from the *Summa contra Gentiles* in which the nature of truth in connection with God is dealt with (cc. LVI-LVIII). God, unlike man, does not think discursively. Now if 'true' can be applied to discursive thought only, we would never be able to apply the term 'true' to God. Now this does indeed pose a problem if we consider 'true' to belong to judgements and if the latter amount to compositions and/or divisions.

Aquinas solves the difficulty by stating that it is not the operation of combining and dividing itself that is true or false; rather truth and falsity apply to what is said. In other words, God need only be able to say a composition or division (how He gets there is of no consequence). And in order to be true what the intellect says and knows is what should equal the *res*. In other words, this analysis clearly illustrates that it is the *enuntiabile* itself that can be true or false.[164]

There is another context Wilpert comes up with in which it is suggested that a judgement does not require assent or dissent as well as composition and/or division. It is taken from the commentary on the *Perihermeneias*, a section that deals extensively with the problem at issue. In *Perihermeneias* 1, 16a12-13, Aristotle says that truth can be found in judgement only. For Aquinas this statement poses a problem, for 'true' is a transcendent term and can apply to things as well as judgements. Truth can appear in two ways: first of all as in things, and secondly as in that which says and knows the true. The latter type of truth occurs according to composition and division.

---

161 *Ibid.*:
". . .tunc autem iudicat intellectus de re apprehensa quando dicit aliquid esse vel non esse, quod est intellectus componentis et dividentis."

162 Wilpert [1933], p. 60.

163 *Ibid.*, p. 60, quoting a passage in *S. th.* I, q. 16, a. 2c.:
". . . (intellectus) in omni propositione aliquam formam significatam per praedicatum vel applicat alicui rei significatae per subjectum vel removet ab ea."

164 Wilpert [1933], p. 61.

From Thomas' remarks here we find no evidence that he considers judgements to require assent or dissent.[165]

There are also texts that do suggest some requirement of assent or dissent for judgements. In *De veritate* I, a. 1c. Aquinas defines truth as to say 'that that which is is and that which is not is not'.[166] Again in his commentary on *De anima* (III, lect. 11) Aquinas explains truth in terms of a comparison of one thing and another occurring in a composition or division by the intellect.[167] In Wilpert's opinion the comparison mentioned concerns the subject and predicate of a proposition. Finally in his commentary on the *Metaphysics* (VI, lect. 4, 1223) Aquinas tells us that affirmation and negation refer to the predicate belonging to the subject and/or the predicate being removed from the subject.[168] There are possibilities, Wilpert says, (p. 68) to explain affirmation and negation in terms of assent and dissent respectively. Obviously then both assent and dissent would have to concern a positive *enuntiabile*. However, according to Wilpert such a suggestion would imply that for Thomas affirmation equals knowing a truth, whereas negation would equal knowing a falsehood. In Wilpert's opinion such an interpretation of Aquinas ideas is not possible (p. 69). He ultimately concludes that Aquinas' conception of judgement does not involve assent or dissent: composition and negation are to be explained in terms of the relationship between subject and predicate in a proposition.

Wilpert's interpretation of Aquinas' conception of judgement is altogether a more serious candidate than Phelan's. For one thing the way in which he uses Aquinas' texts can completely be justified and furthermore his account does not run counter to general Mediaeval supposition theory. However, there is still a problem as regards negative sentences: if we consider negations as a 'division' of subject and predicate, what will the *res* be such a proposition is based on?

An answer to this problem may come up if we interpret Thomas a little differently than has been done so far. What Wilpert in fact has done is to concentrate solely on one aspect of the semantics of the simple 'S is P' proposition: he has interpreted 'is' entirely in terms of the relationship between subject and predicate. In the article written by Weidemann[169] we are presented with an overall view of Aquinas' position on the meaning of the verb 'to be'. This article shows that the analysis Wilpert has presented, that is, that 'is' has an actuality sense, is only part

---

165 *Ibid.*, pp. 64-65.

166 *Ibid.*, p. 67.

167 *Ibid.*, quoting a passage from *In de an.*, III lect. 11 (760):
"Veritas enim et falsitas consistit in quadam adaequatione vel comparatione unius ad alterum, quae quidem est in compositione vel divisione intellectus."

168 *Ibid.*, p. 68, commenting on Aristotle's *Metaph.* E 4, 1027b 21 ff.: "Dicitur autem hic affirmatio compositio, quia significat praedicatam inesse subjecto. Negatio vero dicitur hic divisio, quia significat praedicatum a subjecto removeri."

169 Weidemann [1986].

of the story. Moreover, Weidemann saves Thomas from the awkward position that 'is' always refers to something in the outside world. Finally, Weidemann succeeds to explain that in Thomas' view the word 'is' is the mark of an affirmation; this analysis shows that it is not altogether strange that people like Johannes a sancto Thoma have interpreted Thomas to regard assent and dissent as crucial parts of a judgement.

As was shown, Wilpert explained Thomas' conception of the proposition entirely in terms of the relationship between subject and predicate. The composition in the proposition must reflect a composition in reality. For example, the proposition 'Socrates is white' is true if in fact whiteness inheres in Socrates. We have already seen that the negative counterpart leads to difficulties. Moreover, what are we to do, in such an interpretation, with sentences such as 'A chimaera is a mythical animal' or 'Socrates is blind'. We cannot say that the first is true because the form *mythical animalness* inheres in a chimaera, or the second because blindness inheres in Socrates.

Weidemann presents a number of texts to be found in *De veritate* and his Commentary on the *Sentences* that Aquinas was well aware of the two different ways in which 'is' can be used, *viz.* in affirmations that involve real 'things' or in the ones that do not have any such referents. Again, according to Weidemann, these uses are accounted for by Aquinas, who, in Weidemann's opinion, does not need to assume an ambiguity of the verb 'to be' as regards these two different uses, but rather maintains that both uses derive from the same meaning of the verb in question. As Weidemann puts it, 'is' in the sense of actuality is the primary sense of the verb 'to be'. Used in propositions it additionally signifies some propositional content, but the latter sense of 'is' is based on the first. For example, what the sentence 'Socrates is a man' expresses is that the form *man* inheres in Socrates. Thus the reason why we can make statements of this type is that the way in which we use the word 'is' can be reduced to its absolute sense, that is, the actual being some form exercises.[170]

In another context (*Quodl.* IX, q. 2, a. 2c.) Aquinas explains that the mode of being signified by the verb 'is' in a propositional composition is not part of the inventory of the world, but rather belongs to our intellect. In *De veritate* the author tells us that the definition *'verum est id quod est'* does not really express the notion of 'true'in a perfect way (rather it concerns the material side of it only), unless we take the verb 'to be' to signify the affirmation of a proposition such that that can be called true which is thus said or understood as it is in reality.[171] Now such an explanation of propositional composition leaves room for falsehoods in that the expression 'the false

---

170 *Ibid.*, pp. 190-191.

171 *De ver.* I, a. 10, ad 1:
"Ad primum dicendum est quod ista diffinitio 'verum est id quod est' non perfecte exprimit rationem veritatis sed quasi materialiter tantum, nisi secundum quod li esse significat affirmationem propositionis, ut scilicet dicatur esse verum quod sic esse dicitur vel intelligitur ut in rebus est."

is what is not' is short for 'the false is that which is not thus said or understood as it is in reality'.

There is one snag, however, for as Weidemann puts it, Aquinas is probably prepared to accept the following explanation of his theory: "What makes a predicative statement of the form 'S is P' true is not simply the fact (or its being the case) that 'S is P', but rather the actual existence of the property signified by 'P' as a (substantial or accidental) property of the subject-thing referred to by 'S'".[172] Moreover, the word 'is' has the double feature of signifying both a propositional composition (*compositio propositionis quam anima adinvenit coniungens predicatum cum subiecto*; *S. th.* I, q. 3 a. 4 ad 2) and the actual being of a form or act in some subject-substrate (*formam vel actum actualiter inesse alicui subiecto*; *In* I *Per herm.*, lect. 5, no. 73[22]).[173]

The interpretation presented by Weidemann of Thomas' theory on the verb 'to be' is quite convincing. He also appears to have saved Aquinas from the trap of having to accept negative 'facts' or states of affairs to account for the truth of negative propositions. The question, however, is whether what Thomas says on this point is sufficient evidence to let him off the hook. In my view it is not.

4.35 Aquinas vs. *Hispanus*

One striking feature in Thomas works is that he hardly pays any attention to negative sentences. To be sure, he often speaks of *compositio* and its counterpart *divisio*, but nevertheless has concentrated so much on composition and its relationship to being that this may be a reason why we cannot get a very clear picture of how he considers negative statements. If we take Weidemann's explanation of Thomas' account of non-being as the final one, there would by no serious problem: the verb 'to be' would only have the sense of 'it is the case that . . .', and it would not additionally be used in its actuality-sense.

Indeed, Weidemann produces texts that clearly suggest that such an interpretation is correct: 'non-being' would thus be equivalent not to something that does not exist, but rather to 'something said or thought to be the case without really being the case'.[174] In short, Weidemann would have Aquinas consider 'non-being' as an abbreviation for a relationship between the intellect and the world outside such that the intellect considers something to be the case that is not really the case.

There is still a problem, however, as regards true negative sentences. In *De ver.*, q. 1, a. 8 Thomas discusses the question whether all truths originate from the first truth (God). In this context he deals with the cause of truths concerning non-beings. Thomas mentions the example of

---

172 *Ibid.*, p. 194.

173 *Ibid.*, pp. 194-195.

174 *Ibid.*, pp. 192-193.

’blindness’ which is a privative term. It does not signify an essence and as such blindness is a non-being. Nevertheless, the sentence ’Socrates is blind’ can be true because there are blind things in reality, that is, things that are deprived of light. Thus it would appear that non-beings can ’cause’ the truth of propositions. There is a difference, however, in the ways in which beings on the one hand and non-beings on the other can cause truth. We can call both a stone and blindness ’true’, Aquinas says, but not in the same way: the truth of a stone includes in its contents the being of the stone and on top of that it includes its relationship to the intellect, whereas the truth of blindness contains only its relationship to the intellect, without having being in itself.[175]

Unfortunately, Aquinas seems to contradict himself. Here he says that blindness in itself does not have something the mind can relate to. In answer to the sixth objection of the same article, on the other hand, he says that the truth of propositions concerning non-beings is caused by the fact that the mind conforms itself to non-being that exists [*sic!*] outside the mind.[176] This poses a serious problem, for here it is explicitly said that there are such things as extramental non-beings or negative states of affairs.

To sum up, Aquinas more than Peter of Spain concentrates on affirmations rather than negations. In my opinion he appears to be inclined more than Peter to provide a real basis for statements by insisting on a parallel between language and reality, whether the outside world or Being in the Divine Mind. Of course we have seen that Peter also tends to account for truth in a similar way, but by also paying close attention to negation he is forced to account for sentences in which the relationship between language and reality is not all that clear-cut. Peter’s theory is more neutral as regards ontological issues than Aquinas’. This is understandable, really, for Aquinas deals with the subject of truth and being from altogether a different starting point than Peter of Spain.

The fact that Thomas’ analyses do not completely match Peter of Spain’s does not necessarily lead to the conclusion that Peter of Spain has had no influence on the latter whatsoever. It is quite safe to assume that the two authors have so much in common as regards their accounts of the proposition that such a connection between them could very well be assumed. Nevertheless, I hope to have made it clear that it is quite difficult to completely discover Aquinas’ opinions mainly because a thorough discussion on the meaning of terms was not his starting point.

---

175 *De ver.* q. 1, a. 8c.:
"Sed negationes vel privationes existentes extra animam non habent aliquam formam per quam vel imitentur exemplar artis divinae vel ingerant sui notitiam in intellectu humano, sed quod adaequantur intellectui est ex parte intellectus qui earum rationes apprehendit."

176 *Ibid.*, ad 7:
"Ad septimum dicendum quod non esse non est causa propositionum negativarum quasi faciens eas in intellectu, sed ipsa anima hoc facit conformans seipsam non enti quod est extra animam: unde *non esse extra animam existens* non est causa efficiens veritatis in anima sed quasi exemplaris . . .."

4.4 Henry of Ghent on composition and being

It is important for us to have a closer look at Henry of Ghent's account of composition. First of all, as Braakhuis has argued,[177] Henry's *Syncategoreumata* is to be regarded as an elaboration of Peter of Spain's views on syncategorematic words, and therefore there are a number of similarities to be found in the two treatises. Considering the fact that there is an obvious link between the two works it is then all the more interesting to discover that there are significant differences as well, differences which concern the ways in which the two authors each introduce their topic. (We shall briefly go into these divergencies.) Finally, what makes Henry a most interesting candidate to discuss at this stage is that his ideas are organised within a wider philosophical framework than Peter of Spain's. Many other writings by Henry of Ghent are available from which one can extract a detailed philosohy of being. This means that in view of Henry's account of composition we are able to give a much more complete account of how his ideas on the syncategorematic word in question 'is' (*est*) fit in with his metaphysical conception of being, than we could ever do with Peter of Spain. Perhaps it might even be possible to make use of Henry's ideas to fill in some of the gaps we are left with in the interpretation of Peter's works. In any case it is most rewarding to examine a famous author's account on a topic in which he appears to ventilate ideas borrowed from Peter of Spain.

4.41 The contents of Henry's Syncategoreumata

Unlike Peter of Spain, Henry starts his exposé with an account of the *signa*, *i.e.* words that include 'every' or 'all' (*omnis*), 'no' (*nullus*), '<a> certain' (*quidam*), 'some' (*aliquid*), and others. Within the continental tradition (to which Henry of Ghent belongs) the *signa* were usually not discussed in the tracts on syncategorematic words. However, the way in which he discusses the *signa* bears a strong resemblance to Peter of Spain's account in the *Tractatus*, and so probably the divergency here is not all that significant.[178]

Henry of Ghent's treatise on the *syncategoreumata* is not as extensive as Peter of Spain's (nor Nicholas of Paris'). The way of introducing the subject, as we have said, is the same as Peter's. Henry of Ghent starts off his treatise on syncategorematic words in the proper sense of the word[179] with the remark that negation should be considered first. The reason for this, he adds, is

---

177 Braakhuis [1979], Vol. I, pp. 343-345.

178 Cf. *ibid.*, p. 344.

179 *Syncategoreumata*, 228va:
". . . dicendum est de illis que termonum disponunt principaliter ratione significationis. Que generaliter dispositionem subiecti inquantum subiectum et predicati inquantum predicati significant."'

that the negation, an item understood in all other syncategorematic words in the proper sense,[180] is the main cause of the difficulties that occur in (complex) expressions (propositions). However, for the same reason as Peter of Spain our author actually begins with the affirmation. It is at this point that Henry introduces the notion of composition.[181]

Another difference between the two tracts concerns the viewpoint from which the *syncategoreumata* are discussed. In Peter of Spain's tract the syntactic considerations prevail, that is, he mostly focuses on the ways in which these words function within a given context.[182] Peter defines syncategorematic words as "dispositions of the subject insofar as it is a subject and predicate insofar as it is a predicate."[183] Henry of Ghent's introductory remarks, on the other hand, suggest a more semantic approach, for he says that these words are called syncategorematic words not because they signify nothing at all. Rather they are called thus because they "do not have a definite but an indefinite signification of which the indefiniteness is taken away by <the words> added to them." They do not signify a *res*, he continues, but a disposition of the *res* the terms they belong to signify.[184] Thus Henry stresses that they do not signify a *res*, and this is very much like Peter's claim at the beginning of his treatise.[185]

4.42 Composition in Henry of Ghent

The way in which Henry of Ghent introduces composition is very similar to what Peter says at the beginning of his section on negation.[186] Henry makes a distinction between two types of composition: 1. composition as a *res* signified by the noun 'composition' or the verb 'to unite' (*compono*). (Henry does not go into this type of composition, unfortunately, but one does get the idea that this way of considering composition is identical with what Peter calls *ut concepta* ('as

---

180 *Ibid.*:
"Sed quia omnes huiusmodi dictiones difficultatem includunt in enuntiationibus principialiter propter naturam negationis que in eis intelligitur, ut patebit per ipsorum expositiones, ideo primo dicendum est de negatione significata per hanc negationem 'non'."

181 *Ibid.*:
"Et quia affirmatio consistit in compositione affirmativa, de compositione considerandum est. Penes enim diversitatem compositionis dinoscitur negatio, que est divisio eius opposita."

182 Braakhuis [1979], Vol. I, p. 385.

183 *PSCN*, 0,2; 0,4.

184 *Syncategoreumata*, 227ra:
"Et dicuntur sincategoreumatice non quia de se nichil significant, sed quia habent significationem non finitam sed infinitam cuius finitationem trahunt ab adiunctis. Non enim significant aliquam rem, sed significant per modum dispositionis rei et terminorum et terminorum signifcantium res."

185 *PSCN*, 0,2.

186 See above our chapter III, 3.1.

conceived') in his section on negation; see our discussion in Chapter II above, 3.1); 2. the composition as a union of mutually diverse things, such as of integral parts, of form with matter, of points in a line, etc.; 3. composition as a mode of signifying or understanding: *e.g.* the noun signifies a substance with a quality.[187] Henry feels the need to explain what is meant by this formula: we do not mean, he says, that a noun signifies that which is truly a substance or truly a quality, but it signifies by way of a substance with a quality.[188]

As to the composition signified by the noun, Henry makes a distinction between the composition signified by substantival nouns, *e.g.* 'man', *i.e.* nouns that signify something of a certain quality (form), and the composition signified by adjectival nouns, such as 'white', nouns that signify an accident 'in concretion' (or 'made concrete') with an indefinite substance. Like Peter of Spain Henry stresses that the composition spoken of in this connection is not a third thing apart from the substance and the quality, because the quality unites itself with the substance on account of the 'inclination' it has towards that substance. This inclination is explained in terms of the *being* of a quality and every accident: qualities and accidents derive their being from the substance they inhere in. Thus he adds that it would be better to speak of a 'union' instead of a 'composition' in this connection.[189]

In the *Summa* Henry has more to say on the subject of 'modes of signifying' as compared with 'modes of being':

---

[187] *Syncategoreumata*, 228va:
"Unde notandum est quod 'compositio' uno modo sumitur ut est res, ut significatur per hoc nomen 'compositio' vel per hoc verbum 'compono'; et sic de ipsa non est hic sermo. Alio modo sumitur hec pro unione diversorum ad invicem. Et harum quedam est compositio rerum, ut totius integralis ex suis partibus, et forme cum materia, et partium linee ad punctum, et huiusmodi. Alia est modorum intelligendi et significandi, secundum quod in nomine dicitur significari compositio qualitatis cum substantia et in oratione predicati cum subiecto et huiusmodi, que non necessario sunt rerum ad invicem."

[188] *Ibid.*, 228vb:
"Non enim nomina dicuntur significare substantiam cum qualitate quia significent necessario illud quod vere est substantia aut vera qualitas, sed significant per modum substantie cum qualitate."

[189] *Ibid.*, 228vb.:
"Compositio qualitatis cum substantia est vero duplex: quedam est qualitatis substantialis, sicut in nominibus substantivis, ut in hoc nomine 'homo' significatur res sub humanitate; res est substantia cuius humanitas est eius qualitas. Alia est compositio qualitatis accidentalis cum substantia, sicut in nominibus adiectivis, ut in hoc nomine 'albus'; significat enim accidens in concretione ad substantiam infinite, que est substantia eius, secundum logicum. Et notandum quod universaliter in significatione nominum compositio qualitatis cum substantia est sine omni medio, quia qualitas se ipsa cum substantia componitur propter inclinationem quam habet ad ipsam. Omnis enim forma et omnis qualitas et omne accidens se ipsis uniuntur materie in qua sunt, quia non habent esse sine ipsa. Unde de accidentibus dicit Boethius quod accidentis esse est inesse. Et similiter intelligendum est de esse accidentali cuiuslibet forme. Unde huiusmodi compositio magis proprie dicitur 'unio' quam 'compositio'."

". . . just as a mode of concretely signifying conveys a mode of composition of something with something else, in the same way a mode of being concretely is to exist in a composite thing or in a composition with something else, such that the being it has in such a composite thing or such a composition, it cannot really have as such separately, although it can have this <mode of being> through mental consideration."[190]

A little further down the distinction is made even more clear. The mode of signifying should not be confused with a mode of *being*, he tells us, because the latter

"is in every composite thing, whatever the mode of composition, and it consists in the union of the things mutually combined in such a composite, whether of matter with a substantial form in a substantially subsistent thing, or of a genus with a difference in a species, or of that which is with that by which it is, *i.e.* its essence; and <all this> in virtue of the suppositum according to diverse modes of composition that are absolutely alien from God."[191]

The message is quite clear: modes of signifying are to be seen as other than real things themselves. Hence when we say that a noun signifies the composition of a substance with a quality, but this composition is not some strange entity other than the things referred to by a noun. In the outside world we only have a 'union', not separately existing forms and substances as well as their composition.

After discussing the composition as found in the noun, Henry next brings up composition as found in the verb. Once again his account is less extensive than Peter's on the subject. He uses much the same words as Peter's, apart from a few details which might be examined a little more closely. Like Peter of Spain, Henry distinguishes between two different types of inclination as found within the verb. The first one amounts to what we have called inclination$_1$, that is, the natural inclination an act has towards a substance in virtue of the fact that an act only has being in the substance it belongs to.[192] In connection with this type of inclination Henry of Ghent explains that the act signified by the verb or participle is an accident in its concreteness, that is, it is an accident of the substance it belongs to. He tells us that this substance is made predicate, not subject. At first sight this may seem rather odd, for in the sentence 'Socrates runs', surely the act signified by 'runs' is the predicate, and the substance, Socrates, the subject? According to

---

190 *Summa quaestionum ordinariarum* LXXIII, qu. 7, f.273v.:
". . . sicut modus autem significandi concrete modum compositionis importat alicuius cum alio, sic[ut] modus essendi concrete est in composito sive in compositione cum alio existere, sic quod esse quod habet in tali composito aut compositione, per se separatim secundum rem habere non possit, etsi mentis consideratione illud possit habere."

191 *Ibid.*:
"Praeter illud autem est alius modus qui est in quolibet composito quocumque modo compositionis; et consistit in unione compositorum inter se in tali composito, sive sit materiae et formae substantialis in subsistente substantialiter, sive generis et differentiae in specie, sive eius quod est et quo est sive essentiae; et ratione suppositi secundum diversos modos cvompositionis superius remotos a simplicitate Dei."

192 See above, Chapter II, 2.4.

Henry, this is not the case. The act itself is not signified by 'runs' (*currit*), but by 'the running' (*cursus*); thus if the act itself were the predicate, the corresponding proposition would be 'Socrates is the running' (*Sortes est cursus*) instead. Then what, if not the act itself, is the predicate? Well, Henry says, in the proposition 'Socrates runs' the predicate is made up of an indefinite substance under a certain act, *viz.* the running, and that is what is said of Socrates. Thus 'Socrates runs' (*Sortes currit*) in fact means 'Socrates is something under <the aspect of> running' (*Sortes est aliquid sub cursu*), just as in 'Socrates is white' (*Socrates est albus*) what is said of Socrates is an indefinite substance under the <aspect of> whiteness.[193]

Besides this first type of inclination the act also has an inclination towards substance leading to saying the act of the substance: this is what is called the composition of the act towards the substance of which it is expressed.[194] In the verb one finds the composition of an act as taken apart from substance. Now this is what is primarily signified by the substantive verb 'is', which, according to Henry, can unite both beings and non-beings (*natum est componere indifferenter entia et non-entia*). Thus the composition as brought about by the verb 'is' is not a being *simpliciter* but a being according to the mind only (*ens secundum animam solum*) and whether it is confined to being or non-being depends on the extremes.[195] Now the crucial question here is: what does Henry mean by being *simpliciter* and being according to the mind only (*ens secundum animam tantum*)?

---

193 *Syncategoreumata*, 228vb:
"Compositio actus cum substantia est duplex secundum duplicem comparationem sive inclinationem actus ad substantiam. Cum enim omnis actus sit accidens in concretione, secundum quod per verbum vel per participium significatur, et non econverso, ipsi actui debetur quedam inclinatio ad substantiam, inquantum accidens est significatum in concretione. Et hec est substantia cui actus unitur, significato in verbo, sicut substantia in nomine adiectivo, et non est subiecta sed predicata. Cum enim dicitur 'Sortes currit', non predicatur actus sive cursus absolute et in abstractione dictus, sed substantia infinita sub actu vel sub cursu, sicut cum dicitur 'Sortes est albus', predicatur substantia infinita sub albidine."

194 Cf. *PSCN*, 1,31-36.

195 *Syncategoreumata*, 228vb-229ra:
"Secundaria debetur actui ad substantiam inquantum est actus, idest: prout habet inclinationem ad substantiam, ut de ipsa dicitur sive enuntiatur. Et hec appellatur compositio actus ad substantiam de qua enuntiatur. Et hec est duplex: aut enim est compositio ipsius actus uniti substantie, et hec significatur in participio; 'legens' enim <idem> est quod 'qui legit'; aut est compositio eius actus ut distantis a substantia; et hec significatur in verbo. Et per eam verbum secundum Aristotilem 'est' nota eorum que de altero dicuntur ut predicatum de subiecto. Et significatur per prius in verbo substantivo et per ipsum in aliis verbis in quibus intelligitur, et natum est componere indifferenter entia et non-entia, ut 'homo est animal', 'chimera est non ens'. Unde non est ens simpliciter sed secundum animam solum et contrahitur ad ens vel non ens secundum exigentiam extremorum."

For Henry the notion of 'being' (*ens*) or 'thing' (*res*) or 'something' (*aliquid*) in its most general sense contains everything which can be conceived of by the human intellect and is such that it is completely opposite to absolute non-being, which neither *is* nor can *be*. In that way, he says, *'res'* or *'aliquid'* does not have the specific feature of a category, for in that case that would be only one category containing both creator and creature.[196] Nevertheless, he explains, there is a distinction between two different types of 'thing' (*res*): 1. 'things' according to opinion only (*res secundum opinionem tantum*), and 2. 'true things' or real things (*res secundum veritatem*). Things belonging to this class need not actually *exist*. They are divided into that which is (or can be) in the mind only, and that which additionally is (or can be) in the outside world. The former is what is called a 'thing' according to the mind only, and the word *'res'* in this connection is derived from the verb *'reor'*, which means 'to have the opinion'; thus it is a *'res'* according to opinion only to the extent that it is conceived by the intellect. Examples of this kind are a golden mountain or a goatstag. However, things that fall into this class are nevertheless real things as far as their parts are concerned, for if they were not, there would be no way in which the intellect could be moved by them.[197] The latter type of *'res'*which is or can be something outside the intellect is named after *'ratitudo'*, or 'certitude'.[198]

In his *Summa*, Henry also makes a distinction on another level, *viz.* between incomplex and complex being. These two different types of being each involve different types of principles of knowledge, *viz.* principles concerning incomplex being and principles concerning complex being. (As in other thirteenth-century authors, incomplex being is to be identified with what is signified by a

---

196 *Quodl.* VII, qu. 1, 258r.:
"Sciendum omnium quod communissimum omnia continens in quodam ambitu analogo est *res* sive *aliquid* sic consideratum ut nihil sit ei oppositum nisi purum nihil, quod nec est nec natum est esse in re extra intellectum, neque etiam in conceptu alicuius intellectus, quia nihil est natum movere intellectum nisi habens rationem alicuius realitatis. Res autem sive aliquid sic communissime acceptum non habet rationem predicamenti. Sic enim esset tantum unum predicamentum continens creatorem et creaturam."

197 *Ibid.*:
"Sed dividitur divisione [distinguitur distinctione *ed.*] analogica in id quod est aut natum est esse tantum in conceptu intellectus, sive in ipso intellectu, et in id quod cum hoc aut est aut natum est esse in re extra intellectum. Res primo modo est res secundum opinionem tantum et dicitur a 'reor, reris', quod idem est quod 'opinor, opinaris', quantum res est secundum opinionem quoad modum quo ab intellectu concipitur, scilicet in ratione totius, ut est mons aureus vel hircocervus. Est tamen res secundum veritatem quoad partes eius quae sunt mons et aurum et huiusmodi, aliter enim non posset totum esse in intellectu, et ens secundum opinionem, nisi partes essent aliquid secundum veritatem, quia ab alio non potest moveri intellectus. Quod sic est ens secundum totum non est res praedicamenti, sed solum secundum suas partes. Unde nec ista habent proprias ideas in Deo . . .."

198 *Ibid.*:
"Aliquid autem sive res quae nata est esse vel quae est aliquid extra intellectum dicitur res a 'ratitudine'."

single term, and complex being with that which is expressed by a proposition.) As to the enquiry concerning incomplex being, this concerns being in itself which is 'its true being' (*sua vera entitas*). If on the other hand the enquiry concerns complex being, then it concerns the truth of a composition which is a diminished being of something according to the mind.[199] From this passage it is clear that Henry calls the being of a composition as found in complex being 'diminished being' (*ens diminutum*). From this it may be concluded that the being of every type of composition (whether it concerns being or non-being) is diminished being in the mind (*apud animam*). In that respect Henry appears to have a different opinion than Peter of Spain who wishes to call the composition of beings *simpliciter* a being *simpliciter* accordingly, and speaks of the composition as a diminished being (*ens diminutum*) or being-in-a-certain-sense (*ens quodammodo*) only in connection with the composition of non-beings, as in 'A chimaera is a non-being'.[200]

Let us return to Henry's conception of 'thing' (*res*). There must be some way in which we can make out whether something is a 'real' or 'true' thing (*res secundum veritatem*) or something according to opinion only (*res secundum animam tantum*). Now Henry does not consider actual existence to be the criterion for deciding whether something genuinely *is* or whether it is merely a fictitious entity. Instead real being is based on what he calls the being of an essence (*esse essentiae*).[201] This 'being of an essence' is nothing other than the thing itself taken as being that what it is by its own nature, of which it is said that the definition is a phrase indicating what the being is. To put it differently, 'being of an essence' stands for any genuine ontic, intelligible value in contradistinction with purely mental constructions stemming from some turn of fancy.[202] This type of being precedes the being of actual existence (*esse actualis existentiae*).[203]

---

199 *Summa* XXIV, qu. 3, f. 139r.:
"Et differunt [*viz.* the two types of knowledge] si est de incomplexo et de complexo, quia si est de incomplexo, est de esse rei in se, quod est sua vera entitas; si vero est de complexo, est de veritate compositionis, quae est diminuta rei entitas apud animam."

200 *PSCN*, 1,66.

201 *Summa* XXI, qu. 4, f. 127r:
"Dicitur autem essentia et natura quaedam ex eo quod habet in divino esse rationem exemplaris, secundum quam nata est produci in actuali esse."

202 *Quodl.* III, qu. 2, f. 49v.:
" Unum quod dicitur esse essentiae, quod nihil aliud est quam rem secundum se acceptam esse id quod est in sua natura, de quo dicitur quod definitio est oratio indicans quid est esse , et hoc apellat Avicenna esse proprium rei."
Cf. *ibid.*, qu. 9, f. 61r:
"Et ut dicit Avicenna . . . hoc esse [sc. esse essentiae] proprie dicitur definitivum esse, et est dei intentione . . .quia tale esse non convenit alicui nisi cuius ratio exemplaris est in intellecto divino, per quam natum est fieri in rebus extra . . .."

203 *Quodlibet* I, qu. 9 (ed. Macken), p. 54(76-80):
"Secundum esse [sc. esse actuale] non habet creatura ex sua essentia, sed a Deo, inquantum est effectus voluntatis divinae iuxta exemplar eius in mente divina. Unde quia istud esse non habet ex

The nature of something in fact may have three types of being: *e.g. animal* has a. natural being in the outside world in which case it is to be found in individual beings with natural accidents; b. conceptual being (*esse rationis*), that is, being in the mind as abstracted from individual beings of the outside world; c. the being of the essence (*esse essentiae*).[204] How then are we to consider this latter type of being?

For one thing, to have a concept of an essence in its proper being is in itself no reason to assume that an essence has a separate existence, in other words, we should not initially regard them as some sort of Platonic Forms in a transcendent world. In the third *Quodlibet* Henry explains this particular type of being as follows:

> "For just as the natural being of something is called its determination (*certitudo*) including the conditions it has by the working <cause> outside in particular things, and conceptual being is called its determination including the conditions it has in the intellect in its being conceived of in relation to something else, in the same way the being of the essence of a thing is called its determination conceived of absolutely, apart from any condition it naturally has in natural or conceptual being."[205]

As a metaphysician, Henry is mostly interested in the being of the essence. For him this being is the foundation of all types of beings we humans may encounter. The being of the essence is ultimately to be identified with an idea, a concept in the Divine Intellect, or an exemplary form.[206] In other words, we do have some conception of a Platonic Form here, but then as it was taken up by the Augustinian tradition, *viz. in mente divina*.

To sum up our findings so far: Henry divides being into: 1. things that are a *res* according to opinion only, *e.g.* a chimaera or a golden mountain, and 2. 'true' *res* , which in turn is divided into three kinds, *viz.* first, a *res* provided with the being of the essence (*esse essentiae*), a *res* provided with the being of existence (*esse existentiae*) and a *res* provided with the being of a concept (*esse rationis*).As we shall see in the next section, Henry's doctrine of being forms the basis for ascribing truth and falsity.

---

sua essentia, sed quadam extrinseca participatione, ideo illud esse modumn accidentis habet quasi superveniens essentiae . . .."

204 *Quodlibet* III, qu. 9, f. 61r.:
"[Intellectum verum] tres modos habet in esse. Unum enim habet esse nature, extra in rebus, alterum vero habet esse rationis, tertium vero habet esse essentiae."

205 *Quodl.* III, qu. 9, f.49v.:
"Sicut scilicet esse naturae rei appellatur certitudo eius cum conditionibus quas habet ab efficiente extra in particularibus, et esse rationis appellatur certitudo eius cum conditionibus quas habet in intellectu in eius conceptu in relatione et comparatione ad aliquid aliud, sic esse essentiae rei appellatur certitudo eius concepta absolute, absque omni conditione quam nata est habere in esse naturae vel rationis."

206 See for further details, Paulus [1938], pp. 88-94.

4.44 Being and 'is' (est)

We have seen above that Henry distinguishes two types of enquiries or principles of knowlegdge, *viz.* on the one hand principles concerning incomplex being and on the other hand principles concerning complex being. In line with this distinction he tells us that two different types of truth may be established, *viz.* truth that concerns incomplex being, and truth that concerns complex being, or composition. Truth applies to words insofar as words can signify a thing which genuinely is, in which case the word may be called 'true' (or 'genuine'),[207] or a thing which *is not*, in which case the word is false. On the other hand, truth and falsity also apply to propositions, insofar as propositions signify either that something is the case or not.[208]

Now it is a pity that Henry does not go into details as regards which words he considers true and which ones he does not. The difficulty is caused by the phrase 'a thing which is', an expression that leaves open a number of possibilites: *either* the thing 'is' but has no referent in reality and cannot have one either, *e.g.* 'golden mountain', chimaera', or 'centaur', *or* the thing cannot even be thought of, such as 'square circle'. Considering what we have seen thus far, however, it would seem correct to consider those words 'false' that can have no referent in reality whatsoever, or 'nonsensical' words, such that 'chimaera' is a 'false' word. It should be noticed in this connection that in fact such concepts as 'square circle' are not only improbable or nonsensical, but flatly contradictory as well.

What is of interest to us here, however, is the truth as that which concerns complex being, that is, a composition carried out by the verb. "It is by this composition," Henry tells us, "that according to Aristotle the verb is a sign of the things said of something else, namely as the predicate of a subject." The substantive verb 'is' is the primary one to signify such a composition, and it has the capacity to unite both beings as well as non-beings. In virtue of this capacity it (that is, the composition as carried out by the verb 'is') is not a being *simpliciter*, but a mental being (*secundum animam*) only; it is confined to the being or non-being depending on the extremes that are united.[209] Thus when used by itself, for example in the sentence 'Socrates is' (*Sortes est*),

---

207 This seems to fit in well with the Platonic tradition. For Plato, see De Rijk [1986:a], pp. 116; pp. 277ff.; for *e.g.* Proclus, see *In Platonis Cratylum commentarii*, ed. Pasquali, cap. 36.

208 *Syncat.*, 229ra:
"Et circa ipsam nata sunt fieri veritas et falsitas, quoniam indicat rem esse vel non esse. Alie autem omnes sunt dictionum, quoniam indicant rem que est vel que non est. Et secundum hoc circa ipsas nata sunt fieri veritas et falsitas incomplexa, que sunt rei entitas vel non entitas, ut in terminis significantibus ens veritas incomplexa; in terminis significantibus non ens incomplexa falsitas."

209 *Ibid.*, 228vb:
"Et per eam verbum secundum Aristotilem est nota eorum que de altero [*229ra*] dicuntur ut predicatum de subiecto. Et significatur per prius in verbo substantivo . . ., et est natum componere

the verb 'is' states that something *is* not in virtue of the composition implied in it, but in virtue of the being signified by it.[210]

One thing is quite clear now: Henry states explicitly that the composition signified by the verb 'is' in itself does not tell us that something *is* or *is not*. In order to decide what it is that the verb 'is' says to be depends entirely on the adjuncts. This explanation of 'composition' seems to fit in remarkably well with the account presented by Peter of Spain, although Henry does not make a distinction between 'composition in general' (*compositio in communi*) and a specified type of composition, as Peter does, but rather says that the composition is a mental being only, and what it asserts, that is, the type of being it implies, depends on the extremes.[211]

In the section on composition Henry does not give any further information as regards the meaning of 'is' in propositions involving composition. He only goes deeper into the semantics of the copula further on in his *Syncategoreumata* in the section on the words 'necessarily' (*necessario*) and 'contingently' (*contingenter*), in which he explains the different types of being involved in expressions containing the copula 'is'. Let us consider what he has to say in that section.

According to Henry, the verb 'is' can be used in a number of ways, and

> ". . . the being signified by the verb 'is' generically relates to the being of an essence, to actual being and to mental being. Nevertheless it is primarily said of actual being. And therefore when used by itself it always couples actual being."[212]

However, it can have different types of adjuncts and accordingly it couples different types of being; first of all it can couple the being of the essence:

> "For example, when that is predicated which belongs to the notion (*intellectus*) and essence of that subject, it couples the being of the essence, which is being *simpliciter*, not actual being, as in 'A man is an animal. For just as a word that signifies some thing signifies its being of the essence *simpliciter* and not its actual being, in the same way that which belongs to the essence of something and its notion insofar as it is signified by the word enuntiated of it, does not enuntiate the actual being of that <something> but its being of the essence *simpliciter*. And this generally happens when essential predicates or predicates accepted as essential are predicated, as in 'A rose is a beautiful flower'."[213]

---

indifferenter entia et non entia . . .. Unde non est ens simpliciter sed secundum animam solum et contrahitur ad ens vel non ens secundum exigentiam extremorum."

210 *Ibid.*, 229ra:
"Unde quando verbum substantivum per se predicatur, ut cum dicitur "Sortes est", ponit rem esse non ratione conpositionis quam importat, sed ratione entitatis significate per ipsum."

211 Cf. above, our Chapter II, 2.51.

212 *Syncat.*, 233rb:
"Unde esse significatum per hoc verbum 'est' communiter se habet ad esse essentie et esse actuale et ens secundum animam. Et propter hoc per se positum semper esse actuale copulat."

213 *Ibid.*:
"Secundum tamen diversitatem adiunctorum copulat esse diversa. Ut, quando predicatur illud quod est de intellectu [*233va*] et essentia subiecti, copulat esse essentie, quod est esse simpliciter, non

Again, there are two other possibilities:

> "When, however, a mental being is predicated, such as imaginable, opinable, then it does not couple being *simpliciter* or actual being, but diminished being; and this is called mental being, as in 'A chimaera is opinable'. When it couples a common accident, which is not essential to the subject, then it posits actual being, for its being or being in posits the actual existence of a subject, as in 'A man is white'." [214]

Now it is all very well that we can establish a neat diagram of the different types of being involved in all kinds of true affirmative sentences. The question now inevitably comes up as to how we are to distinguish all these types of being from one another? To put it differently, how are we to know what types of being are signified by the subjects and the predicates in these propositions?

Obviously the notion of being may be clarified with the help of its counterpart, 'non-being'. Well, in the third *Quodlibet* Henry explains what he means by non-being: he says that non-being is said *either*

> ". . . of that which denies every feature of being, such as is the non-being of that of which we do not have any notion or knowledge; it does not have an exemplary form in God, nor can it be in the outside world,[215] nor is it a 'thing', or nature or quiddity; *or* of that which denies being according to one notion of being, but nevertheless posits being according to another, *viz.* that which denies being of actual existence in singulars outside, such as can belong to that which in itself is a nature or some quiddity."[216]

Thus the contradistinction with 'non-being' (*non esse*) implies two characteristics of being, *viz.*:

a. being in the sense of 'what corresponds with some exemplary Form in God and, accordingly, is a quiddity that can be realized in the outside world, and

b. being in the sense 'what has actual existence in the outside world'.

---

esse actu, ut 'homo est animal'. Sicut enim vox significans aliquam rem significat eius esse essentie simpliciter et non esse eius actuale, sic illud quod est de essentia alicuius et de intellectu eius inquantum significatur per vocem enuntiatam de ipso, non enuntiat esse huius actuale de hoc sed essentie simpliciter. Et hoc accidit universaliter, quando predicantur predicata essentialia vel tamquam essentialia accepta, ut 'rosa est pulcher flos'."

214 *Ibid.*:
"Quando vero predicatur ens secundum animam, ut imaginabile, opinabile, tunc neque copulat esse simpliciter neque esse actuale sed diminutum; quod appellatur ens secundum animam, ut 'chimera est opinabilis'. Quando vero predicatur accidens commune, quod non est essentiale subiecto, ponit esse actuale, quia eius esse sive inesse ponit actualem subiecti existentiam, ut 'homo est albus'."

215 As early as in classical Latin '*rerum natura*' is 'nature as found in the outside world' or 'outside world'.

216 *Quodl.* 3, qu. 9, f. 61v.:
"Aut enim loquimur de non-esse quod negat omnem rationem essendi, quale non esse eius de quo non habet esse intellectus vel scientia; quod non habet rationem extra rem (*read*: exemplarem) in Deo nec natum est esse in rerum natura nec est res aut natura sive quidditas aliqua; aut de non esse quod negat esse secundum unam rationem essendi, ponit tamen esse secundum aliam, videlicet quod negat esse actualis existentiae in singularibus extra, quale potest esse eius quod secundum se est natura et quidditas aliqua . . .."

The former type of being (type a.) is apparently the 'being of the essence' (*esse essentiae*). It is clarified by Henry from the viewpoint of human understanding, namely the act of simple apprehension:

> "The concept made by the mind grasps the quiddity and essence of a thing absolutely without the notion of its state of being or non-being . . .. Such a concept concerns the quiddity and essence alone <precisely> insofar as it is a quiddity and an essence, on which according to this being it has in the simple concept of the mind the truth is *per se* based of expressions about essential inherence, for example that a man is a man, or an animal or such like. And the truth is *per accidens* based on the fact that it has being outside in particulars."[217]

Finally, we need to find out exactly what Henry means by what he calls *'esse in particularibus'* (existential being) or *'esse actuale'* (actual being). We have already seen that this type of being is linked up with individuals and common accidents. It would be interesting to examine how Henry sets existential being apart from the 'being of an essence'.

4.45 Essence and existence

The question concerning the distinction between essence and existence is very important for a metaphysician.[218] Like Aristotle, Henry is of the opinion that the process of knowledge within the domain of physics starts with the investigation of the inhabitants of the sensible world. If, on the other hand, we consider knowledge from the viewpoint of the metaphysician, it appears that the intelligible world comes first and that we reach the sensible world only afterwards. The problem then is, how are the intelligible and the sensible world related and what makes the one so different from the other?

As we have seen, the problem inevitably comes up when dealing with the distinction between necessity and contingency. For according to Henry, 'necessarily' can be applied to being of an essence only, whereas existent things in the outside world do not share in it.

The contrast between necessity and contingency is not new in the history of philosophy. Plato for example ascribed necessity exclusively to the eternal world of Forms. Contrariwise the sensible world is only a temporal and contingent one. Aristotle, on the other hand, did not regard the distinction between the sensible world and necessity as radical as Plato did. Instead he ascribed necessity to essences which were nevertheless immanent in, and, accordingly, dependent, so to

---

217 *Quodl.* 3, qu. 9, f. 61v:
". . . mentis igitur conceptus quidditatem et essentiam rei absolute concipit absque intellectu conditionis essendi vel non essendi . . .. Talis enim conceptus solius quidditatis et essentiae rei est, ratione ea qua est quidditas et essentia, super quam secundum esse tale quod habet in simplici mentis conceptu, fundatur per se veritas enunciationum de inhaerentia essentiali, ut quod homo est homo, vel animal, vel huiusmodi. Et per accidens fundatur super hoc quod habet esse extra in particularibus."

218 See for an extensive study on this topic Paulus [1938], Ch. V (pp. 259-326).

speak, on matter for their regeneration. The Neo-platonists had yet another notion of necessity. They upheld the thesis of a necessary emanation of being which consequently involved that existence was considered just as necessary as the being it emanated from.

Henry of Ghent was the first to express the question concerning the distinction between essence and existence in a specific way: is there a *real* difference between essence and existence, that is, do the two principles at issue differ in such a way as to constitute two distinct *res*?[219]

In order to understand the answer Henry gives to this question let us consider once again what he said about a *res*: a *res* is identified with anything that can come before the mind.[220] Let us have a closer look at Henry's view on '*res*' by studying what he has to say in his seventh *Quodlibet*: again, in the first way

> "'thing' or 'something' thus taken in its most general sense is not categorial. For then it would be only the one category containing Creator and creature. However, it is divided by a division of analogy into that which either is or is apt to be only in a concept of the intellect, or in the intellect only, and into that which on top of that either is or is apt to be in reality outside the intellect. 'Thing' in the first way is a thing according to opinion only, and is named such after '*reor*, *reris*', which is the same as 'to opine', and this is a thing according to opinion only, insofar as it is conceived by the intellect, namely in the form of a whole, such as is a golden mountain, or a goat-stag. It is nevertheless a true thing insofar as its parts are concerned, <parts> that are a mountain and gold, and the like, for otherwise there could not be the whole in the intellect, and a being according to opinion, if the parts were not a thing, because by something other the intellect cannot be moved. That which is a being in this way is not a being of a category as regards the whole, but only as regards its parts. Therefore these things do not have proper ideas in God either . . .."[221]

There is also a second type of thing, as we have seen, of which Henry says:

> "Something or a thing, however, which is apt to be or is something outside the intellect is called '*res*' after '*ratitudo*'; and still it does not have the feature of a genus or category, just as the first <does> not either. But it is divided by a division of analogy into that which is something which is being itself, and into that which is something to which being belongs or to which being is apt to belong. The first is uncreated being. The second comprises the *res* of every creature, and it does not have the feature of a genus, because nothing can be added to it as a difference which falls outside the definition of that which is a something, or of that which <is> to be. Now a genus can only be something when it has differences falling outside its definition, in virtue of which it can be divided."[222]

---

219 Cf. Paulus [1938], p. 279.

220 See above, 4.43.

221 *Quodl.* VII, qu. 1, f. 258r.. For the Latin text, see above, n. 196 and 197.

222 *Ibid.*:
"Aliquid autem sive res quae nata est esse vel quae est aliquid extra intellectum, dicitur 'res' a 'ratitudine'; et adhuc non habet rationem generis aut praedicamenti, sicut neque prius. Sed dividitur divisione analogica in id quod est aliquid quod est ipsum esse, et in id quod est aliquid cui convenit vel natum est convenire esse. Primum est ens increatum. Secundum continet rem omnis creaturae, nec habet rationem generis, quia non potest ei aliquid addi ut differentia quod sit extra

Thus the definition of *res* itself, even if it concerns *'res'* as derived from *'ratitudo'*, is not a generic definition, that is to say, it does not have the being of a genus. The type of being a genus or a category has can be ascribed to a one class of things only. Henry explains what things can have the being of a category:

> "No 'thing', however, can have being in a genus of a category unless it is such that it is not being itself, but that to which being must belong or is apt to belong. And this is in itself a quiddity and nature of any creature whatsoever considered in itself under the feature in virtue of which it is what it is only, indifferently related to all other things as to those things that are accidents of it in some way. . . . And it is that of which we have already said that it has by itself [*i.e.* as a *totum*, not only according to its parts] an idea in God . . .. Now such a something or *'res'*to which being belongs or is apt to belong is still in an analogous relation to every thing and to all being in creatures, and it can be subdivided into two types either on the part of the thing itself, or on the part of its being."[223]

As to the essence or nature Henry has spoken of, is neutral as regards its existence or non-existence, which is not to say, however, that *being* is something added to th essence.[224] There is no real distinction between the essence and its existence, because such a distinction would always involve two different *res*.

Now does this mean that there is only a conceptual difference[225] between the two notions, a difference, that is, merely due to our way of grasping reality? This is not the case, for Henry says in the *Summa* that

> "although they do not differ *qua res*, they nevertheless differ *qua* intention, not *qua* concept only . . .."

a distinction explained elsewhere in the *Summa*

---

rationem eius quod est aliquid, aut eius quod <est> esse. Genus autem nihil potest esse nisi habens differentias extra suam rationem, per quas habet dividi."

223 *Ibid.*:
"Nulla tamen res habet esse in genere praedicamenti nisi sit talis quod non sit ipsum esse, sed solummodo id cui habet convenire vel natum est convenire esse. Et hoc est per se quidditas et natura cuiuslibet creaturae consideratae in se sub ratione qua est id quod est tantum, per indifferentiam se habens ad omnia alia ut ad illa quae ei accidunt quodammodo. . . . Et est illud de quo iam diximus quod habet per se ideam in Deo . . .. Tale autem aliquid sive res cui convenit vel natum est convenire esse, adhuc analogum est ad omnem rem et ad omne esse in creaturis, et potest subdistingui dupliciter vel ex parte ipsius rei vel ex parte ipsius esse."

224 *Summa* XXI, qu. 4, f. 127r:
". . . esse existentiae rei non addat aliud re super ipsam essentiam, quod tamen sit omnino alio intentio ipsius essentiae et esse existentiae eius."

225 A conceptual distinction is "some sort or mode of conceiving a *res*, under which it can determinately be conceived without being conceived under another <mode> under which it can equally be conceived, and this without a difference in *res* or intention . . .". (*Quodl.* V, qu. 6, f. 161r: ". . . 'ratio' hic appellatur generali nomine modus aliqua circa rem sub quo nata est concipi determinate absque eo quod concipiatur sub alio sub quo similiter nata est concipi, et hoc sine omnis eius differentia re vel intentione . . ..")

> "And so such a a diversity is said to be not *qua* concept only, nor *qua res* and nature, but *qua* diverse intentions considered regarding the same *res*."[226]

Thus Henry regards 'existence' as different from 'essence' *qua* intentions. To understand what he means by a difference in intention we must consider the 'activities' of God. God is not only the foundation of essences, but existence also depends on Him. Thus the relationship between God and 'things' works at two levels:

> "In itself a creature is not a 'something', neither *qua* essence nor *qua* existence, but only owing to somebody else owing to whom it is that what it is, and this means only owing to God. The creature then due to God is only something according to some order of nature that exists between Him owing to whom it is and that which it is, so that the former is primary and the latter secondary. . . . Every relation thus between God and creature, which exists between God and creature because owing to God the creature is that what it is, whether *qua* essence or *qua* existence, necessarily exists between them because God is related . . . and has an order towards the creature in virtue of His intellect and His will."[227]

Note that in this paragraph Henry mentions God's will as another aspect of His power. The two levels then on which there is a causal relationship between God and His creatures are His intellect as the basis of essences and His will, foundation of existence. Now it appears that there is indeed a distinction between essence and existence, a distinction which corresponds with the two aspects of God's power.

Indeed the answer to this problem depends on the side you take: creation starts

> "on the basis of the complacence of the divine intellect towards the divine essence known by His intellect as it contains the ideal notions [= Exemplary Forms] and, by that <from His complacence> towards the essences of the creatures as they are known through their [= corresponding] ideas by the divine intellect, there is in God a conceptual relation on the part of the will after which He is called 'creative', and the essence of the creature is called 'creatable.'"[228]

---

226 *Ibid.*, qu. 4, f. 168r:
"Et ideo talis diversitas dicitur esse non secundum rationem tantum, neque secundum rem et naturam, sed secundum intentiones diversas circa eandem rem simplicem consideratas."

227 *Quodl.* IX, qu. 1, pp.4(35)-6(55):
"Ad se autem non est aliquid neque secundum essentiam neque secundum existentiam, a se ipsa, sed ab altero tantum, a quo est id quod est, et hoc nonnisi a Deo. Ipsa autem a Deo non est aliquid nisi ordine naturae quodam existente inter illum a quo est, et illud quod est, ut ille primum et istud sit secundum. . . . Relatio ergo omnis inter Deum et creaturam, quae consistit inter Deum et creaturam quia creatura est a Deo id quod est, sive secundum essentiam, sive secundum existentiam, necessario est inter ipsos quia Deus refertur . . . et ordinem habet ex ratione sui intellectus et voluntatis ad creaturam."

228 *Ibid.*, p. 8(14-18):
"Ex complacentia autem divinae voluntatis in divinam essentiam cognitam a suo intellectu, ut in se habet rationes ideales, et per hoc in essentias creaturarum ut per suas ideas cognitae sunt ab intellectu divino, est in Deo relatio secundum rationem ex parte voluntatis qua dicitur 'creativus', et ipsa essentia creaturae dicitur 'creabilis'."

Thus as far as God is concerned the relationship between essence and existence is merely a logical one. However, considered from the part of creation there is indeed question of a real dependency of the creatures on God.

4.46 Concluding remarks

We have seen that Henry has a lot to say on the subject of being which has provided us with a broader framework from which we could interpret his account of the copula and other relevant syncategorematic terms as *necessario* and *contingenter*. Thus we were able to understand what he means by actual being, being of an essence and being according to the mind only. It has become especially clear in our investigation of Henry of Ghent that treatises on *syncategoreumata* in the Middle Ages have everything to do with the metaphysical opinions of the author in question. For Henry, for example, the being of essence forms the basis for all other types of being and ultimately essences derive from the divine intellect.

4.5 Robert Bacon

The treatise on syncategorematic words ascribed to Robert Bacon does not very much resemble the treatises of the continentals. In fact, as Braakhuis rightly claims, its contents and structure is rather of the same type as William of Sherwood's.[229] There is really no reason to discuss it if we are looking for a connection with Peter of Spain but nevertheless he is of importance to us: by contrasting a number of his views concerning 'is' and 'not' with those of the authors we have mentioned the central issues may become more apparent.

4.51 On the verb 'is'

Unlike Peter of Spain but along the same lines as Nicholas of Paris, Bacon first asks what word-class 'is' belongs to in order to subsequently decide what it means. He begins with a number of arguments brought forward to counter the claim that 'is' is a verb. First of all, each verb signifies an act or being acted upon. Now according to Priscian, he continues, 'is' signifies the 'substance' (*substantia*) of each and every thing; hence it does not signify an act or being acted upon. Secondly, if 'is' were the root (*radix*) of every verb and if 'is' were a verb itself, it would be its own root; as something cannot be its own root, 'is' cannot be a verb.[230]

---

229 Braakhuis [1979], Vol. I, p. 112.

230 *Ibid.*, p. 131:
". . . omne verbum significat actionem vel passionem; hoc verbum 'est' non significat actionem vel passionem . . . hoc verbum 'est', sicut significat Priscianus, significat substantiam uniuscuiusque rei;

Robert Bacon of course tells us that indeed 'is' is a verb, even though it signifies the substance of everything: 'is' signifies substance 'in the way of an act or being acted upon' (*per modum agendi vel patiendi*). As to the objection that nothing can be its own root, Bacon agrees, but says that if we say 'is' is the root of all verbs, we mean to exclude 'is' from the distribution from all the verbs it is the root of.[231]

Now that he has decided that 'is' is a verb, the next question is, what kind of a verb? There are three possibilities: 'is' can be a substantival, an adjectival or what is called a 'vocatival' verb.[232] Bacon does not consider the possibility of its being a vocatival verb (*i.e.* a word like '*vocatur*'). He also dismisses that it is an adjectival verb, because no adjective is the first verb. The only possibility left is that it be a substantival verb, as Priscian has said.[233]

To say that the verb 'is' is a substantival verb, however, may sound a bit odd: it would be more likely that words such as 'to subsist' signify substance, or are we to take it that 'is' signifies something in the manner of a substance (*per modum substantiae*)? The latter is out of the question, for all verbs do not signify in the manner of a substance but in the manner of an act or being acted upon (*per modum actionis vel passionis*). How are we to understand the label 'substantival verb' then?[234]

Bacon solves the problem by stating that 'is' signifies something's essence (*essentia*) and because

---

ergo neque actionem neque passionem. . . . Vel detur oppositum et fiat hoc argumentum: 'est' est radix omnium verborum; et est verbum; ergo est radix sui ipsius; sed hoc est impossibile; ergo aut maior aut minor, non maior, ergo minor."

231 *Ibid.*, p. 132:
"Solutio: gramaticus appellat actionem et passionem non rem predicati actionis vel passionis, sed modum agendi vel patiendi. Et sic dicitur quod hoc verbum 'est' significat actionem et passionem. Quamvis enim hoc verbum 'est' significat substantiam, potest tamen significare substantiam per modum agendi vel patiendi. . . . Ad alterum dicendum quod, cum dico: 'est' est radix omnium verborum, li 'omnium' habet accomodam distributionem. Et ideo non sequitur: 'ergo est radix sui ipsius', nam hoc verbum 'est' non continebatur in hac distributione."

232 Cf. C.H. Kneepkens ed., *Robert Blund's* Summa in arte grammatica (= Kneepkens [1979], deel II), p. 57(10-30).

233 Braakhuis [1979], Vol. I, p. 132:
"Habito quod hoc verbum 'est' est verbum, sequitur questio cuiusmodi verbum, utrum substantivum vel adiectivum aut vocativum. Non adiectivum, quia nullum adiectivum est primum verbum. Relinquitur ergo quod sit verbum substantivum. Et hoc etiam dicit Priscianus."

234 *Ibid.*, p. 132:
"Sed tunc dubitatur utrum quia significat substantiam aut per modum substantie. Si quia significat substantiam: multo fortius hoc verbum 'substo - substas' erit verbum substantivum; significat enim substantiam. Si quia per modum substantie: hoc est impossibile; nam nullum verbum significat per modum substantie, sed per modum actionis vel passionis."

essence (or being) is primarily said of substance, we have the answer why 'is' is called a substantival verb.[235]

Bacon now makes a distinction we have not come across in the continental authors (but which, as we shall see later on, plays a major role in William of Sherwood's treatise on syncategorematic words), *viz.* that between a word (in this case 'is') as a categorematic word and a syncategorematic one. Now 'is' only signifies a substance when it is used as a categorematic word; as a syncategorematic word it signifies or consignifies a composition that cannot be thought of without the things united. According to Bacon, in its syncategorematic status the word 'is' has a signification equal to its consignification.[236]

We must be careful, however, not to misinterpret the word 'consignification', which has a double meaning depending on whether it is applied to categorematic or syncategorematic words. In connection with categorematic words 'consignification' refers to a signification alongside the principal meaning of the word in question. Applied to syncategorematic words, on the other hand, 'consignifcation' stands for the signification of the word involved *together with another word*.[237] This means that as a *syncategoreuma* 'is' does not have a meaning or signification by itself, but only in combination with the words it is combined with. Bacon is also explicit on what it is the word 'is' combines or unites: it combines a subject with a predicate.

The combining of a subject with a predicate is what Bacon calls the 'definition' of 'is',[238] which seems a rather awkward expression to use, as we would have expected that the combining is its 'function'. That Bacon is aware of the fact that there is a difference between the 'meaning' of a word and what it does, its 'function', will appear later on, when he comes to the word 'not'.[239]

---

235 *Ibid.*, p. 132:
"Solutio: dicitur hoc verbum 'est' substantivum quia hoc verbum 'est' significat substantiam. Sed sumitur ibi *substantia* pro *essentia*; nam hoc verbum 'est' significat essentiam; sed quia essentia per prius dicta est de substantia, ideo dicitur significare substantiam."

236 *Ibid.*, p. 133:
"Secundum autem quod est sincategoreuma, est idem sua significatio et sua consignificatio. Significat enim quandam compositionem quam sine compositis non est intelligere."

237 *Ibid.*:
"Item dubitatur quare dicit 'quam sine compositis non est intelligere'; hoc enime non est propter sui simplicitatem. Est enim punctus intelligere sine lineis quarum est continuatio. Similiter est intelligere vinculum sine rebus que vinciri debent. Solutio: cum dicitur 'est consignificat etc.', sumitur 'consignificare' prout applicatur sincategoreumatibus, sed equivoce. Nam in categoreumatibus dicitur 'consignificatio': preter principalem intentionem significatio; in sincategoreumatibus dicitur 'consignificatio': *cum alio significatio*. Et sic dicitur hoc verbum 'est' consignificare compositionem."

238 *Ibid.*:
"Ex hoc patet qualiter eius compositionem non est intelligere sine compositis; nam eius diffinitio est hec, secundum quod est sincategoreuma, scilicet: componere predicatum cum subiecto . . .."

239 Cf. Nuchelmans [1988], pp. 61-63.

A little further on, Bacon gives another definition of the word 'is', this time really in terms of what kind of a word it is: he says it is a 'sign of saying <something> of something else'. He compares it with a word like 'each' or 'all' (*omnis*): just as '*omnis*' distributes, in the same way 'is' predicates or produces a predication.[240] So in the latter phrase Bacon describes the job or function of the word 'is'.

Now the latter function, that is, the predication-aspect of the verb 'is', could very well be the only feature it has. However, Bacon has already said that 'is' is a verb and as such it must have something in common with other verbs. The question then is, what characteristic does 'is' have in common with other verbs and in what respect does it differ from the latter? Let us follow his account in detail.

One feature common to every verb is that one can distinguish its composition on the one hand and the *res verbi* on the other. According to this distinction one is entitled to analyse a verb such as 'reads' (*legit*) into a combination of 'is' and the corresponding participle 'reading' (*legens*). Now if that very distinction were also to feature in the verb 'is', one would be entitled to analyse 'is' into 'is a being' (*est ens*). Consequently, 'is' would not be the first verb, for the first verb is the one that cannot be analysed any further. Moreover, there would be an infinite regress of reductions, for the 'is' in 'is a being' would admit of yet another reduction to 'is a being', and so on *ad infinitum*.[241]

Bacon initially concludes that in 'is' the composition and the *res verbi* are one and the same and that therefore the verb 'is' does not admit of an analysis, contrary to other verbs.[242] He is forced to modify his view somewhat, however, when he considers the sophism 'The soul of the Antichrist will necessarily be' (*anima Antichristi necessario erit*) which he considers a really ambiguous sentence. The ambiguity derives from the fact that the word 'necessarily' (*necessario*) can modify either the composition, in which case the sentence means 'It is necessary that the soul

---

[240] Braakhuis [1979], Vol. I, pp. 133-134:
". . . sic diffinitio huius verbi 'est' est: nota dicendi de altero. Nam, sicut 'omnis' distribuit, sic 'est' predicat vel facit predicationem."

[241] *Ibid.*:
"Sed dubitatur utrum in hoc verbo 'est' sit aliud quam nota eius quod de altero dicitur vel non; et hoc est querere utrum in hoc verbo 'est' differunt compositio et res verbi vel non. Si differunt: ergo potest resolvi sic: 'est', idest: est ens, sicut 'legit', idest: est legens; et si hoc; tunc non est primum verbum, nam illud est primum in quod resolvitur. Item, si in omni verbo differunt compositio et res verbi, contingit ire in infinitum in expositione huius verbi 'est', sic: 'est', idest: est ens, istud 'est' adhuc potest exponi per 'est', et illud, et sic in infinitum nisi stemus in primo."

[242] *Ibid.*:
"Dicendum est quod hoc verbum 'est' non potest resolvi, immo idem sunt compositio et res verbi. Et ideo ratione simplicitatis est primum verbum."

of the Antichrist will be' (which is false) or the *res verbi*, in which case the sentence expresses that the soul of the Antichrist will have a necessary and perpetual being (which is true).[243]

Another reason for assuming that 'is' is not only a copula but also a predicate (and hence that we can distinguish in it a composition and a *res verbi*) is that 'is' is sometimes used as a predicate, for example in 'A man is' (*homo est*).[244]

Bacon thus has to concede that 'is' does in fact contain the distinction present in other verbs. However, this distinction only plays a part when 'is' is used by itself (as in 'A man is', in which case it can be analysed into 'is a being', but not *ad infinitum*). When 'is' is used in combination, on the other hand, it does not admit of such an analysis.[245]

The distinction between 'is' by itself and in combination features once again later on in the text, this time from a somewhat different point of view. By itself, Bacon tells us, 'is' not only predicates essence (*essentia*) but it also predicates an 'accident' that accompanies the essence, *viz.* 'to live' or 'to remain'. As a third ingredient (*tertium adiacens*) it does not include that accident; rather the *res verbi* is modified by what follows. These two ways of using 'is' are called 'adjectival'

---

243 *Ibid.*:
"Sed si sic dicatur, hoc est contra multos qui dicunt quod adverbialis determinatio potest determinare hoc verbum 'est' ratione compositionis vel ratione rei verbi. Et per hoc volunt quidam solvere hoc sophisma: 'Anima Antichristi necessario erit'. Probatio: anima Antichristi erit; et quando erit, erit quoddam perpetuum et necessarium. Contra: anima Antichristi contingenter erit; non ergo necessario. Solvunt dicentes quod li 'necessario' potest determinare hoc verbum 'erit' ratione compositionis vel ratione rei verbi. Si ratione compositionis: falsa est, quia hec compositio non est necessaria: anima Antichristi erit; evenit enim contingenter. Si ratione rei verbi: vera est, quia tunc supponit quod anima Antichristi erit quoddam ens perpetuum et necessarium, et sic probatur."

244 *Ibid.*, pp. 134-135:
"Item. Videtur esse contra Aristotilem quod hoc verbum 'est' sit copula solum, quia sola copula non predicatur; sed hoc verbum 'est' predicatur; ergo non est sola copula. Dicit enim Aristotiles quod prima affirmatio vel negatio sunt hee: 'homo est', 'homo non est'."

245 *Ibid.*, p. 135:
"Solutio: hoc verbum 'est' quandoque est adiectivum, quandoque substantivum. Adiectivum: quando per se predicatur; substantivum: quando est tertium adiacens et est sola copula. Quando vero per se predicatur, non est sola copula, sed potest exponi, ut est primum verbum. Et quamvis resolvatur, non ibit in infinitum, sed standum est in prima expositione; cum enim resolvatur in suam compositionem, sua compositio non potest resolvi, cum sit primum principium et simplicissimum in genere verborum."

and 'substantival' respectively.[246] They are also called a categorematic and syncategorematic word respectively.[247]

As Braakhuis has already remarked,[248] Bacon does not really go into problems concerning the relationship between sentences containing the word 'is' on the one hand and their ontological counterparts on the other. The only thing that really comes up in this connection is his remark that in every verb being (*esse*) is understood in the same way as in every noun a being (*ens*) is understood.[249] Unlike William of Sherwood, however, he does not tell us anything about what kind of being verbs involve.

Let us now turn to his section on 'not'.

4.52 On the adverbial syncategoreuma *'not' (*non*)*

According to Robert Bacon, 'not' is the primary adverbial syncategorematic word, because this is the adverb that primarily and principally modifies the first verb 'is'.[250] Bacon does not go any further into this statement but instead comes up with the distinction *per modum affectus - per modum conceptus* to explain in what way the word 'not' can signify negation. The word 'not' does not refer to anything but rather reflects a mental condition or affect (*affectus*), *viz.* that of dissent.[251]

---

[246] *Ibid.*, p. 135:
"Solutio: cum dico 'homo est', li 'est' non solum predicat essentiam sed quoddam accidens coniunctum cum essentia, scilicet vivere vel manere; et ratione illius dicitur esse verbum adiectivum. Quando vero est tertium adiacens, tunc non importat aliquod tale accidens, sed specificatur res verbi per dictionem sequentem, que est 'iustus' vel 'albus' vel aliquid tale. Ergo patet quod, quando per se predicatur, est adiectivum; quando predicat<ur> <ut> tertium adiacens, circumscribitur ab eo esse accidens et remanet sola substantia."

[247] *Ibid.*, p. 136:
"Dictum est de significatione huius verbi "est" tam secundum quod est sincategoreuma, quam secundum quod est categoreuma."

[248] See Braakhuis [1979], Vol. I, p. 114.

[249] *Ibid.*, p. 143:
". . . signum huius est, sicut in omni verbo intelligitur esse, sic in omni nomine intelligitur ens."

[250] *Ibid.*, p. 141:
". . . adverbium quod prius et principialiter determinat ipsum [scil. hoc verbum 'est'], erit primum adverbium: tale autem est hec dictio 'non'."

[251] *Ibid.*, pp. 141-142:
"Solutio: negatio potest tripliciter significari: aut per modum conceptus, aut per modum affectus. Si per modum conceptus, dupliciter . . .. Per modum affectus significatur per hanc dictionem 'non'. Qualiter autem hoc sit intelligendum, videtur sic: cum anima accipit duo incomplexa disconvenientia, ut hominem et asinum, afficitur quadam dissensione, et huic dissensioni, que est intra, respondet hec dictio 'non' in sermone extra. Unde illius dissensionis que afficit animam nota est hec dictio 'non'."

A problem relevant to us is the one concerning the sentence *'Sortes non est'* whether the composition remains or not. Instead of making use of the distinction between the general and special composition, Bacon introduces the two notions 'substance' (*substantia*) on the one hand, and act (*actus*) and what we would call 'force' (*virtus*) on the other. Now the *substance* is that which makes an expression to be a proposition, whereas the act is that which makes the proposition an affirmative one.[252] We have been introduced to a similar distinction in the verb earlier (*i.e.* the one involved in the usual definition that the verb signifies an act with a substance) but it is not certain whether Bacon is referring to the same analysis here. Perhaps by following his comparison with a point in a line we can get a clear idea of what he means. Composition and division (*i.e.* negation) are not essentially opposite, he says, just as the substance of a point and the principle of dividing (*ratio dividendi*) are not opposite either: the same point *qua* substance both divides and continues a line, according to different principles, however. The same goes for the composition: it is the same *qua* substance in both an affirmation and a negation.[253]

In my opinion, Bacon must mean that it is one and the same composition which is at the basis of both an affirmation and a negation, that is to say, one and the same composition *qua* contents of a proposition. The *act* of a composition must refer to the affirmation of it as opposed to its negation. This would mean that what is affirmed or denied remains the same, *i.e.* the composition *qua* substance. Apart from the fact that Bacon never mentions the signification of a verb (*viz.* of an act with a substance) as a starting point for an account of what happens when it is denied,[254] the explanation he presents in terms of act and substance must concern the distinction between an act of affirming or denying on the one hand and that which the act concerns on the other. This view is confirmed by what he adds a little further on: 'the same composition *qua* substance can have the structure of a composition (*potest esse in ratione compositionis*) and produce an act of composition and thus an affirmative proposition, or have the structure of a division (*in ratione*

(Cf. Nuchelmans [1988], pp. 62-63)

252 Braakhuis [1979], Vol. I, p. 142:
"Ad hoc autem dicendum est quod compositio manet integra secundum substantiam, non secundum actum et virtutem. Nam substantia compositionis facit orationem propositionem esse, actus vero compositionis facit propositionem esse affirmativam.'

253 *Ibid.*:
"Nam substantia compositionis et divisio non sunt opposita, sicut substantia puncti et ratio dividendi non sunt opposita; sic enim dicimus quod eadem est compositio in affirmativa et negativa, sicut idem punctus secundum substantiam et est continuans et dividens lineam, tamen ex diversis rationibus."

254 He certainly differs from the continental authors in that respect.

divisionis) and produce a negative proposition'.[255] Thus Bacon uses the same word 'composition' for both the contents of a proposition (*substantia*) and the (linguistic or mental) act of combining.

That the composition *qua* substance remains the same seems once again to be confirmed by his saying (rather remarkably, for that matter) that the affirmative and negative propositions are 'the same numerically yet they differ *qua* species.'[256] Obviously, in his view one and the same propositional content (*idem numero*) can take on two different forms (*differunt secundum speciem*), *viz.* the forms of an affirmative and of a negative sentence. What this means, in my opinion, is that once again[257] we have an author who says that the composition (in the sense of *substantia*) remains, even though a negation is added to it. However, I do not think that in Robert the *substantia* of the sentence is to be identified with a general composition; rather it must be a *pragma* of the form 'that-so-and-so-is-such-and-such'. For example, in both sentences 'Socrates is running' (*Sortes currit*) and 'Socrates is not running' (*Sortes non currit*), the composition is the state of affairs that-Socrates-is-running (*Sortem currere*).

Bacon has now discussed the meaning of a negation. His next concern is the so-called 'ordering' or 'force' of the word 'not'.[258] (Incidentally, this way of dealing with the particle does not come up in any of the other authors we have studied so far.) Bacon does not explain precisely what he means by the words 'ordering' and 'force' but from what follows it is obvious that he is going to show us what position the particle can take up in a sentence and, accordingly, what effect its position has on its *scope*.[259]

There are two ways in which 'not' can be added to a word: by apposition (*i.e.* by adding a separate word to another word), or by composition (*i.e.* by combining it with another word such that one other word is produced).[260] We can leave aside his discussion of the addition of 'not' to a

---

[255] Braakhuis [1979], Vol. I, p. 142:
". . . eadem compositio secundum substantiam potest esse in ratione compositionis et facere actum compositionis et sic propositionem affirmativam, vel in ratione divisionis et sic propositionem negativam."

[256] *Ibid.*:
"Sunt enim eadem secundum numerum, differunt tamen secundum speciem."

[257] See above, our Ch. II, 3.4 (for Peter of Spain), above 4.123 (for John le Page) and 4.223 (for Nicholas of Paris).

[258] *Ibid.*, p. 143:
"Dicendum est de eius ordine sive potestate quam habet, cum ordinatur in sermone."

[259] Cf. Kneepkens [1987], Vol. I, pp. 578 ff. on the term *ordo* (and *ordinatio*), in which he explains that in the late twelfth century authors took a lively interest in the syntactic relationships in sentences in order to gain more insight into their meanings. Also there was a conception of a so-called 'ideal' sentence-stucture (*ordinatio recta*) that would enhance the possibilities to establish the scope of a number of words such that the understanding of the meaning of sentences would become a lot easier.

[260] Cf. *ibid.*, p. 675: one meaning of *appositio* is "separativa adiunctio dictionis cum dictione ita quod ex illis fiat una dictio, sicut prepositiones dicuntur apponi per appositionem."

noun by apposition and directly pass on to what he says on the addition of 'not' to a noun by composition. According to Bacon, negation can be added to a noun in this way in virtue of the fact that in it a composition of a substance with a quality is understood.[261] Moreover, there are three conditions to be met for a noun to qualify for such a combination, two of which concern us: the noun should signify something of a definite genus and the noun should not be indefinite to begin with.[262]

Unlike other authors, Bacon comes up with a scope-distinction. There are different ways a noun accompanied by a negation can be interpreted, depending on what type of negation is involved: 1. as a denied noun (*nomen negatum*): a noun of this type does not posit anything and can equally be said of being and non-being; 2. as an indefinite noun (*nomen infinitum*): a noun of this type posits a being, *e.g.* 'non-just' is applied to a being that does not have justice; 3. as a privative noun (*nomen privatum*): a noun of this type not only posits a being but the species of the property involved as well: *e.g.* 'unjust' (*iniustus*) is applied to a man who does not have justice.[263]

From the analysis presented above we can infer that the negation has a different scope in each case: in the first the entire composition is removed, in the second the specific quality is removed so that some unqualified being is left and in the final example the specific quality is removed but the species the quality entails is left. So we can see that a word like 'just' in Bacon's opinion consists of a number of features ranging from more basic to more specific (what de Rijk has called 'semantic stratification')[264] such that the negation can operate on each one of these levels separately. Thus use of the word 'just' would entail the element of being (most basic) and man (specific) plus the actual property designated by that noun, *i.e.* justice. All elements can fall victim to the negation. We have seen in Peter of Spain that he also tells us what a noun is made up of.

---

261 Braakhuis [1979], Vol. I, p. 143:
Ad primum dicendum est quod in omni nomine intelligitur quedam compositio qualitatis cum substantia; ratione cuius potest componi ei negatio.

262 *Ibid.*, pp. 143-144:
". . . dicendum quod tria exiguntur ad hoc quod aliqua pars orationis sit infinita, scilicet quod significet rem alicuius generis determinate, quod illa dictio non fuerit prius infinita et quod componatur ex duobus integris."
The last condition is probably meant to disqualify words that look like indefinite words because they contain a combination of the letter-sequence 'non' and other letters, but are in fact not indefinite words. One might compare the two English words 'unjust' and 'under', in this connection. Only the first consists of two 'complete' parts (although you might not wish to call 'un' in 'unjust' an entirely complete part, but at least it has its own separate function, namely to deny 'just').

263 *Ibid.*, p. 144:
"Et sciendum quod differunt nomen negatum et nomen infinitum et nomen privatum hoc modo: nomen negato nichil ponit, sed equaliter potest dici de ente et de non ente. Nomen infinitum ponit ens, nam 'non-iustum' est: ens non habens iustitiam. Nomen privatum non solum ponit ens sed speciem subiectam habitus, ut 'iniustus', idest: *homo non habens iustitiam*."

264 See De Rijk [1981], p. 48.

However, the latter does not consider the negation to have the capability to work on each one of these elements separately.

Bacon concludes his explanation of indefinite terms with a remark concerning logical relationships between the three different types of words ,*viz.* the *nomen privatum*, *nomen infinitum* and *nomen negatum*: the first entails the second and the second the third, but the third does not entail the second, nor the second the first. So from 'He is unjust' follows 'He is non-just', but not the other way round, and from 'He is non-just' follows 'He is not just', but not the other way round.[265]

From Bacon's remarks on the different ways a negation can feature in a noun it is evident that he indeed has certain ideas about what nouns or nominals are supposed to stand for: a definite nominal is used to indicate a being of a certain type. In order to erase the being involved it is not sufficient to use a *nomen privatum* or an indefinite nominal: one should instead completely deny the nominal, *i.e.* one requires a *nomen negatum*.

---

265 Braakhuis [1979], Vol. I, pp. 144-145:
"Ex hiis patet quod bene sequitur argumentum a privato ad infinitum, ut: 'est iniustus; ergo est non iustus'. Similiter: ab infinito ad negatum, ut: 'est non iustus; ergo non est iustus'. Econverso autem non tenet, sed est paralogismus consequentis."

EPILOGUE

Now that our discussion of thirteenth-century *Syncategoreumata*-authors has come to an end it might be useful to present a summary of our findings concentrating on a number of important features. The main subjects that are of interest to us now are the authors' general ways of dealing with composition, their discussions of the relationship between composition and negation, their views on the proposition, and, finally, their ideas as to how the composition expressed by the verb 'is' is related to *being*.

The continental authors, John le Page, Peter of Spain and Nicholas of Paris, all appear to belong to the same tradition insofar as they all have a similar way of introducing their discussions on the copula. All these people base their explanations of the meaning and/or function of the syncategorematic word 'is' entirely on composition as the way in which nouns and verbs, the categorematic words, signify. The notion of 'composition' as the signification of the verb is then used to explain the composition brought about by the verb 'is'. Robert Bacon is an author who does not deal with composition as extensively as the continentals do, but nevertheless he calls the verb 'is' the 'root of all verbs' (*radix omnium verborum*).[1]

Alongside the notion of composition as the signification of every verb, *i.e.* the composition of an act with a substance, another notion of composition comes up in connection with the copula, namely the one derived from Aristotle's *De interpretatione* 3, 16b24-25: 'is' signifies a composition that cannot be understood without the extremes. This is precisely the feature that makes 'is' a syncategorematic word to begin with. Peter of Spain is the only author who pays attention to 'is' as a copula alone;[2] all other authors make some sort of distinction between second- and third-ingredient occurrences of the word 'is'. Bacon even makes a distinction between 'is' as a categorematic word (when used by itself) and as a syncategorematic word (when used as a copula).[3]

Expositions of the verb 'is' are usually immediately followed by a section on the particle 'not'. All *Syncategoreumata*-authors spend some time on 'not' as occurring in combination with single terms, *i.e.* conjoined with nouns and verbs. Robert Bacon, who does not speak about 'not' after 'is,[4] has a distinction between 'not' used '*per appositionem*' and '*per compositionem*'.[5] All authors have a distinction between indefinite terms in the sense of a privation on the one hand and in the sense of a negation on the other, at least insofar as nouns are concerned. Bacon once again differs from

---

1 Cf. above, Ch. IV, 4.51.

2 Cf. above, our Ch. II, 2.51.

3 Cf. above, Ch. IV, 4.51. The same is found in Ockham; see De Rijk [1987:b], pp. 321-24.

4 Bacon first deals with the verbs '*incipit*' and '*desinit*'. See Braakhuis [1979], Vol. I, p. 138-41.

5 Cf. above, Ch. IV, 4.52.

the continentals in that he clearly distinguishes between a *nomen negatum*, an indefinite noun and a privative one.[6] One has the impression that for him the situation in which a combination 'non-A' is used is highly important in order to determine in what way that combination should be understood. A later author, William of Sherwood (d. after 1267) explicitly mentions that what one wishes to talk about is relevant to the way in which the negation included in indefinite terms is to be interpreted.[7]

The negation does not only occur in combination with single words but can also be used for denials. Once again the key notion featuring in the continentals' accounts is 'composition'. It is within this connection that the distinction between 'general composition' and 'specific composition' is fully exploited in analogy with the 'general' and 'specific' signification of the categorematic terms. We find a complete explanation of this distinction in Nicholas of Paris, whereas John le Page and Peter of Spain only mention it. In Nicholas of Paris it became apparent that the distinction is meant to set apart the grammatical level from the semantic one.[8]

This distinction, made in order to explain why the negation 'not' cannot remove the subject-substrate of a denial does not feature in Robert Bacon. Instead the latter speaks of the 'act and force of a composition' (*actus vel virtus compositionis*), which makes a proposition an affirmative or a negative one, as opposed to the 'substance of a composition' (*substantia compositionis*), to be identified with the content of a sentence, whether affirmed or denied. This content remains the same in two sentences of which the one affirms something and the other denies that very 'thing', such as 'Socrates is running' and 'Socrates is not running'. Thus the 'substance' must be regarded as a *pragma* that can 'receive' an act of either an affirmation or a denial.[9]

The same deep structure of a proposition, namely a combination of an act (of affirmation or denial) with a content can also be found in the other *Syncategoreumata*-authors. Peter of Spain, for example, uses the word *'res'* and *'subiectum negationis'* or *'obiectum negationis'* in a similar sense as Bacon uses the notion *'substantia compositionis'*.[10]

Propositional composition is not only dealt with by the authors in terms of linguistic analyses only. For the Mediaevals language is ultimately related to the things we talk about, so when they

---

6 Cf. *ibid.*.

7 William of Sherwood, *Syncategoreumata*, ed. O'Donnell, p. 72:
"Sciendum etiam quod quandoque sistit [sc. negatio in 'non'] in uno termino et tunc facit infinitationem; quandoque fertur ad compositionem unius cum alio et hoc dupliciter, aut faciendo negationem in genere, aut extra genus. Sed hoc non provenit ex sua virtute propria, sed ex hoc quod loquentes quandoque coartant suos sermones ad materiam determinatam . . .."

8 Cf. above, our Ch. III, 3.4 and Ch. IV. 4.223.

9 Cf. above, Ch. IV, 4.52. This may be compared with Aristotle's view of the matter; see De Rijk [1987:a], pp. 46ff.

10 Cf. above, our Ch. II, 2.51.

discuss the verb 'to be' they are forced to consider whether and in what way this verb is an expression of *being*. It is on this issue that there are significant differences of opinion between the authors we have discussed. Peter of Spain does not make a very clear-cut distinction between the domain of *being* on the one hand and the domain of language on the other,[11] whereas John le Page and Nicholas of Paris do.[12] Henry of Ghent, who, of all authors, seems to be most closely related to Peter of Spain, does seem to have such a distinction. The composition itself is a mental being only. The type of being the verb 'is' couples, on the other hand, depends on what is conjoined with it. In fact Henry of Ghent is an author who fully relates the different uses of 'is' in sentences to their respective ontological counterparts. Unlike Peter of Spain, who seems to rely on common sense insofar as the composition as expressed by affirmative sentences is concerned, he is quite clear on the subject of being: the verb 'is' can couple actual being, the being of an essence and mental being.[13] Henry's explanation on the different types of being that can be coupled by the verb 'is' is remarkably similar to William of Sherwood's, who distinguishes between actual being (*esse actuale*) and 'habitual' being (*esse habituale*) as different types of being indicated by the verb 'is'.[14]

For all authors the type of being expressed in a sentence of the form 'S is P' somehow depends on the type of being of the predicate 'P' conjoined with it. They do not agree, however, on the interpretation of the type of being a certain predicate expresses. In Peter of Spain we have seen that the sentence 'A man is an ass' is false on the grounds that there is no such composition.[15] He very strongly gives the impression that what he means is that the forms *'asshood'* and *'manhood'* are mutually incompatible, and so the term 'man' in the sentence in question stands for a form or essence. Henry of Ghent explicitly speaks of predication of essence. He tells us exactly when this happens and gives the sentence 'A man is an animal' as an example.[16] Both authors would regard terms as 'man' and 'animal' as the names of essential natures.

---

11 Cf. above, our Ch. II, 2.51.

12 Cf. above, Ch. IV, 4.11 (for John le Page) and 4.211 (for Nicholas of Paris).

13 Cf. above, Ch. IV, 4.44.

14 William of Sherwood, *Syncategoreumata*, ed. O'Donnell, p. 71:
"Sciendum autem quod hoc verbum 'est' quandoque accipitur aequivoce: dicit enim esse actuale quod debetur actualiter existenti; quandoque esse habituale quod debetur ei quod in se est natura aliqua et natum est habitualiter esse in aliquo singulari, licet non actualiter sit."
Note that Sherwood does not speak of an essence in this connection but 'habitual being', that is, conditional being, but nevertheless the resemblance between his way of expressing himself and Henry's remains.

15 *PSCN*, 1,51.

16 Cf. above, Ch. IV, 4.44.

Contrary to Henry of Ghent (and probably Peter of Spain), Nicholas of Paris (and John le Page) do not interpret these terms as the names of forms. Nicholas of Paris says that in the sentence 'The Antichrist is a man' the term 'man' supposits for an existent entity and therefore the term 'the Antichrist' must do so as well. Now the Antichrist does not exist and hence, Nicholas tells us, the sentence is false.[17] Peter of Spain, on the other hand, considers it a true sentence.[18] Again, the same difference in attitude as regards what type of being a certain sentence expresses is reflected in the authors' diverse opinions on the truth value of the sentence 'A man is necessarily an animal'. Both Peter of Spain and Henry of Ghent consider this sentence true *simpliciter* whereas John le Page and Nicholas of Paris do not.[19]

As regards the relationship between semantics and ontology in the thirteenth century, a lot has yet to be done on this subject. Considering the interesting topics that come up in the *Syncategoreumata*-treatises of that period and the fact that many subjects dealt with in those works tell us a great deal about an author's ontological outlook it would be particularly useful to have editions of these writings. As it appears, John le Page for instance is a very interesting author in that he is one of the early philosophers of the thirteenth century who has initiated an outlook on language as a formal instrument.[20] This way of considering language becomes all the more important in the fourteenth century and in order to completely understand the developments during that century it is fundamental to gain as much knowledge as possible about works of the preceding period.

---

17 Cf. above, Ch. IV, 4.11 (for John le Page) and 4.221 (for Nicholas of Paris).

18 Cf. *PSCN*, 1,50.

19 Cf. Braakhuis [1979], Vol. I, p. 337 (for John le Page and Nicholas of Paris) and p. 289 (for Peter of Spain).

20 Cf. John le Page's views on '*consequentia*' in Spruyt [forthcoming].

BIBLIOGRAPHY

Adam of Petit Pont

Adam Balsamiensis parvipontani Ars disserendi, ed. L. Minio-Paluello (= Twelfth Century Logic: Texts and Studies), Rome, 1956.

Aertsen, J.A.

'Wendingen in Waarheid; Anselmus van Canterbury, Thomas van Aquino en Vico', in *Tijdschrift voor Filosofie*, 1987; pp. 187-229.

Nature and Creature. Thomas's Way of Thought (= Studien und Texte zur Geistesgeschichte des Mittelalters, hrsg. von Albert Zimmermann), Leiden *etc.*, 1988.

Anselm of Canterbury

De veritate, Latin-German ed. by F.S. Schmitt OSB, Stuttgart, 1964.

Arens, Hans

Aristotle's Theory of Language and its Tradition (= Studies in the History of Linguistics, Vol. 29), Amsterdam/Philadelphia, 1984.

Aristotle

Aristoteles Latinus, II, 1-2, *De interpretatione vel Periermeneias*, translatio Boethii, ed. L. Minio-Paluello [. . .], Bruges-Paris, 1965.

The Works of Aristotle,Translated into English under the Editorship of W.D. Ross, Oxford, 1928.

Aristotle's Categories and De interpretatione, Translated with Notes and Glossary by J.L. Ackrill, Oxford, 1979 (1963[1]).

Braakhuis, H.A.G.

'The Views of William of Sherwood on Some Semantical Topics and Their Relation to Those of Robert Bacon', in *Vivarium* XV-1 (1977); pp. 111-142.

De 13de Eeuwse Tractaten over Syncategorematische Termen (2 vols.); Vol. I (Deel I): *Inleidende Studie*; Vol. II (Deel II): *Uitgave van Nicolas van Parijs' Syncategoreumata* (= dissertation Leiden), 1979.

'Peter of Spain on Propositional Composition', in H.A.G. Braakhuis and L.M. de Rijk eds., *Logos and Pragma. Essays in the Philosophy of Language in Honour of Professor Gabriel Nuchelmans* (= Artistarium Supplementa, Vol. III), Nijmegen, 1987; pp. 99-121.

Henry of Ghent

Quodlibeta Magistri Henrici Goethals a Gandavo Doctoris Solemnis (2 vols.), Parijs 1518 (reprint Louvain, 1961).

Henricus Gandavensis Quodlibeta, in R. Macken OFM and R. Wielockx eds., *Henrici de Gandavo Opera Omnia*, Leuven/Leiden, 1979-present.

Summa quaestionum ordinariarum (2 vols.), Paris, 1520 (reprint St. Bonaventure (N.Y.), 1953).

Syncategoreumata, transcription from the ms. by H.A.G. Braakhuis.

John le Page

'Les *Appellationes* de Jean le Page', ed. A. de Libera, in *Archives d'histoire doctrinale et littéraire du moyen-âge*', no. 51 (1984); pp. 193-207; pp. 208-255.

Kneepkens, C.H.

Het Leerstuk van de Constructio in de 2de Helft van de 12de Eeuw (4 vols.); Vol. I (Deel I): *Een Verkennende en Inleidende Studie*; Vol. II (Deel II): *Uitgave van Robertus van Parijs' Summa 'breve sit'*; Vol. III (Deel III): *Uitgave van Robertus Blund's Summa in arte grammatica*; Vol. IV (deel IV): *Werkuitgave van Petrus Hispanus' Summa 'absoluta cuiuslibet'* (= dissertation Leiden), Nijmegen, 1987.

Kremer, Klaus

Die neuplatonische Seinsphilosophie und ihre Wirkung auf Thomas von Aquin, Leiden, 1971.

Kretzmann, Norman

([1982]) 'Syncategoreumata, Exponibilia, Sophismata', in *The Cambridge History of Later Medieval Philosophy*, Cambridge *etc.*, 1989 (1982[1]); pp. 211-246.

Normann Kretzmann and Eleonore Stump eds., *The Cambridge Translations of Medieval Philosophical Texts*, Vol. I: *Logic and the Philosophy of Language*, Cambridge *etc.*, 1988.

Lyons, John

Semantics (2 vols.), Cambridge *etc.*, 1981 (1977[1]).

Nicholas of Paris

Syncategoreumata (= Braakhuis [1979], Vol. II).

Nuchelmans, Gabriel

Theories of the Proposition. Ancient and Mediaeval Conceptions of the Bearers of Truth and Falsity (= North-Holland Linguistic Series 8), Amsterdam/London, 1973.

'The Distinction *actus exercitus/actus significatus* in Medieval Semantics', in Norman Kretzmann ed., *Meaning and Inference in Medieval Philopsophy. Studies in Memory of Jan Pinborg* (= Synthese Historical Library, Vol. 29), Dordrecht/Boston/London, 1988; pp. 57-90.

Owens, Joseph

'Judgment and Truth in Aquinas', in *Mediaeval Studies*, Vol. XXXII (1970); pp. 139-158.

Paulus, Jean

Henri de Gand. Essai sur les tendances de sa métaphysique (= Études de philophie médievale, no. 25), Paris, 1938.

Peter Abelard

Dialectica, ed. L. M. de Rijk, Assen, 1956.

Glossae super Peri ermeneias, ed. B. Geyer, in *Peter Abaelards Philosophische Schriften*, I: *Die Logica 'Ingredientibus'* (= Beiträge zur Geschichte der Philosophie und Theologie des Mittelalters, ed. B. Geyer, Bd. 21, heft 3), Münster, 1927.

Peter of Spain

Peter of Spain Tractatus called afterwards Summule Logicales, First Critical Edition from the Manuscripts with an Introduction by L.M. de Rijk (= Philosophical Texts and Studies, 22), Assen, 1972.

Peter of Spain Tractatus Syncategorematum and Selected Anonymous Treatises, Translated by Joseph P. Mullally with an Introduction by Joseph J. Mullally and Roland Houde, Milwaukee (Wis.), 1964.

Phelan, Gerald B.

'Verum Sequitur Esse Rerum', in *Mediaeval Studies*, Vol. I (1939), pp. 11-22.

Pinborg, Jan

Die Entwicklung der Sprachtheorie im Mittelalter (= Beiträge zur Geschichte der Philosophie und Theologie im Mittelalter, ed. B. Geyer, Bd. 42, heft 2), Münster/Kopenhagen, 1967.

Logik und Semantik im Mittelalter. Ein Überblick, (= Problemata 10), Stuttgart-Bad Canstatt, 1972.

Priscian (Priscianus)

Institutiones grammaticae (= Grammatici Latini, 2-3), Teubner, 1855-9 (reprint Georg Olms, 1961).

Proclus

In Platonis Cratylum commentarii, ed. Pasquali, Leipzig, 1908.

Rijen, Jeroen van

Aspects of Aristotle's Logic of Modalities (= Synthese Historical Library, Vol. 35), Dordrecht/Boston/London, 1989.

Rijk, L.M. de

Logica Modernorum. A Contribution to the History of Early Terminist Logic (2 vols.); Vol. I: *On the Twelfth Century Theories of Fallacies*; Vol. II, Part I: *The Origin and Early Development of the Theory of Supposition*; Vol. II, Part II: *Texts and Indices*, Assen. 1962-1967.

([1980:a]) 'On Ancient and Mediaeval Semantics and Metaphysics 3): The Categories as Classes of Names' in *Vivarium* XVIII-1 (1980); pp. 1-62.

([1980:b]) 'Each Man's Ass is not Everybody's Ass. On an Important Item in 13th Century Semantics', in *Studies in Medieval Linguistic Thought Dedicated to Geoffrey L. Bursill-Hall on the Occasion of his Sixtieth Birthday on 15 May 1980* (= Special issue of *Historiographia Linguistica* 7 (1980), pp. 221-230.

'Abailard's Semantic Views in the Light of Later Developments', in *English Logic and Semantics from the End of the Twelfth Century to the Time of Ockham and Burleigh* (= Acts of the 4th European Symposium on Mediaeval Logic and Semantics, Leiden-Nijmegen, 23-27 April 1979, Artistarium Supplementa, Vol. I), Nijmegen, 1980; pp. 1-58.

'Martin M. Tweedale on Abailard. Some Criticisms of a Fascinating Venture', in *Vivarium* XXIII-2 (1985); pp. 81-97.

([1986:a]) 'Peter Abelard's Semantics and His Doctrine of Being', in *Vivarium* XXIV-2 (1986); pp. 85-127.

([1986:b]) *Plato's Sophist. A Philosophical Commentary* (= Koninklijke Nederlandse Akademie van Wetenschappen Verhandelingen Afdeling Letterkunde, Nieuwe Reeks, Deel 133), Amsterdam/Oxford/New York, 1986.

([1987:a]) 'The Anatomy of the Proposition: Logos and Pragma in Plato and Aristotle', in H.A.G. Braakhuis and L.M. de Rijk eds., *Logos and Pragma. Essays on the Philosophy of Language in Honour of Professor Gabriel Nuchelmans* (= Artistarium Supplementa, Vol. III), Nijmegen, 1987.

([1987:b]) 'War Ockham ein Antimetaphysiker? Ein semantische Betrachtung' in *Philosophie im Mittelalter. Entwicklungslinien und Paradigmen*, hrsg. von Jan P. Beckmann, Ludger Honnefelder, Gangolf Schrimpf und Georg Wieland, Hamburg, 1987; pp. 313-328.

(De Rijk ed. [1988]), *Some Earlier Parisian Tracts on Distinctiones Sophismatum* (= Artistarium 7), Nijmegen 1988.

([forthcoming:a]) 'The *Posterior Analytics* in the Latin West', forthcoming.

([forthcoming:b]) 'Ockham's Theory of Demonstration: His Use of Aristotle's *kath' holou* and *kath' hauto* Requirements', in W. Vossenkuhl and R. Schönberger eds., *Die Gegenwart Ockhams*, forthcoming; cap. 13.

Spruyt, Joke

'Petrus Hispanus over Negatie', in H. Philipse and C. van Eck eds., *Praesidium Libertatis. Lezingen gehouden op de Filosofiedag 1985 te Leiden* (= Filosofische Reeks van de Centrale Interfaculteit van de Universiteit van Amsterdam, no. 13), Delft, 1985; pp. 308-316.

'Thirteenth-century Positions on the Rule *'Ex impossibili sequitur quidlibet'* (in Acts of the 8th European Symposium of Medieaval Logic and Semantics, Freiburg im Br. 1988, forthcoming).

Thomas Aquinas

In Aristotelis librum De anima commentarium, ed. A Pirotta, Marietti, Torino/Rome, 1959.

In Aristotelis libros Perihermeneias et Posteriorum Analyticorum expositio, ed. R. Spiazzi, Marietti, Torino/Rome, 1964.

Quaetiones disputatae de veritate, Leonine ed., Vol. 22, Rome, 1970-76.

Scriptum super libros Sententiarum / super Sententiis Magistri Petri Lombardi, Vols. I-II: ed. P. Mandonnet Lethellieux, Paris, 1929; Vol. II: ed. M.F. Moos, Lethellieux, Paris, 1933.

Summa Theologiae, Leonine ed., Vols. 4-12, Rome, 1988-1906.

Quaetiones quodlibetales, ed. Marietti, Torino/Rome, 1956.

Weidemann, Hermann

'Aristoteles über das isolierte Aussagewort: *De int.* 3, 16b19-25', in *Archiv für Geschichte der Philosophie* 64 (1982); pp. 239-256.

'The Logic of Being in Thomas Aquinas', in Simo Knuuttila and Jaakko Hintikka eds., *The Logic of Being* (= Synthese Historical Library, Vol. 28), Dordrecht *etc.*, 1986; pp. 181-201.

William of Ockham

Summa Logicae, eds. Ph. Boehner, C. Gál and S. Brown eds., *Guillelmi de Ockham Opera Philosophica et Theologica ad fidem codicum manuscriptorum edita*, *Opera Philosophica*, Vol. I, St. Bonaventure (New York), 1974.

William of Sherwood

'The *Syncategoreumata* of William of Sherwood', ed. J. Reginald O'Donnell C.S.B., in *Mediaeval Studies*, Vol. III (1941); pp. 46-93.

William of Sherwood's Treatise on Syncategorematic Words, translated with an introduction and notes by Norman Kretzmann, Minneapolis, 1986.

Wilpert, Paul

'Das Urteil als Träger der Wahrheit', in *Philosophisches Jahrbuch* 45 (1933); pp. 56-75.

LIST OF MANUSCRIPTS

BRUGGE
cod. 510

CORDOBA, BIBLIOTECA DEL EXCELLENTISSIMO CALDIBO
cod. 158

IVREA, BIBLIOTECA CAPITOLARE
cod. 79

MILAN, BIBLIOTECA AMBROSIANA
H. 64 *inf.*

MÜNCHEN, BAYERISCHE STAATS-BIBLIOTHEK
C.L.M. 14.324

PARIS, BIBLIOTHEQUE NATIONALE
B.N. LAT. 15.135
B.N. LAT. 15.170

PRAGUE
Cap. metr. M 27

TARRAGONA, BIBLIOTECA DEL PALACIO ARZOBISPAL
cod. 2

CITTA DEL VATICANO, BIBLIOTECA APOSTOLICA VATICANA
Reg. Lat. 1731

INDEXES

INDEX OF NAMES

INDEX OF PASSAGES QUOTED OR REFERRED TO

INDEX OF SUBJECTS

INDEX OF NAMES

INDEX OF PASSAGES QUOTED OR REFERRED TO

INDEX OF SUBJECTS

SAMENVATTING

Dit proefschrift bevat, behalve een semi-kritische editie en een vertaling van Petrus Hispanus' (*ca.* 1205-1277, de latere Paus Johannes XXI) *Syncategoreumata*, capp. 1 en 2, een filosofisch commentaar op deze hoofdstukken en een vergelijking van Hispanus' opvattingen met die van tijdgenoten terzake.

In *Syncategoreumata*-tractaten worden termen behandeld die op zichzelf staand naar niets verwijzen maar samen met andere, nl. de categorematische termen, betekenis hebben (*consignificare*). In de genoemde hoofdstukken komen de copula ('is') en de ontkenning 'niet' ter sprake onder de trefwoorden 'compositio' respectievelijk 'negatio'.

Terzake van de 'compositio' maakt Hispanus in een uitvoerige discussie duidelijk dat de door het gebruik van 'is' in een propositie aangeduide compositie van nature van mentale aard is en als zodanig niet verwijst naar en reëel samengaan van de door subject en predicaat aangeduide zaken. Voor hem is de compositie als mentale entiteit tweeledig: zij is behalve *compositio specialis*, d.i. de verbinding van twee bepaalde entiteiten (door de termen *S* en *P* uitgedrukt), ook een grammaticale structuur zonder meer (*compositio generalis*) waarvoor de specifieke invulling door S en P niet ter zake doet. De negatie (die óók zuiver logisch van aard is; de realiteit kent geen negatieve feiten) 'vernietigt' de speciale compositie maar niet de generale omdat zij anders haar eigen object zou vernietigen.

Bij Johannes Pagus (4.1) en Nicolaas van Parijs (4.2) is de verwijzingsfunctie van termen zodanig dat een propositie naar een actuele stand van zaken moet verwijzen om waar te zijn; een uitspraak als 'De Antichrist is een mens' is daarom volgens hen onwaar, terwijl Hispanus haar als waar beschouwt omdat de erin geprediceerde conceptuele relatie correct is.

In Thomas van Aquino (4.3), die geen tractaat over syncategorematische termen heeft geschreven, vindt men de noties *compositio* en *negatio* in functie van een metafysische problematiek. Naast veel overeenkomsten met de opvattingen van logici uit zijn tijd, valt op dat hij de correspondentie-idee ten aanzien van taal-werkelijkheid zover lijkt door te voeren dat bij hem gesproken kan worden van negatieve standen van zaken als pendant van negtieve (ware) oordelen. Zijn visie op de negatie als logische operator is hierdoor beïnvloed.

Hendrik van Gent (4.4) huldigt een leer omtrent *compositio* en *negatio* die in hoofdlijnen sterk op die van Hispanus lijkt. Maar doordat de theorie bij hem vooral in het kader van zijn ontologie functioneert, vertoont zij eigen accenten. Zo correspondeert bij hem de *compositio* als mentale entiteit met wat hij in zijn metafysica aanduidt als *esse essentiae*, hetgeen tot gevolg heeft dat de *compositio* wel een referent heeft in een werkelijkheid, zij het niet (noodzakelijk) in die van het *esse actualis existentiae*.

Robert Bacon blijkt, hetgeen niet verwonderlijk is, minder goed te passen in de continentale traditie. Bij hem vinden wij een onderscheid tussen het categorematische en het syncategorematische gebruik van 'is', een onderscheid dat men ook vindt bij Willem van Sherwood en later bij Willem van Ockham. In het syncategorematische gebruik is de copula slechts een 'empty container' die zelf geen referent in de werkelijkheid heeft. Ten aanzien van de negatie valt zijn aandacht voor het onderscheid tussen *nomen privatum*, *nomen infinitum* en *nomen negatum* op.

De 13de eeuwse discussies over de gekozen thema's ('compositie' en 'negatie') verschaffen ons belangrijk semantisch materiaal om bij de verschillende auteurs hun onderscheiden ontologische opvattingen te belichten.

CURRICULUM VITAE

Joke Spruyt werd op 26 augustus 1955 geboren te Palembang, Indonesië. Van 1968 tot 1974 bezocht zij het Rijnlands Lyceum te Oegstgeest alwaar zij in 1974 het diploma Gymnasium B behaalde. Vanaf 1976 studeerde zij Wijsbegeerte aan de Rijksuniversiteit te Leiden. In 1984 behaalde zij het doctoraal-examen Wijsbegeerte. Vanaf mei 1986 verrichtte zij, in dienst van de Nederlandse Organisatie voor Wetenschappelijk Onderzoek, het promotie-onderzoek.